Beiträge zur Psychodiagnostik des Kindes, 6
(Herausgegeben von Marta Kos und Gerd Biermann)

Werner Seifert

Der Charakter und seine Geschichten

Psychodiagnostik mit dem
Thematischen Apperzeptions-Test
(TAT)

Ernst Reinhardt Verlag München Basel

Dr. phil. Werner Seifert, Dipl.-Psych.
Psychologisches Institut II der Universität Köln

CIP-Kurztitelaufnahme der Deutschen Bibliothek

Seifert, Werner:
Der Charakter und seine Geschichten : Psychodiagnostik mit d. themat. Apperzeptions-Test (TAT) / Werner Seifert. – München ; Basel : E. Reinhardt, 1984.
  (Beiträge zur Psychodiagnostik des Kindes ; Bd. 6)
NE: GT

ISSN 0340–0123
ISBN 3–497–01068–5
© by Ernst Reinhardt, GmbH & Co. Verlag, München 1984.
Alle Rechte vorbehalten. Ohne schriftliche Genehmigung der Ernst Reinhardt GmbH & Co. München, ist es nicht gestattet, dieses Buch ganz oder auszugsweise in irgendeiner Form zu vervielfältigen, zu speichern oder in andere Sprachen zu übersetzen.
Printed in Germany
Gesamtherstellung: F. Pustet, Regensburg

Inhalt

Geleitwort		7
Vorwort		9
1.	Einleitung	11
2.	Testmaterial und Testdurchführung	24
3.	Verlangen nach Geschichten und methodische Gesichtspunkte	27
4.	Das Problem der Individualität	41
5.	Die Auswertung von Geschichten	44
5.1.	Beschreibung	44
5.2.	... geschilderte Charaktere	46
5.3.	Zur schematischen Auswertung	55
5.4.	Beschreibungsnahe Auswertung	60
6.	Fälle	62
6.1.	„Frau Holle"	62
6.2.	„Das Wasser des Lebens"	81
6.3.	„Daumesdick"	89
6.4.	„Dornröschen", das nicht sticht	102
7.	Zur Möglichkeit der Differentialdiagnose	108
8.	Zur Wirksamkeit diagnostizierter Bilder	114
8.1.	Vorbemerkung	114
8.2.	„Hexenkind"	116
8.3.	Beratungsverlauf	121
8.4.	Zur Überprüfung des TAT	123
8.5.	„Hexenkind" – Fortsetzung	126
8.6.	Inszenierung des „Bildes"	128
8.7.	Gelebte Literatur	131
8.8.	Behandlungsergebnis	137
9.	Schlußbetrachtung	143
Literatur		148
Sachverzeichnis		150

Geleitwort

Mit seiner Geschichtensammlung zum TAT weist der Psychologe Seifert neue Wege der Test-Diagnostik, in dem Bemühen, die in letzter Zeit von Seiten der Statistiker so geschmähten projektiven Testverfahren aufzuwerten. Er hat hierzu den seit E. Stern und W. J. Revers auch in der Kindertherapie bewährten Thematic Apperceptiontest des amerikanischen Psychologen Murray gewählt, der, umsichtig gehandhabt, wichtige Seiten des menschlichen Charakters offenbart. Daß eine exakte Auswertung nach dem vom Verfasser entwickelten Schema, mit den vier Untergruppen der Klagen, der gelebten Methoden, des Konstruktionsproblems und des konkreten Handelns, dennoch möglich ist, wird mit der Interpretation der vorgelegten Protokolle überzeugend dargestellt.

Vielleicht ist es gerade in unserem „logischen" Computerzeitalter wichtig, die „Macht des Ohnmächtigen" zu erkennen, die in der Welt der Phantasie Zuflucht und Kraftquellen sucht und findet, um so die Anfeindungen und Gefahren einer durch-rationalisierten Welt besser zu bestehen. So mag mancher Psychologe den Kopf schütteln, wenn Seifert, aus seiner reichen Erfahrung im Umgang mit Menschen – es sei an sein Buch über Gruppendynamik erinnert, in dem er auf den Wert von Selbsterfahrungsprozessen hinweist – den Probanden dazu auffordert, möglichst spannende, phantasievolle Geschichten zu erzählen. Wenn er damit den Reichtum menschlicher Kreativität anspricht, trifft er auf ein besonderes Bedürfnis des Menschen in unserer Zeit: Steht doch Michael Endes „Unendliche Geschichte" seit einem Jahrzehnt immer wieder auf der Bestsellerliste der Literaturwünsche. Nach Bettelheim brauchen Kinder Märchen und dies gilt für jeden Menschen, der aus dem Erinnerungsschatz seiner Kindheit schöpft. So betitelt auch Seifert die Geschichten seiner TAT-Probanden mit der Weisheit von Märchen, die uns allen aus der Kindheit vertraut sind.

Wer aufmerksam die Entwicklung unserer „begabten" Kinder zum Computermenschen, in der Welt seiner Videorecorderspiele verfolgt, deren autistisches Verhalten sie immer häufiger zum Kinderpsychiater bringt, erkennt in der Faszination, welche die Phantasiewelt der Märchen immer noch auf Kinder ausübt, ein Streben nach Menschlichkeit, als Schutz und Zuflucht vor zuviel realem Unmenschlichen, dem sie in ihrem Alltag zu begegnen gezwungen sind.

Unter dem Stichwort „gelebte Literatur" (Salber) zeigt Seifert, an Beispielen von Lessing bis Ma Frisch, unter besonderer Erwähnung der Romantiker mit E. T. A. Hoffmann, daß es zu allen Zeiten ein Anliegen des Menschen war, in seinen Geschichten, und seien es solche der Phantasiewelt, sich selber darzustellen.

Für den Kindertherapeuten spielte das Geschichten-Erzählen schon immer eine Rolle, um Hintergründiges im Verhalten seiner Patienten zu sehen und zu erkennen. Psychisch gestörte Kinder und Jugendliche befinden sich zudem in ihrem regressiven Verhalten noch näher einer kleinkindlichen, magisch-animistischen Erlebnisphase, im Sinne Zulligers.

Daß mit der Methode Seiferts einmal mehr Qualität von Quantität den Vorrang in der Beurteilung menschlichen Schicksals erhält, erscheint besonders wichtig in einer Zeit, in der nur noch die Psychologie der Maschine als Denkmodell akzeptiert wird.

Dieses Buch ist aus Fortbildungsseminaren des Verfassers und seiner Mitarbeiter W. Wagner und Ch. Melchers vom Institut für Psychologie II der Universität Köln, mit Kinderärzten entstanden, welche den Einsatz psychotherapeutischer Methoden in ihrer Praxis als notwendig erkannt haben. Es wurden daher mit Vorrang die Lebensschicksale von Kindern und Jugendlichen behandelt, bis zu Erwachsenen, deren TAT-Geschichten eindrücklich die Entwicklung des Charakters aus dem frühen Schicksal ihrer Kindheit erkennen lassen. Für Seifert, der aus der Schule Salbers stammt, ist daher die Tiefenpsychologie eine unentbehrliche Grundlage des therapeutischen Umganges mit dem Menschen. Dabei weist er darauf hin, daß seine Verfahren der TAT-Diagnostik sich durchaus nach den Konzepten der verschiedenen psychotherapeutischen Schulen verwerten läßt.

Kunstvoll gehandhabt, zeigt diese nicht leichtfertig zu erarbeitende Methode der Anwendung des TAT nach Murray die Verantwortung auf, welche dem Versuchsleiter im Umgang mit seinen Probanden obliegt, eingedenk der Erfahrung, daß jede Untersuchung und Beratung schon eine Behandlung darstellt, die der Verfasser für sich als eine intensive psychologische Therapie bezeichnet.

Wir wünschen Werner Seifert eine weite Verbreitung seiner Untersuchungsmethode mit dem TAT, in Kreisen aller Helfenden, die mit in seelische Nöte geratenen Kinder, Jugendlichen und ihren Familien zu tun haben.

Puchheim bei München	Prof. Dr. med. Gerd Biermann
Im Frühjahr 1984	Ärztliche Akademie für Psychotherapie
	von Kindern und Jugendlichen

Vorwort

Dieses Buch beschäftigt sich mit Grundlagen und Möglichkeiten des *T*hematischen *A*pperzeptions*t*ests (TAT) in der von H. A. Murray und C. D. Morgan herausgegebenen Form (1935). In der klinischen Praxis hat sich dieser Test seit über 30 Jahren bewährt (Rauchfleisch 1980, S. 151). Im deutschen Sprachraum ist er dank des Handbuches von W. J. Revers seit mehr als 25 Jahren verbreitet. Mit diesem bewährten Handbuch will und kann das vorliegende Buch nicht konkurrieren. Es versteht sich als ein Versuch, ergänzende Gesichtspunkte zu erörtern.

Die Erörterung von Grundlagen des TAT verlangt – wie die Lage der Psychologie nun einmal ist – Position zu beziehen. Gerade der Praktiker hat darauf einen Anspruch, damit er erfährt, welche Maßstäbe vernünftigerweise an den Test anzulegen sind und welche nicht. Es kann ohnehin nicht verborgen bleiben, daß man den sog. projektiven Verfahren, zu denen der TAT gerne gezählt wird, die Auswertungsobjektivität heute am liebsten absprechen möchte. Langfristig gesehen, läßt sich das mit Gelassenheit hinnehmen. Eine solche Kritik wird jedoch zur Kenntnis nehmen müssen, daß die Grenzen der klassischen Erkenntniskonzeption abgesteckt sind. Die Objektivität einer Beschreibung ist neu zu definieren; die Idee des absoluten Standpunktes aufzugeben. Die Persönlichkeitspsychologie wird sich wieder mehr als eine Wissenschaft von der Komplexität und dem Werden zu verstehen haben, die darauf angewiesen ist, mit ihrem Untersuchungsgegenstand in einen Dialog einzutreten. Das schließt ein, sich von der Vorstellung frei zu machen, daß die Situation des Beobachters – und seine Kreativität – nur eine Quelle des Irrtums seien.

In diesem Buch wird der TAT als ein Testverfahren vorgestellt, das es erlaubt, Kunstgriffe zu enträtseln, die Menschen bei ihrer Lebensgestaltung einsetzen. Der Rekonstruktion solcher Kunstgriffe gilt das Hauptinteresse des Buches. Die inhaltlichen Ergebnisse, die sie hervorbringen, interessieren erst an zweiter Stelle. Das Enträtseln von Kunstgriffen verlangt nach einer angemessenen Methode. Halbherzigkeit wäre gerade dann fehl am Platze, wenn vorherrschende Trends andere Methoden bevorzugen. Die freie Entwicklung der Wissenschaft ist nicht nur durch ideologische Voreingenommenheit bedroht. Sie gerät auch dann in Gefahr, wenn dogmatisch gefordert wird, daß die Gegenstände wissenschaftlicher Untersuchungen auf das zu reduzieren sind, was mit dem „erlaubten" Methodenkanon gerade noch zu erfassen ist.

Forschung braucht ihren Spielraum, damit sie sich entfalten kann. Mit dem mißbräuchlichen Hinweis auf wissenschaftliche Standards, die man einzuhalten habe, wird dieser Spielraum heute wieder allzu unbedacht eingeengt. Prof. Dr. W. Salber, der die Morphologische Psychologie entwickelte, auf deren Boden Teile dieses Buches entstanden, hat freilich nicht auf eine dogmatische Befolgung seiner Lehre bestanden.

Ohne Ermutigung hätte dieses Buch nicht entstehen können. An erster Stelle ist Herrn Prof. Dr. G. Biermann der Dank auszusprechen, daß er diese Ermutigung gegeben hat. Er tat mehr, als er sich regelmäßig nach dem Fortgang der Arbeit erkundigte. Ferner ist den Psychologiestudenten und Kinderärzten zu danken, die bei mir die Handhabung des TAT erlernten und mich mit ihren kritischen Fragen zu einem ständigen Überdenken entscheidender Gesichtspunkte veranlaßten. Für alle, die mit ihren Erfahrungsberichten zum Fortgang der Arbeit beitrugen, möge Herr Dr. S. Jawad den Dank entgegennehmen. Wichtige Anregungen gaben die Kollegen Dr. C. B. Melchers und Dr. W. Wagner, denen an dieser Stelle außerdem für die gemeinsame Arbeit mit dem TAT zu danken ist.

Meinen großen Respekt möchte ich Herrn Dr. H. A. Murray erweisen. Seine Zustimmung zur Reproduktion zweier TAT-Tafeln habe ich mit besonderer Dankbarkeit aufgenommen.

Zum Schluß sei der Hoffnung Ausdruck gegeben, daß die Arbeit mit dem TAT jenen nützen möge, die sich diesem Test unterziehen.

Bensberg, Januar 1984   Werner Seifert

> Ein Schornsteinfeger findet zum Arbeitsbeginn auf dem Dach eine Großmutter, die ihn zum Frühstück einlädt und aus ihrem Leben erzählt. Am hektischen Leben da unten hat sie keinen Spaß. Der Schornsteinfeger bewegt die Großmutter, wieder ins Leben hinunterzusteigen, da es doch unten Kinder gibt, die eine Großmutter brauchen und schöne Geschichten hören wollen.
>
> (Selbstentworfenes Theaterstück einer Kindergruppe, 6 bis 9 Jahre, aus: Krämer 1979)

1. Einleitung

Der TAT (Thematische Apperzeptionstest) ist ein Persönlichkeitstest. Er wird gerne zu den sog. projektiven Verfahren gezählt, weil man meint, die Probanden (getesteten Personen) „projizierten" Persönlichkeitszüge oder innerseelische Konflikte gleichsam nach draußen, so daß der Diagnostiker sie erkennen kann. Es wird sogar ausdrücklich gesagt, der Proband stelle die Persönlichkeit aus sich heraus, so daß sie der Betrachtung zugänglich werde. Diese Charakterisierung dient zudem der Unterscheidung von jenen diagnostischen Verfahren, die Leistungen, Fähigkeiten, Interessen usw. messen, aber auch von solchen Persönlichkeitstests, die durch die Verwendung von „Skalen" Merkmale bzw. Faktoren (z. B. Aggressivität, Introversion) messen sollen. In jüngerer Zeit ist es außerdem üblich geworden, derartige Verfahren als „objektive Persönlichkeitstests" zu bezeichnen und sie in dieser Etikettierung den projektiven Verfahren gegenüberzustellen.

Die Möglichkeiten und Grenzen des TAT sowie seine Zuverlässigkeit und Gültigkeit lassen sich nun aber nicht dadurch sicher einschätzen, daß man an liebgewonnenen Klassifikationen festhält.

Man schafft dadurch nur ein Zweiklassensystem für psychologisch-diagnostische Verfahren. Einem gewissen consensus omnuim die Treue zu halten und sich von Erfahrung belehren zu lassen, das paßt nicht immer gut zusammen. Daraus entsteht ein Dilemma, von dem der TAT-Diagnostiker sich aber nicht irritieren lassen muß. „Im Gegensatz zur Erfahrung des praktischen Umgangs mit dem TAT, die eine überraschende Treffsicherheit (Validität) anzeigte, gelang der wissenschaftliche Nachweis im Sinne des exakten Nachweises dafür bisher nicht" (Revers 1958, S. 183).

Weil das vielleicht doch dazu geeignet ist, dem auf Objektivität bedachten Diagnostiker ein schlechtes methodisches Gewissen zu bereiten, gedeiht die Arbeit mit dem TAT inzwischen mehr im Verborgenen. Dieser Test wird außer der Reihe durchgeführt – interessanterweise dann, wenn man in schwierigen

Fällen anders nicht weiterkommt. Darunter leidet vor allem die Ausbildung in der angemessenen Handhabung (Durchführung und Auswertung) des TAT. Es soll vorkommen, daß lediglich die Empfehlung gegeben wird, sich die Testtafeln und ein Handbuch zu Hause einmal anzuschauen. Nicht jedes unbefriedigende Ergebnis darf also der Eigenart dieses Tests zugeschrieben werden.

Die diagnostischen Verfahren, die auf dem Prinzip der Meßbarkeit von „Merkmalen" beruhen, werden dadurch zuverlässiger und treffsicherer gemacht, daß man die Testaufgaben auf solche beschränkt, „die sich jederzeit und rasch und eindeutig abprüfen lassen" (Traxel 1978, S. 553). Andernfalls wäre Meßbarkeit nicht herzustellen. Und Meßbarkeit wird durch die Art der Testkonstruktion *hergestellt*. Sie ergibt sich nicht etwa aus „der Natur der Sache" (d. h. aus der Natur seelischer „Merkmale"). Die messenden Verfahren arbeiten analog zu unserem Umgang mit den Gegenständen in der räumlich-dinglichen Welt. Diese Gegenstände erfassen wir, indem wir ihre (wesentlichen) Merkmale feststellen und ausmessen. Größe und Gewicht auch einer Person sind beispielsweise solche Merkmale, die wir sehr genau ausmessen können. Analog dazu versucht der Psychologe die Intelligenz einer Person (bzw. Intelligenzfaktoren) zu messen. Er kann dann angeben, wie schnell und sicher jemand neue Anforderungen (mit Hilfe des Denkens) zu bewältigen vermag. Bekanntlich hat das schließlich zur Definition dessen geführt, was Intelligenz ist – nämlich sie sei das, was der Intelligenztest mißt. Diese Definition ist insofern nicht tautologisch, als sie die Intelligenz im wesentlichen auf solche Leistungsaspekte beschränkt wissen will, die quantifizierbar sind. Andere Gesichtspunkte – etwa die Frage, auf welche spezifische Weise jemand die neuen Anforderungen in Angriff nimmt – bleiben, eben per definitionem, ausgeschlossen.

Der TAT ist demgegenüber ein Test, mit dem etwas erfaßt werden soll, das eine andere Art der Abstraktion erforderlich macht als die Quantifizierung. Dieser Test verlang die Arbeit der *Rekonstruktion*. Wer beispielsweise die Funktionsweise eines Apparates rekonstruieren möchte, weiß, daß es dazu nicht ausreicht, alle Bestandteile zusammenzutragen und sorgfältig auszumessen. Wenn der Bauplan unbekannt ist, muß man irgendwie eine Idee davon entwickeln, wie das alles zusammenpaßt und im Ganzen funktioniert. Mit Hilfe des TAT möchte man rekonstruieren, wie sich jemand mit Konflikten auseinandersetzt – mit welchen Mechanismen, Hilfskonstruktionen oder Prinzipien jemand Konflikten begegnet und sie sich zugleich bereitet.

Das Material, das mit dem TAT erhoben wird, sind „dramatische", „spannende" Geschichten, die jemand zu Bildern erzählt, auf denen Situationen aus dem menschlichen Leben dargestellt sind, die jeder Mensch – so oder so – schon erlebt hat. Die Aufgabe des Diagnostikers besteht zunächst darin, die Prinzipien zu rekonstruieren, nach denen diese Geschichten *gestaltet* sind. Nach den

Regeln der Testtheorie (dem traditionellen Validitätsverständnis) wäre dann zu fragen, mit welcher Sicherheit angenommen werden darf, daß dieselben Prinzipien auch in der Lebensgestaltung des Probanden wirksam sind, bzw. eben auch dort von ihm angewendet werden. Aber mit dieser Frage wird man dem TAT nicht gerecht. Grob gepeilt, ist die Richtung nicht falsch gewählt. Das traditionelle Validitätsverständnis erschwert jedoch die richtige Justierung des Zielgeräts.

Für die Arbeit mit dem TAT ist lediglich die Annahme zu machen, daß Prinzipien der Lebensgestaltung in erzählten TAT-Geschichten offenkundig werden *können*. Freilich sind es nicht unsere Unwissenheit und Unzulänglichkeiten in der Testkonstruktion, die zur Vorsicht nötigen. Sie ergibt sich aus der Natur der Sache. Um mit dem TAT zuverlässige Ergebnisse zu erzielen, braucht man sich nicht mehr um Annäherung an eine „Wahrheit" zu bemühen, etwa an den „wahren Charakter" eines Menschen, an seine „wirklichen Probleme" – oder wie man sie nennen mag. Der TAT kann und soll helfen, Züge (oder Momente) der wirksamen Organisation in der Lebensgestaltung eines Menschen zu entdecken – und zwar jener Organisation, die verständlich macht, wie angesichts der Vielfalt von Lebensaufgaben und -problemen die Einheit der Person (als eine Gestalt) erhalten bleibt.

Macht man sich die Art der Abstraktion, die ein rekonstruierendes Vorgehen erfordert, nicht hinreichend klar, wird man aus alter Gewohnheit heraus vielleicht doch meinen, es ginge bei der Anwendung des TAT darum, eine Art Grenze oder Niemandsland zwischen erzählten und erfundenen TAT-Geschichten und tatsächlich praktizierter Lebensgestaltung so sicher wie möglich zu überbrücken. Was man beim Rekonstruieren im hier gemeinten Sinne aber tut, ist folgendes: Durch die Beschreibung überschaubarer Gestaltungen, der TAT-Geschichten, werden Gestaltungsprinzipien rekonstruiert, die dann ihrerseits zur Rekonstruktion *anderer* Gestaltungen, der Lösungen für Lebensprobleme, verwendet werden. Das Durchgängige „in" allen Gestaltungen, „in" TAT-Geschichten und „in" der Lebensgestaltung, ist dann nicht notwendigerweise das Prinzip selbst, sondern wohl „nur" der Umstand, daß ein einmal herausgearbeitetes Prinzip bei der „Übertragung" auf andere Gestaltungen nicht verworfen werden muß. Wohl sind Modifikationen bzw. Transformationen nötig. Deswegen verlangt dieses Vorgehen, Geschichten *als* Geschichten (bzw. Literatur) und Bilder *als* Bilder zu sehen, nicht etwa (nur) als verschlüsselte Botschaften aus der Tiefe (der Seele) oder aus dem Unbewußten oder als Abbildungen tatsächlicher Ereignisse. Diese Sichtweise knüpft an die Tradition der Freud'schen Psychologie an. Dem Begründer der Psychoanalyse gelang der Durchbruch zu seiner Neurosenlehre und Behandlungsmethode als er erkannte, daß er z. B. Verführungsgeschichten als Geschichten ernst nehmen und ab einer gewissen Stelle aufhören müsse, danach zu forschen, ob die traumatischen Ereignisse tatsächlich immer stattgefunden haben oder nicht.

Man kann nicht oft genug betonen, daß die Suche nach dem „Wahrheitsgehalt" von Geschichten, sofern man ihn vornehmlich von der inhaltlichen Seite her ins Auge faßt, auf Nebenwege führt. Das stellt sich auch dann heraus, wenn man beispielsweise die Anamnese einer Validitätsprüfung unterzieht. Die Ergebnisse sind auch dort unbefriedigend. Sogar „harte Fakten" (z. B. Angaben über Führerschein oder gegebene Spenden) weisen in der Anamnese „eine nicht unerhebliche Invalidität" auf (Schmidt, Kessler 1976, S. 123).

Der TAT war als ein Hilfsmittel zur Exploration (dem erkundenden Gespräch) gedacht. H. A. Murray, der die noch heute gebräuchliche Bildserie aussuchte, hatte beobachtet, „daß dieselben Menschen, die in psychisch bedrängter Lage zwar Rat und Hilfe wollen, häufig aber eben das, woran sie leiden, nicht oder nur schwer und unklar ausdrücken können" (Revers 1958, S. 7). Es lag daher nahe, den Patienten mit einem geeigneten Hilfsmittel zu veranlassen, seine inneren Probleme indirekt auszusprechen. Es ist aber nicht unbedingt hilfreich, den TAT deswegen in den Dienst einer Entlarvungspsychologie zu stellen. Das ist zu betonen, weil die Popularisierung tiefenpsychologischer Erkenntnisse eine entsprechende Erwartung begünstigen könnte. Um gerade diesen Erkenntnissen gerecht zu werden, muß man in jedem Fall, d. h. bei jedem Patienten, erneut damit beginnen, möglichst spezifische seelische Muster bzw. „Konstruktionen" nachzuschaffen. Man erreicht bestenfalls eine Typisierung, wenn man ein allgemeingültiges Muster in neuen Fällen nur bestätigt haben will.

Das rekonstruierende Vorgehen mag auf den ersten Blick umständlich anmuten. Dafür ist es aber anschmiegsam. Die psychologische Diagnostik ist mehr denn je auf ein solches Vorgehen angewiesen. Einmal wandeln sich die Erscheinungsbilder neurotischer Störungen – auch bei den Symptombildungen scheint es so etwas wie Moden zu geben –, so daß Einsichten in strukturelle Zusammenhänge um so schwerer zu gewinnen sind, je mehr die diagnostische Arbeit in die Nähe der Routine gerät. Zum anderen wird durch den Zeitdruck, unter den der Diagnostiker zunehmend gerät (in der Erfolgsstatistik könnte die Zahl der bearbeiteten Fälle dann schwerer wiegen als die Gründlichkeit der Bearbeitung; jedenfalls ist die Versuchung, so vorzugehen, recht groß), und durch die Vorliebe für standardisierte Verfahren, deren Auswertung möglichst einem unbestechlichen Computer übertragen werden kann, der frei ist von subjektiven Regungen, kaum etwas anderes mehr begünstigt als eben die Routine.

Von seiten der akademischen, sog. streng empirischen Psychologie wird noch ein anderer Verdacht erhoben. Einem Vorgehen, das darauf ausgerichtet ist, *seelische Muster* zu rekonstruieren oder gar zu entdecken, wird unterstellt, es betriebe „Wesensschau". Und so etwas tut ein Empiriker natürlich nicht. Er könnte dabei auf das „Wesen" oder auf die „Natur" der Persönlichkeit stoßen und hätte sich damit zumindest der Spekulation schuldig gemacht. Er hat bei seinen Leisten zu bleiben: empirische Daten zu sammeln, theoretische Konstrukte zu erfinden und jene Daten mit Hilfe dieser Konstrukte zu ordnen und zu interpretieren. Damit die ganze Angelegenheit sauber, d. h. objektiv bleibt, sind von vornherein nur Daten bzw. „Sachverhalte" zugelassen, die zuverlässig beobachtbar sind; und „zuverlässig beobachten" hat nichts anderes zu bedeuten als messen. Wertfrei ist dieses empirische Vorgehen freilich nicht. Ihm gelingt aber scheinbar das Kunststück, auch Werte gleichsam zu operationalisieren. Denn es gilt die Regel: „Je höher das Skalen-Niveau ist, um so größer ist der Informationswert einer Aussage, in welcher die Messung dargestellt wird" (Herrmann 1969, S. 83). Weil die Auswahl der Sachverhalte von vornherein auf die Anwendung der Maßskalen von hohem Niveau ausgerichtet ist, sind die Ergebnisse dieser Empirie so objektiv, wie diese tautologische Methode das eben gestattet.

Es wäre töricht zu bestreiten, daß Meßergebnisse in bestimmter Hinsicht schwere Gegengewichte zur subjektiven Beliebigkeit oder gar Willkür sind. Aber wo steht geschrieben, daß sie in dieser Funktion notwendig alles andere übertreffen? Auch ist es trivial, daß Skalen von hohem Niveau ein hohes Maß an Genauigkeit einer Messung garantieren. Tatsächlich käme kaum jemand auf die Idee, etwa unsere Körpergröße mit einer Nominalskala (mittlere Größe, größer usw.) zu messen. Er würde eine Verhältnisskala, also ein ganz gewöhnliches Metermaß, verwenden. Es ist nahezu sinnlos, Aussagen über den Informationswert einer Skala zu machen, wenn man es unterläßt, ihre Relevanz für das zu bestimmen, was man mit ihr messen möchte; es sei denn, man ist an einem Informationswert an sich interessiert, den man zum Ermöglichungsgrund aller Erfahrung überhaupt machen möchte. Und damit wäre man wieder bei dem Problem angelangt, welches die strenge Empirie aus der Wissenschaft so gerne verbannen möchte.

Was für I. Kant (1781) etwa die Kausalbeziehung sein mußte, nämlich ein reiner Verstandesbegriff, der uns a priori gegeben ist, ohne den folglich die Sinneseindrücke nichts anderes als ein willkürliches, subjektives Spiel von Empfindungen wären, zu etwas Ähnlichem gerät die Maßskala höheren Niveaus, wenn man sie zur Methode der Psychologie schlechthin erklärt. Daß das getan wird, kann nur bestreiten, wer nicht wahr haben will, daß heute psychologische Untersuchungen ohne jeden Skrupel bereits dann als unwissenschaftlich und irrelevant abqualifiziert werden, wenn einem die Anzahl der Vpn. mißfällt. Während Kant die Sinneseindrücke ordnen wollte, scheint ein Teil der heutigen Psychologen danach zu trachten, die kaum quantifizierbaren Erlebensqualitäten aus ihrem Arbeitsfeld zu verbannen. Es ist ja verständlich, daß man seine

Geduld nicht immer wieder von der „verrückten Logik" unbewußter (seelischer) Tendenzen (Andreski 1974, S. 146) strapazieren lassen möchte. Kurios ist aber doch, auf welche Weise man ihr zu begegnen trachtet; auf eine Weise nämlich, die eben dieser „Logik" entstammen könnte. Man hält sich an den selbstverständlichen Grundsatz: „Wenn man über den Kreis der Erfahrung hinaus ist, so ist man sicher, durch Erfahrung nicht widerlegt zu werden" (Kant 1781, S. 50), sorgt aber beflissentlich dafür, daß die gefürchtete „Logik" in den Kreis der Erfahrung möglichst gar nicht erst eindringen kann. Wenn der Sinn für Proportionen erhalten bleibt, weiß man auch, daß „undisziplinierte Phantasieflüge" (Andreski 1974), die sich gelegentlich als „Deutungen" ausgeben, das ungeeignetste Korrekturmittel gegen Quantifikation am falschen Platze sind.

Der TAT ist ein psychologischer Test, der nicht zu den messenden Verfahren gehört. Bei seiner Durchführung werden dem Probanden Bildtafeln vorgelegt, zu denen er Geschichten zu erfinden hat (siehe die beiden Tafelbeispiele, S. 17f.). Und bei der Auswertung sind – wie gesagt – die Geschichten *als* Geschichten bzw. als *Literatur* ernst zu nehmen, nicht etwa als Berichte oder Reportagen über etwas, das tatsächlich stattgefunden hat. Man darf sagen, daß die TAT-Geschichten die besten sind, die möglichst unwirklich, phantastisch oder „verrückt" ausgefallen sind. Werden komplette Zauberwelten entworfen, ist das Treiben von Geistern und Gespenstern geschildert, sind magische Mechanismen beschrieben und wird von Wundern berichtet, so hat der Proband *richtige* TAT-Geschichten erzählt. Manchmal ist es die wissenschaftlich-rationale Einstellung des Diagnostikers und nicht die Phantasie des Probanden, die die Produktion guter TAT-Geschichten behindert.

Wenn man mitansehen muß, wie auf Wissenschaftlichkeit bedachte Studenten gelegentlich ihren ganzen Scharfsinn darauf verwenden, Gründe dafür zu finden, warum sie eine phantastische TAT-Geschichte nicht auswerten, zumindest nicht überinterpretieren wollen, so kann man sich manchmal nur schwer des Eindrucks erwehren, als fürchteten sie, tatsächlich solchen Wesen oder Naturen zu begegnen, die nicht von unserer menschlichen, irdischen Welt sind. Wer gelernt hat, daß nur objektiv sei, was zuverlässig beobachtet bzw. exakt gemessen wurde, dem fällt es schwer zu verstehen, daß beispielsweise die Hexe kein metaphysisches Wesen ist, das ihr Unwesen treibt, sondern „nur" eine *Bezeichnung* für ein ganz bestimmtes organisierendes Prinzip, nach dem eine Person ihr Leben gestaltet. Es nutzt manchmal wenig zu versichern, daß man die Hexe (oder jedes andere phantastische Wesen) lediglich als *Modell* handhabt und tatsächlich nicht auf den Gedanken kommt, daß ein Mensch aus Fleisch und Blut eine Hexe *ist*. Das gewohnheitsmäßige Kausaldenken (der Proband hat seine Probleme, weil ...) hat es offenbar nicht leicht, wenn die methodische Forderung erhoben wird, sich das eine (= die Lebensgestaltung des Probanden) als

Tafel 1

Anmerkung: In der hier reproduzierten Form sind die Bilder für Testzwecke *nicht* geeignet. Der TAT, der 31 Bildtafeln enthält, ist über den Fachbuchhandel bzw. von der Testzentrale zu beziehen.

Reprinted by permission of the publishers from Henry A. Murray, THEMATIC APPERCEPTION TEST, Cambridge, Mass.: Harvard University Press, Copyright 1943 by the President and Fellows of Harvard College, © 1971 by Henry A. Murray.

Tafel 6 GF

das andere (= Hexen-Modell) vorzustellen. Daß bei diesem Vorgehen die Pfade der Objektivität nicht notwendigerweise verlassen werden müssen, dafür spricht der Umstand, daß man gar nichts verstünde, wenn man nicht zuverlässig wüßte, daß ein Proband kein unnatürliches Wesen ist, so sehr er auch sein Leben nach einem Prinzip aus dem Bereich des Phantastischen gestalten mag.

Die Mehrzahl der TAT-Geschichten fällt jedoch nüchtern aus. Meistens haben die Probanden ihre (Phantasie-)Produktionen trotz aller Überzeichnungen so weit unter Kontrolle, daß auch in den TAT-Geschichten Lebensprobleme nach den Gesetzen der natürlichen Realität und nicht durch Magie oder Zauberei gelöst werden. Wie sie jeweils auch gestaltet sein mögen, TAT-Geschichten ermöglichen dem Diagnostiker die Rekonstruktion von Prinzipien der Lebensgestaltung, und das um so besser, je mehr sie dazu beitragen, etwas von dem zu erfahren, was mit den „Erzählungen" der Anamnese teilweise noch umgangen werden kann. Auch die Anamnese ist eine Präsentation von „Geschichten".

In TAT-Geschichten – das ist die Arbeitshypothese dieses Buches – sind Tendenzen erkennbar, die in anderen Erzählungen des Probanden weniger deutlich oder gar nicht auffallen, in seinem Leben aber *wirksam* sein müssen, nicht zuletzt wegen der vorliegenden Symptomatik. Man darf und muß sogar damit rechnen, daß sie in TAT-Geschichten prägnanter zum Ausdruck kommen als im alltäglichen Lebensvollzug, dessen Produktionen durch eine Vielzahl realer Probleme mitbestimmt sind. Der TAT soll ja eben deswegen Produktionen veranlassen, die auf reale Anforderungen wenig Rücksicht zu nehmen brauchen, die möglichst weitgehend nur den seelischen Möglichkeiten und Notwendigkeiten folgen.

Diese Verhältnisse erlauben es nicht, von TAT-Geschichten *einfach* auf Bereiche der Lebensgestaltung zu schließen. Die Schlüsse, die beim Rekonstruieren gezogen werden müssen, sind das Ergebnis einer besonderen Vergleichsmethode. Herausgearbeitet werden Züge und möglichst ganze (organisierende) Muster, die sozusagen quer durch verschiedene Gestaltungen verlaufen („durch" TAT-Geschichten, „durch" Symptombildungen, auch „durch" unproblematische Lebensvollzüge). Geschichten als Geschichten ernst nehmen, ist eine Forderung dieser Methode. Sie verpflichtet, daran zu denken, daß in erfundenen Geschichten etwas ausgeführt werden kann, das sich im Leben als eine Keimform ausbildet, und es von Zufällen (singulären Ereignissen) und sog. Lebensumständen abhängt, was konkret weiter daraus wird. Und nicht zuletzt gebietet diese Forderung zu bedenken, daß Geschichten auch gebildet werden (erfunden), um Probleme der Lebensgestaltung zu verdecken. Bei einem einfachen Schlußverfahren liefe die Auswertung von TAT-Geschichten auf die Frage hinaus, ob bestimmte Geschichten nun „wahr" sind oder nicht. Bliebe man in diesem Punkt nicht konsequent, könnte man schon vor jeder Analyse eine ganze

Gruppe von Geschichten, gewiß wohl die phantastischen, als reine, d. h. unverbindliche Erfindungen beiseite tun. Und eben dagegen spricht die Erfahrung des praktischen Umgangs mit dem TAT.

Das Verhältnis von mehr oder weniger phantastischen TAT-Geschichten zum Umgang mit Konflikten in der Lebensgestaltung kann bereits an dieser Stelle an einem Beispiel veranschaulicht werden. Ein 10jähriger Junge erzählte zu Bildtafel 5 folgende Geschichte:

Es war einmal ein Mädchen, deren Eltern hatten einen Tisch, der dem Mädchen gut gefiel. Was dem Mädchen so gut gefiel war, daß man die Tischbeine absägen (könnte, so daß) man dann immer hin- und herschaukeln kann ... Als das Mädchen größer geworden war, hatte es den Tisch schon längst vergessen. Als es fast Oma war, fiel ihm doch noch der Tisch ein. Sie beschloß, heimlich den Tisch zu stehlen ... Soll ich, soll ich nicht? ... (Endlich) fragte sie die Eltern, ob sie den Tisch haben könne, sie brauche noch einen. Die Eltern sagten ja. Der Grund war ein ganz anderer, sie wollte schaukeln. Sie nahm den Tisch und ging nach Hause. Sie sägte die Beine ab. Sie setzte sich drauf, aber der Tisch schaukelte nicht, er ging kaputt!, besser gesagt, die Wippe. Nun war die ganze Arbeit, das Probieren, den Tisch zu kriegen, umsonst und der schöne Tisch ...

Diese Geschichte würde man beim ersten Hinsehen bzw. -hören – und für sich betrachtet – wohl noch nicht als eine phantastische bezeichnen. Um so weit gehen zu können, würde man schon „mehr" hören wollen. Andere TAT-Geschichten, die der Junge erzählte, entsprechen dagegen voll und ganz dieser Erwartung. Dort tun sich Geheimtüren auf, magische Geräte werden eingesetzt, eine aufgezogene Puppe geht hin und her und es treten Hexen auf. In diesen Kontext zurückgestellt, erkennt man schon leichter die Eigenart der zitierten Geschichte. Merkwürdig ist die Mischung aus Realismus und der Vorliebe für eine Spukmechanik. Der Tisch ließe sich nämlich tatsächlich durch Absägen der Beine und einigen wenigen Verrichtungen mehr in eine Wippe verwandeln. Die Folgen dieses realen Eingriffs erinnern dann eher an Spuk. Denn hier wird etwas (ein Tisch), das uns gewöhnlich gerade wegen seiner Standfestigkeit dienlich ist, in eine Wippe verwandelt. In Anlehnung an M. Heidegger (1935) ließe sich sagen: Eine gewöhnliche Dienlichkeit wird ins Ungewöhnliche, aber nicht Unvertraute verrückt. Denn anderswo ist die Wippe uns ja vertraut. Bedenkt man außerdem, daß mit großer Ausdauer (fast ein Leben lang) und trotz Unterbrechung (schon längst vergessen) an dem Prinzip der Wippe (hin- und herschaukeln) festgehalten wird, so dürfte man sich noch nicht der Überinterpretation schuldig gemacht haben, wenn man sagt: Die Balance noch halten (können) oder schon abrutschen – das ist in diesem Fall die Frage.

Das Hin- und Herschaukeln (auch Hin- und Hergehen) wird wohl nicht allein zum amüsanten Zeitvertreib angestrebt. Es muß sich um eine ernste Angelegenheit handeln. Es bliebe sonst nicht nur unverständlich, warum man heimlich vorgehen und andere täuschen muß. Die Geschichte verlöre zudem ihren

„Witz". Es ließe sich nämlich nicht erklären, warum so ausdauernd an etwas festgehalten wird – warum ausgerechnet „in" einem Tisch fortwährend die Wippe gesehen wird. Der Leser stelle sich das einmal leibhaftig vor – möglichst gerade dann, wenn er sich an einem Tisch aufhält, dessen Standfestigkeit ihm gewiß ist. Sobald die ersten zerbrechlichen Gegenstände ins Rutschen kämen, würde es unvermeidlich ernst.

Im Hinblick auf die Probleme der Lebensgestaltung des Probanden ist nun also zu fragen, inwiefern das soeben rekonstruierte Prinzip (Verkehrthalten = Festhalten daran, daß Standfestigkeit doch ein Hin- und Herschaukeln bedeutet) verwendet werden kann, um zu verstehen, wie der 10jährige Junge mit Lebensproblemen bzw. Konflikten umgeht. Die Kontrollfrage ist: Gibt es Gründe, die dazu nötigen, dieses Prinzip auf die Lebensgestaltung *nicht* anzuwenden?

In der Anamnese mit beiden Eltern war über den Jungen und die Familiensituation folgendes zu erfahren: Der Junge hat zwei Brüder, einen jüngeren und einen älteren. Vater und Mutter sind freiberuflich tätig. Die Entwicklung sei „normal" verlaufen. Vorgestellt wird der Junge, weil er in der Schule „sehr wenig" leiste, er könne, wolle aber nicht, habe keine Lust mehr. Den Eltern habe er mehrfach gesagt, daß er sich ungeliebt und unverstanden fühle. Ein weiterer Grund, ihn dem Psychologen vorzustellen sei, daß er „über die Maßen aggressiv" sei, schon einige Gegenstände zerstört habe. Gegen seine Brüder sei er gewalttätig. Er erpresse die Mutter und hindere sie gewaltsam daran, das Haus zu verlassen. Man habe ihn eingeschlossen, darauf sei er vom ersten Stock aus durchs Fenster auf die Straße gesprungen, habe gebrüllt, so daß die Nachbarn darauf aufmerksam wurden. Ferner berichtet die Mutter über seine „sadistische Freude" darüber, daß sie es inzwischen aufgegeben habe, sich zu wehren, und um dem Jungen „ein Ventil" anzubieten, sich sogar habe von ihm verprügeln lassen, der Erfolg aber ausgeblieben sei.

Über die Familiensituation wird von den Eltern erzählt: Der ältere Sohn hätte die ganze Liebe des Vaters, der jüngste die der Mutter. Die „Erziehungsstile" der Eltern seien ganz unterschiedlich, der des Vaters „autoritär", der der Mutter „ausgleichend" (nach dem sie Kurse in Erziehungspsychologie besucht hatte). Außerdem wird mitgeteilt, daß jedes Elternteil auch einen „anderen Partner" habe. Der „Partner" der Mutter sei für den Jungen inzwischen schon zu einem „Vaterersatz" geworden. Während die Mutter gerade über dieses Thema freimütig spricht, möchte der Vater „es hier draußen lassen". Beide Eltern sind sich jedoch darin einig, daß die Familie zusammenbleibe und dies auch nach außen sichtbar werde.

Die weiteren Details aus dem Leben dieser Familie bestätigen stets das eine: Fast unerbittlich treibt die Eltern etwas auseinander; und zugleich schaffen sie es, das Trennende nach außen hin zu verbergen. Das Anamnesematerial läßt wenig Spielraum für Interpretationen. Allem Anschein nach ist der Junge sowohl ein auffälliger Symptomträger der Familie als auch das Verbindungsglied zwischen den auseinanderdriftenden Hälften (jeweils ein Elternteil mit einem Sohn). Der Junge hat diese ihm zugeschobene Aufgabe offenbar übernommen; aber er erfüllt sie auf seine Weise. Er zwingt die Eltern, sich mit seinen Schulschwierigkeiten zu beschäftigen und erpreßt sie mit den Gewalttätigkeiten, die er zu Hause an den Tag legt.

Daß der Junge ganz anders sein *kann*, als er sich den Eltern präsentiert, beweisen folgende Beobachtungen und Befunde: Zur psychologischen Untersuchung kam ein ruhiger, umgänglicher Junge, der zunächst etwas verlegen war, dann aber bald auftaute und geschlagene sechs (6) Stunden lang unermüdlich ein umfangreiches Testprogramm absolvierte und bis zum Schluß selbst bei Nebensächlichkeiten gründlich mitarbeitete. Ein Intelligenzquotient von 128 (HAWIK) und das Ergebnis des Rorschach-Tests zeigen einen vielseitig- und hochbegabten Jungen.

Blickt man nun auf die zitierte TAT-Geschichte zurück, dann ist leicht einzusehen, daß es nicht viel weiterhilft, wenn man nun fragt, mit welcher Sicherheit der Schluß gezogen werden darf, daß der Junge auch im Leben hin- und herschaukeln (auf einer Wippe sitzen) möchte. Und für die schwache Bestätigung seiner vermeintlich destruktiven Tendenzen – weil er danach trachtet, die Tischbeine abzusägen – würde sich der Aufwand, den der TAT erfordert, wohl kaum lohnen.

Zu einem besseren Verständnis des Falles kann es beitragen, wenn man die Wippe konsequent als ein *Prinzip* (verbindendes Muster) auffaßt. Hin- und Herschaukeln kann eine erfolgreiche (gelebte) Methode sein, wenn man die Aufgabe übernommen hat, in einem permanenten Auseinandertreiben Zusammenhalt (Bindung) zu garantieren. Pointiert ausgedrückt, darf man sagen: Wenn die Realität verrückt spielt, ist es sinnvoll, darauf mit Abwegigkeiten und Skurrilität zu reagieren, wenn man nicht selbst verrückt werden will. Für die Lebensgestaltung des Jungen müßte das bedeuten: Er hat immer noch nicht den „Glauben" aufgegeben, daß seine Familie eine Einheit ist, von der alle Mitglieder profitieren. Und er hat „verstanden", daß er das, was er vorfindet (Widersprüchliches, Auseinanderstrebendes usw.), übersichtlich, unter Kontrolle und als Einheit im Auge behalten kann, wenn er zumindest zeitweilig zu Übertreibungen, Abwegigkeiten, ja, zum Mittel des Spuks greift. Diese Methode ist (zusammen mit seinen Begabungen) eine Bedingung dafür, daß diesem Jungen originelle Neuschöpfungen gelingen. Sie wird aber auch eingesetzt, um sich eine fragwürdige Berechtigung dafür zu erhalten, etwas ins Gegenteil zu verkehren und eigene Ungeduld und Feindseligkeit anderen zuzuschieben.

Kurz gesagt, legt die zitierte TAT-Geschichte die Annahme nahe, daß der Junge seine Auffälligkeiten mit „geheimer Intelligenz" (Salber 1969 a) inszeniert, so, als habe er sich sehr treffsicher darauf eingestellt, elementare Bewegungen zu parieren. Wo etwas auseinander läuft, hält er dagegen; wo etwas labil geworden ist, balanciert er es wieder aus. Auffällig erscheinen seine Verhaltensweisen dann, wenn man die enttsprechenden Bewegungen der Gegenseite nicht wahrnimmt. Bemerkenswert ist an jener TAT-Geschichte außerdem, daß sie eine Verbildlichung eines Musters der Lebensgestaltung dieses Jungen leistet. Das ist während einer TAT-Aufnahme durchaus möglich, aber nicht die Regel.

Solche und ähnliche Interpretationen setzen allerdings voraus, daß man die These anerkennt: Im Mannigfaltigen, Zufälligen und scheinbar Willkürlichen des definitiven (tatsächlichen) Lebens versuchen wir immer wieder eine Ordnung durchzusetzen; und sogar *optimale* Ordnungen (Konstruktionen) der Lebensgestaltung haben Unvereinbares, Widersprüchliches und Paradoxes in Kauf zu nehmen. Mit anderen Worten: Die Lebensgestaltung müßte als eine „schöpferisch antwortende Stellungnahme, nicht Reaktion" (Adler 1928, S. 394) auf Lebensumstände angesehen werden – der Mensch als jemand, der seine Lebensgestaltung aktiv selbst betreibt, so, als gelte es, Antworten auf Fragen zu finden, wie etwa: Was (welches Prinzip) schafft die Einheit (der Person)? Wie hängen Gegenläufigkeiten und/oder Sinnloses (in der Welt) miteinander zusammen? Wie funktioniert die Vielfalt in der Einheit? Welche Entwicklungsrichtungen nimmt die Einheit?

Das sind scheinbar so allgemeine Fragen, daß verständlich wäre, wenn man über sie zur Tagesordnung bzw. zum praktischen Fall überginge. Doch das oft bemühte Bestreben, dem Praktiker eine Hilfestellung zu geben, läßt gerne übersehen, daß nichts praktischer ist als eine gute Theorie, sofern man in der Praxis systematisch bzw. methodisch vorgehen will. Für die Arbeit mit dem TAT hat es sich jedenfalls als hilfreich erwiesen, wenn man mit der Hypothese arbeitet, daß phantastische Weltbilder (Geschichten) auf *gescheiterte* Versuche (in der Lebensgestaltung) hinweisen, eine Welt *ohne* Unvereinbarkeiten aufzustellen, so daß dabei Teilordnungen abgetrennt werden müssen. Für die TAT-Diagnostik ist es nicht hilfreich, „phantastisch" mit „unwirklich" gleichzusetzen. Um zu wiederholen, ein solcher Schritt verlangt nicht, an Geister und Gespenster zu glauben, sondern zu akzeptieren, daß Lösungen für Probleme der Lebensgestaltung nach einer Gesetzlichkeit gesucht werden können, die den Gesetzen widerspricht, die die Naturwissenschaften entdeckten, die sogar so angelegt sein kann, als trachte sie danach, diese aufzuheben. „Phantastisch" meint: gesetzmäßig, aber mit den (Natur-)Gesetzen der Dingwelt nicht übereinstimmend.

Es darf ferner angemerkt werden, daß Lebensgestaltungen, die nach dem

Modell phantastischer Wesen ins Werk gesetzt werden, nicht deswegen therapiebedürftig sind, weil sie sich am falschen (unvernünftigen) Modell orientieren, sondern weil derartige Modelle bei der Übertragung auf veränderte Entwicklungsaufgaben und Lebensumstände sich als umbildungsresistent erweisen. So ist es im gegebenenen Beispiel ja durchaus vernünftig, in der Familie – falls man sie zusammenhalten möchte – nach Art eines bösen Kobolds zu agieren. Zudem befähigt es den Jungen zu originellen Leistungen, daß er etwas wider die Alltagsvernunft tun kann. Was ihm aber außerdem gut täte, wäre eine Wendigkeit, die es ihm erlaubt, neue Lebenslagen nicht wieder mit jenen alten Nöten zu belasten, gegen die das Kobold-Modell „hilfreich" sein sollte.

Die Möglichkeiten des TAT sind hinreichend zu nutzen, seine Grenzen in der Praxis deutlich genug zu erkennen und die notwendigen Gegengewichte zur subjektiven Beliebigkeit während der Auswertung (Interpretation) bei der Hand, wenn klare Vorstellungen darüber vorliegen, was wir von einem Probanden verlangen, wenn mit ihm der TAT durchgeführt wird. Ebenso klare Vorstellungen sind darüber erforderlich, was der Proband tut bzw. tun kann, während er TAT-Geschichten erfindet. Die entsprechenden Vorstellungen und Ideen wirken der Routine entgegen, die nach längerer Anwendungszeit die Genauigkeit der Diagnose beeinträchtigt. Und man ist auf sie angewiesen, wenn erneut Unsicherheit spürbar wird, wenn man als Diagnostiker in die Lage gerät, sozusagen sich selbst einer Supervision zu unterziehen. Beim messenden Vorgehen wäre in einer solchen Lage die Nacheichung des Meßgeräts angezeigt.

2. Testmaterial und Testdurchführung

Der komplette TAT wird in zwei Sitzungen durchgeführt, zwischen denen eine Pause von mindestens einem Tag liegen sollte. In jeder Sitzung wird dem Probanden eine Serie von 10 Bildtafeln vorgelegt; und man fordert ihn auf, nacheinander zu jedem Bild eine möglichst *spannende, dramatische* Geschichte zu erzählen. Die Testanweisung muß so erfolgen, daß jeder Proband – der Erwachsene, Jugendliche, das Kind – verstehen kann, was von ihm erwartet wird. Im wesentlichen sollte man sich an die Formulierungen halten, die schon H. A. Murray vorgeschlagen hat und die W. J. Revers folgendermaßen erläutert:

Form A (zu verwenden bei Jugendlichen und Erwachsenen mit durchschnittlicher Intelligenz): „Wir haben hier einen Test zur Untersuchung der Phantasie. Ich werde Ihnen Bilder vorlegen, und Sie haben die Aufgabe, zu jedem Bild eine möglichst dramatische Geschichte zu erzählen. Schauen Sie sich die Bilder an und erzählen Sie mir dann, was auf dem Bilde im Augenblick geschieht, was die Menschen, die auf den Bildern dargestellt sind, gerade denken, fühlen und vorhaben, was in ihnen vor sich geht. Machen Sie dann daraus eine vollständige Geschichte, erfinden Sie dazu, wie es zu der Situation kam, was vorher passierte, wie sich die Sache weiter entwickelt und wie sie dann am Ende ausgeht. Sie können nichts falsch machen; es kommt lediglich darauf an, daß Sie Ihre Phantasie spielen lassen und daß Sie eine dramatische Erzählung erfinden. Sie können sich für jede Geschichte etwa 5 Minuten Zeit nehmen. Hier sehen Sie das erste Bild."

Form B (zu verwenden bei Kindern und Erwachsenen mit geringer Intelligenz und Bildung): „Ich habe hier einen Erzähltest. Das sind lauter Bilder. Die Bilder will ich dir zeigen, und dann machst du dazu eine Erzählung. Du erzählst mir, was auf dem Bild gerade los ist, was da geschieht und was vorher los war. Erzähle mir, was die Leute, die auf dem Bild sind, gerade denken und was sie vorhaben. Und dann erzählst du mir noch, wie das weitergeht und wie es zu Ende geht. Du kannst Geschichten erzählen, wie du willst und wie es dir gerade einfällt."

Der Diagnostiker sollte sich nicht an eine bestimmte Form der Anweisung sklavisch halten. Es kommt darauf an, dem Probanden klarzumachen, was von ihm erwartet wird.

Wichtig ist erstens, daß er die Vorstellung hat, der TAT sei ein Test der Phantasietätigkeit und es komme darauf an, seine Phantasie möglichst ungehemmt spielen zu lassen. Falls er bereits psychologische Tests gemacht hat, ist es notwendig, ihn darauf aufmerksam zu machen, daß es beim TAT auf etwas anderes ankommt als bei den anderen Tests. Unterzog er sich bereits Intelligenztests, so muß man ihm sagen, daß es sich beim TAT nicht um Aufgaben handelt, die richtig oder falsch gelöst werden, sondern daß er gar keine Fehler machen kann, daß es lediglich darauf ankomme, eine möglichst lebendige, dramatische Erzählung zu erfinden, wie sie ihm gerade einfällt. Hat der Proband sich beispielsweise bereits vorher einem Rorschach-Test unterzogen, so muß man ihm klarmachen, daß er beim TAT nicht Bilder zu deuten oder zu beschreiben hat, sondern daß er dazu eine dramatische Erzählung erfinden soll, eine Erzählung, in der die Vorgeschichte, die Gegenwart und der Ausgang des Geschehens dargestellt sind.

Wichtig ist zweitens, daß der Proband die Spielregel des Testes kennt und beachtet, nämlich daß er eine möglichst dramatische Geschichte zu dem Bild erfindet, indem er das gegenwärtige innere Geschehen auf dem Bild darstellt und die Vorgeschichte, die weitere Entwicklung und den Ausgang der Geschichte nach eigener Vorstellung ergänzt.

Hat der Proband die erste Erzählung beendet und sich an die Anweisung gehalten, so bestätigt der Untersucher dies, präsentiert das nächste Bild und greift möglichst für den Rest der Stunde nicht mehr ein. Hat der Proband einen Teil der Anweisung außer acht gelassen, so soll man ihm bestätigen, was richtig ist, und ihn auf die Unterlassung aufmerksam machen. (Revers 1958, S. 44f.).

Falls erforderlich, sind auch diese Formulierungen abzuwandeln. Wie man sich auch ausdrücken mag, das Ziel muß sein, dem Probanden klarzumachen, daß er Geschichten erzählen bzw. *erfinden* soll. Bildbeschreibungen und die Nennung nur von Themen reichen für eine Diagnose nicht aus. Die Geschichten müssen vollständig sein. Um das zu erreichen, kann man sich an mehr formale Gesichtspunkte halten und dem Probanden etwa sagen:

„So ähnlich war es gemeint, Sie haben nur vergessen, mir zu sagen, was vorher passierte, ehe es zu dem kam, was Sie auf dem Bild sahen." Oder: „Jetzt haben Sie eine Geschichte erzählt, aber wir wissen nicht, wie die Sache schließlich ausging. Ihre Erzählung hängt also noch in der Luft. Zu einer vollständigen Erzählung gehört es, daß man weiß, wie es ausgeht." (Revers 1958, S. 46).

Die Bildtafeln werden dem Probanden in der Reihenfolge von 1 bis 10 bzw. 11

bis 20 vorgelegt, ohne daß er im Vorgriff schon ein späteres Bild zu sehen bekommt. Die Bildtafeln, die auf der Rückseite nur mit Zahlen gekennzeichnet sind (1, 2, 4, 5, 10/11, 14, 15, 16, 19, 20), werden allen Probanden vorgelegt. Die anderen Bildtafeln sind zusätzlich mit einem Buchstaben gekennzeichnet, der vorschreibt, ob die jeweilige Tafel einer Frau, einem Mann, Mädchen oder Jungen vorzulegen ist. Mit GF (girl/female) gekennzeichnete Bildtafeln sind für Frauen und Mädchen bestimmt (3 GF, 6 GF, 7 GF, 8 GF, 9 GF/ 17 GF, 18 GF), mit BM (boy/man) gekennzeichnete für Jungen und Männer (3 BM, 6 BM, 7 BM, 8 BM, 9 BM/17 BM, 18 BM). Für die Bilder 12 und 13 ist vorgesehen, daß zwischen Erwachsenen und Kindern unterschieden wird (12 F, 13 F für Frauen, 12 M, 13 M für Männer, 12 BG für Kinder, 13 G für Mädchen, 13 B für Jungen). Eine Sonderstellung nimmt die Tafel 16 ein. Sie ist weiß und erlaubt Geschichten ohne vorgegebene Thematik. Der Proband ist allerdings darüber zu unterrichten, daß er nun auch das Bild zu erfinden habe, zu dem die Geschichte erzählt werden soll. Auf die zweite Sitzung (Serie 11 bis 20) wird häufig aus Zeitmangel verzichtet. Aber auch dann sollte man zum Abschluß der ersten Serie (1 bis 10) unbedingt zusätzlich die Tafel 16 anbieten. Jener Verzicht ist zu bedauern, weil die Tafeln der zweiten Serie der Phantasie ein noch freieres Spiel erlauben als die der ersten.

Für eine Sitzung ist ein Zeitaufwand von ca. 1 Stunde zu veranschlagen. Zur weiteren Zeitersparnis werden gelegentlich verkürzte Bildserien verwendet. Dabei versucht man, sich an der besonderen Problematik des jeweiligen Falles zu orientieren. Abgesehen davon, daß dieses Vorgehen eine Diagnose bereits voraussetzt, dürfte es kaum dazu geeignet sein, eine solide Erfahrungsgrundlage für den Umgang mit dem TAT zu entwickeln. Man läuft Gefahr, die vermeintlich ungenügende Zuverlässigkeit dieses Tests erst herzustellen. So wie für andere Lebensbereiche gilt, daß das beste Werkzeug nichts nützt, wenn man seine Handhabung nicht übt, so verlangt auch der TAT, daß man Lehrjahre auf sich nimmt, um Erfahrungen zu sammeln. Erfahrungen aber lassen sich nur sammeln, wenn man den Wechselfällen, die einem fortlaufend begegnen, etwas Unwandelbares zugrunde legt. Wenn man stets die gleiche Bildserie verwendet – das müßte unmittelbar einleuchten –, räumt man damit dem individuellen Fall die Chance ein, *seine* Besonderheit zum Ausdruck zu bringen.

Ein Wort ist auch über die Aufzeichnung der erzählten Geschichten zu sagen. Von der Verwendung eines Tonträgers ist abzuraten. Das erfordert mehr Zeitaufwand als ein schriftlich angefertigtes Protokoll, garantiert aber keinen zusätzlichen diagnostischen Gewinn. Zur Auswertung muß jede Geschichte ohnehin schriftlich vorliegen. Der Diagnostiker sollte von vornherein die Geschichten so mitschreiben, daß die für den Probanden charakteristischen Formulierungen und Wendungen festgehalten sind. Es ist nicht erforderlich, jedes Wort mitzuschreiben. Ein bloßer Telegrammstil wäre freilich auch zu wenig. Durch das Mitschreiben wird außerdem die Testsituation von einer allzu großen Einseitigkeit in dem Sinne bewahrt, daß einer – der Proband – die ganze Arbeit macht, der andere – der Diagnostiker – sich auf das bloße Zusehen und -hören verlegt.

Ein eigenes Kapitel könnte über die Interventionen während der Durchführung des TAT geschrieben werden. Es sind selbstverständlich alle tendenziellen und inhaltlichen Eingriffe zu unterlassen. Andernfalls kann es geschehen, daß der Diagnostiker aus anderem Munde seine eigenen Geschichten zu hören bekommt. Die formalen Gesichtspunkte sind genannt: Anfang, Ende, Dramatik usw. Die weiteren Gesichtspunkte für eine angemessene Intervention lassen sich aus dem vertieften Verständnis dessen gewinnen, was – psychologisch gesehen – eine Geschichte *ist*.

3. Verlangen nach Geschichten und methodische Gesichtspunkte

Die Feststellung, es gibt ein Verlangen nach Geschichten, „weil Erfahrung, die sich nicht (in Geschichten) abbildet, kaum auszuhalten ist", machte der Schriftsteller M. Frisch (1965, S. 126). Kürzer läßt sich nicht sagen, warum wir Geschichten brauchen. Und selten dürfte überzeugender auf den psychologischen Sachverhalt hingewiesen worden sein, daß wir ohne Geschichten mit unserem Leben wohl nicht zurecht kämen. Wenn der Schriftsteller nicht irrt, hat er für die TAT-Diagnostik eine sicherere Grundlage gelegt als etablierte psychologische Theorien. Mit seiner Feststellung hat er etwas angesprochen, das sich nicht mehr mit der bekannten Meinung deckt, Geschichten und Literatur dienten der Unterhaltung.

Was immer Unterhaltung sein mag, ihr dienen Geschichten und Literatur gewiß auch. Aber wir haben *mehr* von ihnen. An und/oder in Geschichten ist etwas am Werke, das für unsere Lebensgestaltung wichtig ist.

Eine Persönlichkeitsforschung, die sich dem Grundsatz der Quantifikation verschrieben hat, wird Kreuzchen in einem Fragebogen lieber sehen als Geschichten. Sie würde zwar feststellen, daß es diese Phantasieprodukte gibt, hinsichtlich ihrer Interpretation aber äußerste Enthaltsamkeit üben. Das ist nicht zu kritisieren, wohl aber zum Anlaß zu nehmen, auf unberührte Territorien im weiten Feld der Persönlichkeitsforschung hinzuweisen. Das Gegenteil, nämlich „undisziplinierte" Gedankenflüge, ist freilich auch nicht wünschenswert. Es erschwert eher die Arbeit, weil in einem dichten Gestrüpp von Vermutungen die tragfähigen Bodenformationen nur schwer zu erkennen sind. Es muß also schon die Frage gestellt werden, wo der TAT-Diagnostiker anknüpfen kann, wenn er mit Geschichten arbeiten will. Wie so oft, so liegt auch für diese Frage der Anknüpfungspunkt zum Greifen nahe. Man braucht sich nur zu erinnern, „daß man einige Erleuchtung durch die Lektüre von Romanen (!) erhalten kann, will man seine eigenen Handlungen verstehen (!) oder das Verhalten anderer Menschen gegen einen selbst oder warum sie, was sie auch tun, glauben, genießen oder hassen" (Andreski 1974, S. 145).

Für die Arbeit mit dem TAT wird man also eine Marschroute zu wählen haben, die zwischen selbst auferlegter Beschränkung im Dienste der Quantifikation und vorschneller Deutung liegt. Für einen solchen Weg ist freilich auch ein angemessenes Methodenbewußtsein zu entwickeln. Damit unterwegs das richtige Marschgepäck nicht fehlt, macht das zuvor die eine oder andere Reflexion erforderlich, auch wenn es so scheint, als führten sie vom Wege wieder weg. Was man brauchen wird, ist eine Methode, die vor Anspielungen, Verdeckungen, Brüchen und Mehrdeutigkeiten, die notwendig zum *empirischen Sachverhalt Geschichte* gehören, nicht kapituliert.

Die Tiefenpsychologie begann von Anfang an mit der Analyse literarischer Werke. S. Freud schrieb in der Traumdeutung (1900): „Sein (des König Ödipus) Schicksal ergreift uns nur darum, weil es auch das unsrige hätte werden können." Zur Erkenntnis unseres eigenen Inneren habe der Dichter jener Schicksalstragödie uns genötigt. Nicht minder wirke auf uns die tragische Dichterschöpfung Hamlet, die ganz auf dem Zögern ihres Helden aufgebaut sei, aber nicht eingestehe, „welches die Gründe oder Motive dieser Zögerung sind" (S. 269 ff.).

Das Arbeitsfeld dieses Buches sind „Dichtungen" eines Menschen wie du und ich. Es wird jedoch nicht erwartet, daß mit ihrer Hilfe noch unbekannte Konfigurationen der menschlichen Lebensführung bzw. -gestaltung zu entdecken wären. Trotzdem werden sie nicht so eingeschätzt, als böten sie bestenfalls Wiederholungen, Variationen, zeitbedingte Ausprägungen der Vorbilder aus der „großen" Literatur.

Ohne in den Kompetenzstreit der Wissenschaften eingreifen zu wollen, ist anzumerken, daß die Frage nach der Bedeutung von Literatur für die menschliche Lebensgestaltung keinesfalls nur eine geisteswissenschaftliche ist. Sie ist zugleich eine der elementarsten psychologischen Fragen, die es überhaupt gibt. Werden echte Fragestellungen der Selbstbeschränkung geopfert, findet man sie an anderer Stelle wieder. Der Jurist W. Schapp schreibt (1953): „Die Geschichte steht für den Mann. Wir meinen damit, daß wir den letztmöglichen Zugang zu dem Menschen über Geschichten von ihm haben ... Was wir mit Fall bezeichnen, sind in Wirklichkeit Geschichten" (S. 103 f.).

Auch diese Feststellung zielt auf etwas Grundsätzliches. So wenig, wie der Schriftsteller nur an ein „Bedürfnis" nach Unterhaltung gedacht haben kann, als er das Verlangen nach Geschichten ansprach, ebensowenig ist der Jurist nur von der Absicht geleitet gewesen, Phantasiegebilden doch noch eine ernste Seite abzugewinnen. Denn Schapp schreibt weiter: „Wenn wir von Liebe und Haß, Trauer und Freude überhaupt reden, so kann sich das nur auf die Fülle der Geschichten, die im Horizont auftauchen, beziehen, und auch immer nur auf Geschichten, in die wir irgendwie verstrickt sind. Wenn wir die Geschichten einteilen nach Liebesgeschichten, nach Haßgeschichten, nach traurigen, nach fröhlichen Geschichten, so sind dies immer nur Momente an Geschichten. Weder gibt es hinter den Geschichten etwas Substanzielles wie Liebe und Haß, Freude und Trauer, das für sich etwas Selbständiges wäre und in Geschichten eingänge, noch steigen sie als selbständige Gebilde aus den Geschichten auf. Sie sind nur in Geschichten" (S. 149).

Plausibel erscheint der Zusammenhang zwischen Literatur und Lebensgestaltung, wenn wir ganz einfach nur feststellen, daß Literatur es unternimmt, „nachahmend das darzustellen, was uns sonst nur im unmittelbaren Erlebnis gegeben ist" (Wyatt 1970, S. 20). Aber schwerer ist zu verstehen, warum wir eine solche „Nachahmung" überhaupt wollen. Könnten wir nicht gut ohne sie leben? Gewiß. Doch die Frage ist, was es für die menschliche Lebensverfassung – so wie wir sie kennen – bedeuten mag, wenn wir diese Nachahmung praktizieren. Und dazu läßt sich folgendes sagen: Ohne Literatur bliebe unser Leben an die Bedürfnislage des Augenblicks gebunden und als unser Leben im Dunkel dieses Augenblicks – wahrscheinlich – verborgen. Aber es ist wohl typisch menschlich, daß wir gerade den gelebten Augenblick beiseite lassen können, ihn „vergessen"; Geschriebenes wichtiger nehmen als das Unmittelbare, dieses sogar „wiederholen", indem wir jemandem davon erzählen. Der Philosoph E. Bloch veranschaulicht diese Verhältnisse, indem er von einem Mädchen erzählt, das seinen Freund, den es seit langem wiedersah, beiseite ließ, um seinen verspätet eingetroffenen Brief zu lesen. Die geschriebenen Worte waren ihr wichtiger als die eben gesprochenen. „Unfähig, das Unmittelbare zu leisten, flüchtete sich das Mädchen in die Liebe als Brief." Warum sie so handelte? Der Brief, die geschriebenen Worte, waren ihr ein Halt. An dem Hier und Da können wir uns nicht lange halten (1930, S. 117).

Geschichten sind nicht das einzige Medium, in dem wir Erfahrungen abbilden, damit sie auszuhalten sind. Symbole, Mythen, Bilder haben ebenfalls die Funktion, etwas, das uns bewegt oder das auf Ausdruck drängt, aushaltbar und schließlich „erzählbar" zu machen. Die Geschichtenlogik bietet sich aber wohl in besonderer Weise an, um das Definitive unseres Lebens zu organisieren, so daß es in (Sinn- oder Erfahrungs-)Zusammenhänge gerät, die explizierbar sind. Wollte man für unsere Erfahrungen ausschließlich die sog. objektiven Fakten verantwortlich machen, würde man notgedrungen den Produktionscharakter dessen übersehen, was wir gemeinhin „Erfahrung" nennen. So möchte offenbar auch der Schriftsteller verstanden werden. Eine leichte Überbetonung der subjektiven Seite könnte sogar beabsichtigt sein, ohne daß damit einem Subjektivismus Vorschub geleistet wäre. Frischs These ist geeignet, verhärtete Klischees über die Wirklichkeit aufzubrechen. Damit gäbe sie wieder den Blick frei für die menschliche (humane) Seite unserer Lebenswirklichkeit. Erfahrung – so erläutert Frisch (1965, S. 126) seine These – sei eben nicht ein Resultat aus (realen) Vorkommnissen, sondern ein *Einfall*. Er ergänzt diese Aussage, indem er einen eminent psychologischen Gesichtspunkt hinzufügt. Das Übliche sei, daß man sich die Geschichten zu seiner Erfahrung in der Vergangenheit suche, also in Erinnerungen. Trotz aller Fakten, die in unseren Geschichten als Material verwendet werden, bleibe das Erzählte Fiktion.

Für eingeschworene Objektivisten ist das keine leichte Kost. Unser Leben soll Fiktion sein? Aber warten wir nicht tatsächlich mit Erfindungen, Einfällen auf, wenn wir meinen zu erzählen, wie etwas in unserem Leben wirklich gewesen (abgelaufen) ist. Von der Einsicht in objektive (Natur-)Gesetzmäßigkeiten lassen wir uns dabei gewiß auch leiten. Das muß aber nicht die Hauptsache sein. In unseren Erfindungen sind wir freier, als die Objektivität es zunächst zu gestatten scheint. Es ist eine Wahrheit, daß beide Seiten sich in Ergebnissen (Produktionen) treffen, die in ihrer konkreten Gestalt nicht vorauszusehen sind.

Wer danach trachtet, die subjektive Auslegung von Beobachtetem aus der wissenschaftlichen Tätigkeit auszugrenzen, weil er meint, nur so ließen sich Metaphysik und empirische Wissenschaft von einander abgrenzen, der wird sich mit solchen Überlegungen kaum anfreunden wollen. Es muß ihm einfach widerstreben, schon den empirischen Sachverhalten ein subjektives Moment zuzubilligen. Ein gewisser consensus omnium mag darüber für einige Zeit hinwegtäuschen. Er ändert aber überhaupt nichts daran, daß sich Metaphysik nicht gegen „reine" Empirie ausspielen läßt. Das ganze Problem verlangt danach, auf einer breiteren Grundlage erörtert zu werden. Nach dem neuzeitlichen Wissenschaftsverständnis verläßt man jedenfalls nicht die Pfade der Empirie – wohl aber eingefahrene! –, wenn man akzeptiert, daß die absolute Beobachtungsposition ein Sonderfall ist, und man sich darauf einstellt, daß die Komplexität unserer Wirklichkeit nicht zu erklären ist, wenn man sie auf das einfache „Verhalten" einer Anzahl eindeutig bestimmbarer und auszählbarer „Teilchen" (Merkmale, Faktoren usw.) reduziert (Prigogine u. Strengers 1980, S. 223).

Es ist nicht zu bestreiten, daß die traditionelle psychologische Testtheorie sich am Ideal der absoluten Beobachtungsposition orientiert, d. h. an Voraussetzungen gebunden ist, die dem naturwissenschaftlichen Weltbild des 19. Jahrhunderts entstammen. Insbesondere möchte sie der „stillschweigenden Annahme" gerecht werden, „daß es einen objektiven, von jeder Beobachtung unabhängigen Ablauf von Ereignissen in Raum und Zeit gebe" (Heisenberg 1934, S. 6). Das hat sich im Sprachgebrauch deutlich niedergeschlagen. Man spricht von einem „Meßfehler" und meint damit die Abweichung von einem „wahren Wert" (wovon sonst). Die standardisierten Testanweisungen und Durchführungsvorschriften weisen das ebenfalls aus. Das alles hat seine Berechtigung, wenn ein Test etwas messen soll, das – bezogen auf ein Durchschnittsniveau – quantitative Abweichungen nach „oben" oder „unten" aufweist. Dann muß dafür gesorgt sein, daß Normwerte und nicht subjektive Auslegungen den Vergleichsmaßstab für jede konkrete Testleistung bilden. Die Frage ist lediglich, ob es sinnvoll ist, das zum Paradigma für die psychologische Diagnostik überhaupt, d. h. gleich welcher Zielsetzung zu erklären und andere Möglichkeiten mit dem Prädikat „unwissenschaftlich" zu disqualifizieren.

Gewiß hat es etwas mit Empirie zu tun, wenn ein Naturwissenschaftler feststellen kann, daß die *Natur* uns zu neuen *Denkmöglichkeiten* verholfen hat (Heisenberg 1934, S. 14). Und heute weiß man, daß die Loslösung von klassischen Begriffen nicht unfruchtbar war. Im Einklang mit der Naturwissenschaft lassen die neuen Möglichkeiten den Gedanken zu, daß wir Menschen es mit einer Wirklichkeit zu tun haben, bei deren Konstruktion wir selbst beteiligt sind, m. a. W., daß Einbildungskraft, Phantasie, Kreativität uns nicht notwendig in Gegensatz zur Natur bringen (Prigogine u. Strengers 1980, S. 284). Es würde auch die Wissenschaftlichkeit der Psychologie nicht berühren, wenn sie sich mit einem Paradigmawechsel auf die neue Erkenntnislage einstellte.

Wie ein neues Paradigma auch aussehen mag, es wird dem Umstand gerecht werden müssen, daß die „eigentümliche Natur komplexen Verhaltens" mit der klassischen Erkenntniskonzeption kaum zufriedenstellend aufzuklären ist (Prigogine u. Strengers, S. 279f.). Der TAT-Diagnostiker muß sich jedenfalls schon jetzt auf die neue Lage einstellen. Wenn er es unternimmt, Muster der Lebensgestaltung zu rekonstruieren, hat er es zweifellos mit komplexem Verhalten zu tun. Um es aufzuklären, zu *verstehen,* hat er nicht nur schwierige Probleme zu klären, sondern sich auch mit „verborgenen Kontinuitäten" (Prigogine u. Strengers, S. 279) – die Tiefenpsychologie spricht von unbewußten Tendenzen – zu beschäftigen.

Der TAT-Diagnostiker muß schon von einer Position aus arbeiten, die anerkennt, daß der Beobachter ein Bestandteil dessen ist, war er beobachtet. Dadurch braucht er nicht zwangsläufig in eine subjektivistische Psychologie abzugleiten, die das Ergebnis seiner unreflektierten Vorlieben, Abneigungen und Überzeugungen wäre. Daß es diese „Dinge" gibt, bedeutet keineswegs das Ende methodischen Vorgehens und ebenso wenig, daß sie durch künstliche Arrangements aus der Welt zu schaffen wären. Ihre Existenz fordert dazu auf,

Methode als etwas zu verstehen, das das eigene Tun überprüfbar macht, und gerade von einer *Beschreibung* nicht zu verlangen, daß jeder Bezug auf ihren Urheber tunlichst zu vermeiden ist. Überlegungen zum sog. Versuchsleitereffekt bleiben solange halbherzig, wie sie den Versuchsleiter in der Rolle des Störenfrieds belassen.

Die empirischen Sachverhalte, mit denen der TAT-Diagnostiker zu arbeiten hat – die Geschichten –, müssen beschrieben werden. Das ist unumgänglich, weil Geschichten auch (aber nicht unbedingt bewußt) zur Verheimlichung, Irreführung und Täuschung erfunden werden, weil Erzählwerke die vielleicht am schwierigsten zu durchschauenden Werke sind, die Menschen schaffen, und Sprache unsere Fehlschlüsse und Irrtümer ermöglicht und zudem tradiert. Die unterbrochenen, verdeckten, verstellten oder verkehrten Zusammenhänge offenbaren sich nicht von selbst. Sie müssen durch methodische Eingriffe eigens herausgerückt werden. Schnelle Deutungen bleiben klischeehaft und machen den individuellen Fall bestenfalls zu einem Typ. Um Spekulationen entgegenzuarbeiten, gibt es (noch) kein besseres Mittel als die sorgfältige Beschreibung.

Beschreiben wird aber heute während der Psychologenausbildung kaum noch gelehrt; oder es wird einfach der Eindruck erweckt, als erschöpfte es sich im Registrieren von Meßergebnissen. Diese Einstellung ist leider schon zur Methode geworden. Deswegen sei nochmals unterstrichen: Beschreiben „weiß" darum, daß Wissen vom Standpunkt eines Beobachters abhängt. Es schließt die Möglichkeit der „reinen" Beschreibung ohne Hintergedanken aus. Beobachtungsergebnisse, die es feststellt, werden gewonnen, indem die „Geschichte" des zu Beobachtenden und die Motive des Beobachters in Beziehung zueinander treten. Eine solche Beschreibung „weiß" auch um den Umstand, daß eine Beobachtung nicht geändert wird, ohne dafür ein Motiv zu haben, und dieses Motiv seinen Grund sowohl im Beobachter als auch darin haben kann, daß das zu Beobachtende sich anders darstellt. Die Beschreibung ist eine sehr anschmiegsame Methode.

Die TAT-Diagnostik ist weniger an den eindeutig bestimmbaren, „harten" Fakten eines Lebenslaufes interessiert, sondern mehr an Fiktionen, in denen – darin abgebildet bzw. widergespiegelt – diese Fakten ihre Bedeutung erlangen. Daß unser Leben sehr entscheidend mit Fiktionen verbunden ist, darauf bauen weitere Überlegungen von M. Frisch auf. Er schreibt: „Ein großer Teil dessen, was wir erleben, spielt sich in unseren Fiktionen ab, das heißt, daß das wenige, was faktisch wird, nennen wir's die Biographie, die immer etwas Zufälliges bleibt, zwar nicht irrelevant ist, aber höchst fragmentarisch, verständlich nur als Ausläufer einer fiktiven Existenz" (1965, S. 127).

Der Gedanke, daß zum Verständnis von Lebensproblemen die Fiktionen wichtiger sind als die (objektiven) Daten, ist der Psychologie nicht fremd.

A. Adler spricht ausdrücklich davon, daß wir auf Grund einer leitenden Fiktion die Griffe ansetzen, um der Unsicherheit des Lebens, dem Chaos der Eindrücke und Empfindungen ein Ende zu machen und Schwierigkeiten zu überwinden (1912, S. 31). Adler meint, daß eine Fiktion uns die Orientierung gibt, die wir brauchen, um unseren Lebensstil zu entwickeln. Nach dieser Theorie sind wir am „Aufbau" unserer Persönlichkeit, sofern man sie als ein ziel- und planvoll auftretendes Ganzes verstehen will, in hohem Maße selbst beteiligt. Aus der Sicht Adlers sind wir es, die das *hergestellt* haben, was wir schließlich sind. In diesem Punkt ist die Individualpsychologie konsequent, aber nicht dogmatisch. Adler schreibt: „Was immer wir später als seelische Vorgänge, Bewegungen, Ausdrucksformen usw., Fähigkeiten auch und ‚Begabungen' finden, stammt aus ... der schöpferischen Kraft des einzelnen, die suchend und irrend nach ihrem fiktiven Endziel ... strebt ... alle seelischen Phänomene (sind), sobald der Start des Kindes nach einem Endziel ... vor sich geht, schöpferisch antwortende Stellungnahmen, nicht Reaktionen entsprechend der Spannung, in der ein Kind sich innerhalb einer bestimmten Situation erlebt" (1928, S. 394f.).

Für den Diagnostiker muß sich demnach die Frage stellen: Auf welchem Wege erfahre ich etwas über die fiktive Existenz meines Probanden? Nach dem, was ausgeführt wurde, bieten sich dafür Geschichten an, weil sie illustrierte Fiktionen sind, und zwar solche Fiktionen, die für die Organisation von Lebensvollzügen verantwortlich sind.

Freilich muß sichergestellt sein, daß man es tatsächlich mit Geschichten zu tun hat. *Geschichten* sind nicht mit Reportagen oder Berichten über tatsächliche Vorkommnisse zu verwechseln. Auf keinen Fall genügen nur Aneinanderreihungen solcher Vorkommnisse. Das Verhältnis der Geschichten zu Fakten läßt sich mit Frisch so charakterisieren: Was von Geschichten faktisch ist bzw. noch werden wird, ist etwas Zufälliges. Diese (faktischen) Zufälligkeiten sind für das Leben des Menschen zwar nicht irrelevant – für sie ist er gewiß juristisch haftbar –, sie sind in seiner fiktiven Existenz dennoch höchst fragmentarisch. Daher gäbe es keine wahren, auch keine falschen Geschichten, wohl aber das Verlangen nach Geschichten.

Von psychologischer Seite läßt sich dieses Verlangen als die Tendenz verstehen, *Lücken* zwischen Fragmenten (Zufällen) zu schließen – die Zufälligkeiten des Lebens in Sinnzusammenhänge zu bringen. Deshalb muß Literatur mehr leisten als einen unterhaltsamen Zeitvertreib. Sie hat die Aufgabe, Modelle (Lösungsformen) für unsere Lebensgestaltung bereitzustellen. Ohne diese Modelle blieben uns viele unserer Handlungen unverständlich. Es darf daher sogar von einer „gelebten Literatur" in unseren Handlungsvollzügen gesprochen werden (Salber 1972).

Es ist unmöglich, Geschichten (Literatur) und faktischen Lebenslauf immer auseinander zu halten. Trotzdem weiß man, daß beim Erzählen von Geschichten anders verfahren werden kann – und auch anders verfahren wird – als im realen Lebensvollzug. „Das Leben" – so schreibt Frisch – „ist ... in jedem Augenblick definitiv." Das heißt, im realen Lebensvollzug „können wir einen Fehler, der stattgefunden hat, zwar wiedergutmachen durch eine spätere Tat, aber wir können ihn nicht tilgen, nicht (wirklich) ungeschehen machen; wir können für ein vergangenes Datum kein anderes Verhalten wählen" (1972, S. 135). Anders beim Erzählen von Geschichten: Dabei können wir die Kontinuität der Zeit aufheben, gleichzeitig an verschiedenen Orten sein, Handlungsabläufe unterbrechen und erst fortsetzen, wenn Ursachen bzw. Folgen geklärt sind, Fehler können eliminiert werden. Die erzählte Geschichte ist einem auf der Bühne des Theaters gespielten Stück näher als dem realen Leben im Alltag. Was für das Spiel im Theater gilt, gilt genauso für die Geschichte. Die Geschichte „imitiert" die Realität nicht; sie „reflektiert" sie (Frisch 1972, S. 135).

Im Gegensatz zum definitiven Leben, das keine Variante duldet, gestatten Geschichten mehrfache Variationen. Weil wir sie variieren können, lassen Geschichten sich mehrfach umerzählen; deswegen können wir auch mit bestimmten Geschichten brechen, unsere Zuflucht zu anderen suchen. Geschichten widersprechen einander, ja, sie verdrängen sich. Für das Verhältnis von Geschichten (Literaturen) zueinander können dieselben „Mechanismen" verantwortlich sein, die nach der Freud'schen Neurosenlehre das Verhältnis verschiedener Entwicklungsformen der Sexualität zueinander regeln (infantile Formen können erwachsene verdrängen). Daher ist es mehr als eine Analogie, wenn man sagt, daß Therapie eine besondere Art des Umerzählens von Geschichten (gelebter Literatur) ist. Es ist der Grund dafür, daß Therapie als eine *Behandlung mit Worten* überhaupt wirken kann.

Um die seelische Realität nochmals im ganzen zu skizzieren, sei wiederholt: Wir leben in und aus Geschichten. Unser Handeln verläuft analog zu den Strukturierungen und Organisationsmustern von Literatur, auch wenn es anderen als „nur" seelischen Gesetzen unterworfen ist, aber es schafft dabei die Fakten des definitiven Lebens. Es ist die Aufgabe unserer Geschichten – der Geschichten, in die wir verstrickt sind – aus diesen Fakten etwas zu machen, ihnen Bedeutungen zu verleihen. Anders gesagt: In der seelischen Wirklichkeit gibt es sowohl den Ablauf definitiver Ereignisse als auch „einen Ablauf des Deutungshorizontes", vor dem diese Ereignisse so oder so bedeutsam werden. Jeder Ablauf hat zwar seine Eigengesetzlichkeit – der Ablauf der Ereignisse folgt Naturgesetzen, der Ablauf der Deutungen eben auch den „Gesetzen" unserer Phantasie bzw. Einbildungskraft – das Zuordnungsverhältnis ist jedoch ein „geschichtliches". H. Rombach (1965) hat eine Darstellung dieser Beziehungen gegeben, die hier übernommen werden kann.

„Ein und dieselben Ereignisse lassen sich in verschiedene Entwicklungszüge einordnen und nehmen dann unterschiedliche Plätze ein. Während des Geschehens selbst sind von den verschiedenen Möglichkeiten seiner Deutung nicht alle offenbar; im aktuellen Ereignis liegen die Rollen nicht zutage, die dieses Ereignis in verschiedenen Entwicklungszügen spielt. Erst spätere Zeiten lassen die Bedeutungen hervortreten, die zunächst noch verborgen sind. Richtiger gesprochen: die Bedeutungen *bilden* sich erst in späteren Ereignissen und unter den Sinnhorizonten, die durch die späteren Entscheidungen gesetzt werden. Geschichtliche Geschehnisse schließen nicht einfach an die vorhergehenden an, sie legen diese aus, und d. h., sie legen sie auf die Entwicklungszüge fest, von denen her sie selbst ihren Platz bestimmt sehen möchten. Neue Entscheidungen setzen immer auch eine neue Vorgeschichte zu diesen Entscheidungen fest" (S. 45).

Vor dem Hintergrund dieses Zitats erscheint es vielleicht überflüssig, die beiden Abläufe eigens herauszustellen. In einer „guten" Beschreibung, so ließe sich einwenden, wären sie beide enthalten. Damit aber eine „gute" Beschreibung gelingt, müssen die methodischen Zugänge klar sein. Ist Persönlichkeitsforschung nun Geschichtswissenschaft? Sofern sie mit Geschichten arbeitet, muß sie mit dem Geschichtlichen daran etwas anfangen können. Oder ist vielleicht Geschichtswissenschaft mehr Psychologie als man annimmt? Sie ist es bestimmt nicht im Sinne einer traditionellen Psychologisierung anderer Fächer. Vielmehr scheinen beide Fächer vor der Aufgabe zu stehen, ein Strukturgeschehen zu erhellen, in das sie beide einbezogen sind.

Die zitierten Überlegungen berühren das Problem der psychologischen Zeit. Jedenfalls setzen sie einen Zeitbegriff voraus, der mehr Spielraum läßt als der, den die klassische Naturwissenschaft anbietet. Ein Zeitverständnis, das Lebensproblemen angemessen ist (die Zeit der biologischen Aktualität), hat V. v. Weizsäcker zu skizzieren versucht. Er setzt beim Problem der *Gestalt* an und führt aus: „In raum-zeitlich-objektiver Physik hat ... die Gestalt überhaupt keine Realität ... Ein am Ziel angekommener Stein weiß nichts von seinem Weg" (1942, S. 33). Eine Gestalt sei nur möglich, wenn „das frühere und das spätere Gewesene schließlich als ein ganzes Einheitliches aufbewahrt" werden kann. Die Zeit eines lebendigen Werdeganges „ist nicht als nur ablaufende, sondern als *verbindende,* Vergangenes und Zukunft zur Einheit zusammenbindende bestimmt" (S. 41). Sie können sich überall selbst als Gegenwart setzen („,überall' heißt dann ,hier und jetzt', ungeachtet der Lage auf der objektiven Zeitachse und ungeachtet des Ortes im mathematischen Raume", (S. 42). Durch diese Zentrierung in einer Gegenwart „entsteht die Zeitordung nach dem Rückwärts der Vergangenheit und dem Vorwärts einer Zukunft hin, und *so* wird hier Zeitlichkeit ... gestaltet; so entsteht: *Zeitgestalt* (eines biologischen bzw. psychischen) Geschehens." Dann sei klar, „daß hier also Gestalt nicht *in* der

Zeit entsteht oder besteht, sondern *Zeit in der Gestalt* entsteht und vergeht, als Anfang und Ende, als Dauer und Vergehen ... Gestalt stünde dann, soviel wird ... behauptet, primär zu Zeit, die sekundär ist" (S. 42).

Das klingt vielleicht befremdlich. Es scheint auch nicht der allgemeingültigen Erfahrung zu entsprechen, daß wir objektiv nicht jünger werden, so sehr wir uns bemühen mögen, jünger zu erscheinen. Für jene Sicht sprechen aber andere Erfahrungen, nicht zuletzt das soeben erwähnte Bemühen selbst; oder z. B. die Erfahrung, daß Filme und Bücher mit historischen Stoffen durch den objektiven zeitlichen Abstand für uns nichts an Aktualität verlieren (Aktualität des Erlebens erweist sich dann als eine Zentrierung hier und jetzt ungeachtet der Lage der definitiven Ereignisse auf der objektiven Zeitachse). Das Befremdliche entsteht durch die Verabsolutierung eines Aspekts. Der „neue" Zeitbegriff soll den objektiven nicht ersetzen, sondern ergänzen.

Daß ein Überdenken des Zeitproblems praktische Konsequenzen nach sich ziehen würde, verdeutlicht vielleicht die Tatsache, daß es populär ist, für neurotische Störungen bzw. für Fehlverhalten möglichst nur negative Kindheitserlebnisse bzw. voraufgegangene (falsche) Konditionierungen verantwortlich zu machen, und kaum daran zu denken, wie weit das alles auch *ein Arrangement von jetzt aus* sein kann. Kaum jemand würde etwa gerne sagen: Weil ich meine Lebensführung um dieses Leiden, von dem ich jetzt berichte, zentriert habe, ist mir aus meiner Kindheit nur dieses und jenes faßbar, gegen anderes, woran ich mich auch erinnern könnte, wehre ich mich – das verdränge ich. Bei unkritischer Verwendung des Reaktionsbegriffs geraten psychische Entwicklungen leicht zu einlinigen Vorgängen. Es gehört aber zur „Natur" solcher Entwicklungen, daß sie ständig (an jeder Stelle) Gegenläufigkeiten hervorbringen, denen sie dann selbst unterliegen.

Was aus der Sicht des objektiven Zeitbegriffs unmöglich, ja, aberwitzig erscheint, ist für die Literatur unproblematisch. Sie betätigt sich in einem Gestaltungsspielraum, der auch den Bereich des Phantastischen einschließt. Sie ist an sog. realistische oder vernünftige Einschränkungen nicht gebunden, wenn es darum geht, Erfahrung zu reflektieren.

Zu klären ist daher, was im Zusammenhang mit Literatur und Geschichten das Reflektieren vom Imitieren unterscheidet. Geschichten sind ihrer Natur nach keine Nachahmungen von Realität. Sie sind Bearbeitungen. Dramaturgisch gestaltete Geschichten reflektieren Wirklichkeit, indem sie Lebensprobleme entfalten und für sie Lösungen illustrieren. Während beispielsweise Reportagen eine gewisse Vielfalt von Vorkommnissen Schritt für Schritt wiedergeben (wobei Reporter sich nicht selten „überschlagen" müssen), beschränken Geschichten sich auf eine Auswahl von „bedeutsamen" Vorkommnissen und zentrieren ein Geschehen um einige Akteure, um damit – wie G. E. Lessing sich ausdrückte (1767–69) – eine „innere Wahrscheinlichkeit" dem Zuhörer (im Theater dem Zuschauer) spürbar zu machen. Geschichten sind nicht die poetische Verzierung der Alltagsrealität. Sie werden erfunden, weil wir eine strukturierte Wirklichkeit haben wollen! Mit Hilfe von Geschichten versuchen wir uns und anderen verständlich zu machen, ja, zu *beweisen,* warum Vorkommnisse so zusammenhängen, wie wir die Zusammenhänge „wollen", und warum wir in bestimmte Verwicklungen geraten, obwohl wir sie scheinbar zu vermeiden suchen.

Diese Gründe existieren ganz gewiß in unseren Fiktionen. Und das ist der entscheidende Punkt. Verzichteten wir auf Geschichten bzw. Literatur, gerieten wir wohl in eine seelische Verfassung, die wir uns kaum vorstellen können. Ja, der Versuch, sie uns vorzustellen, müßte ihr Ende einleiten – gewiß, sobald wir anfangen, etwas über sie zu erzählen. Ohne Geschichten erschiene uns unser Leben sehr wahrscheinlich als eine zufällige Abfolge beliebiger Ereignisse oder als einem dumpfen Zwang unterliegend. Vor Entscheidungen gestellt (falls wir in eine solche Situation dann überhaupt kämen), könnte es genügen zu würfeln. Es mag manchmal zum guten Ton gehören, Sinnzusammenhänge als bloße Erfindungen – eben Fiktionen – hinzustellen, d. h. sie nicht der „objektiven" Wirklichkeit zuzurechnen, aber man geht dabei doch nicht so weit, dem Leben eine *verständliche* Ordnung abzusprechen, zu akzeptieren, daß es möglicherweise der reinen Willkür folgt.

Das Verlangen nach Geschichten geht Hand in Hand mit dem, für alles und jedes eine Erklärung anzubieten. Um einen Grund ist ein redseliger Mensch niemals verlegen. Spricht er von seinem Schnupfen, dem Ärger mit seinem Kind oder vom Wetter, immer gibt es ein ausdrückliches oder implizites Weil. Ursachen kommen in Mode und neue Moden verdrängen sie wieder. Hatten klinische Psychologen seinerzeit einen schweren Stand, da sie keine körperlichen Ursachen anboten, so bereitet es ihnen inzwischen Kopfzerbrechen, daß nun gelegentlich auch Ärzte zuerst an seelische (nervöse) Ursachen denken.

Wenn „richtige" Erklärungen fehlen, noch nicht entdeckt oder einfach unliebsam sind, greift der Mensch in seiner Erklärungssucht zur Magie. Sie wirkt nicht, weil ihre Behauptungen stimmten. Es genügt, daß die Problemlösungen, die sie anbietet, so oder so zu unseren Fiktionen passen. Das ist der Weg, auf dem sie Einfluß auf unsere Lebensgestaltung gewinnt und sogar Fakten unseres definitiven Lebens schafft, die wir nicht tilgen, wohl aber in Geschichten, sogar in verschiedenen, abbilden können.

Der Psychologie könnte es eigentlich gleichgültig sein, von welcher Natur die „wahren" Ursachen sein mögen. Sie hat es mit *Wirkungsverhältnissen* zu tun. Und wer müßte eigens daran erinnert werden, daß Einbildungen wirken.

Diese Tatsache macht eine Rehabilitation der Phantasie bzw. Einbildungskraft erforderlich. Es geht dann nicht an, ihr hauptsächlich eine regressive Funktion zuzuschreiben bzw. ihr nachzusagen, daß sie uns von der Realität nur wegführe. Der Psychologe F. Wyatt hat hierzu folgendes festgestellt:

„Es obliegt (der Phantasie) zum Beispiel, die Eindrücke jüngstvergangenen Erlebens und die damit verbundenen Triebbedürfnisse und Affekte zu bearbeiten und in den vorhandenen Bestand des Psychischen einzugliedern. Es handelt sich darum, ihnen Gestalt zu verleihen und sie mit anderen, schon vorhandenen Gestaltstrukturen zu verbinden – in anderen Worten: ihnen Sinn und Zweck zu geben. Sie sollen zusammenhängend und sinnvoll werden, da die Abwesenheit von Ordnung und Einheit im Psychischen das Individuum mit Unbehagen und unerledigter Spannung belastet, die dann wieder dauernd den Einsatz psychischer Energie fordern, um dieses Unbehagen zu verleugnen oder zu unterdrücken" (1970, S. 18).

Ohne Phantasie und Einbildungskraft würden keine Geschichten erfunden. Dem TAT-Diagnostiker sollte außerdem klar sein, daß sie nicht nur da sind, damit wir uns etwas Unwirkliches ausdenken können. Wir brauchen sie, um Zusammenhänge und Vereinheitlichungen (für Fakten) zu erproben, ohne deren „Anwesenheit" Unbehagen und unerledigte Spannung seelische Dauerzustände wären. Es ist schon etwas Zeit vergangen, seit ein außerordentlich scharfsinniger Philosoph – I. Kant – durch strengste Selbstbeobachtung die immer noch gültige Entdeckung machte, daß die produktive (dichtende) Einbildungskraft so etwas wie ein Grundvermögen der menschlichen Seele ist, das die „Sinnlichkeit" und den „Verstand" in der Bildung der Gegenstände unserer Erfahrung und Erkenntnis *vereinigt*. Ohne die Synthesis, welche die Einbildungskraft zu leisten habe – so argumentiert Kant –, fände der Verstand, der die begriffliche Umformung unserer Erfahrung zu leisten habe, die keine amorphe Masse von Empfindungen ist, keine schon (vor-)geordneten Wahrnehmungen vor. Vorgeordnetes fänden wir aber vor, weil einem regellosen Haufen keine Erkenntnis entspringen könne. Die produktive Einbildungskraft sei nicht intellektuell. Durch ihre *Tätigkeit* bringe sie die Mannigfaltigkeit *in ein Bild*. Und in einer Fußnote bemerkt der Philosoph: An die notwendige Funktion der Synthesis, ohne die es keine geordnete Wahrnehmung und kein erkennendes Denken gibt, „daran hat wohl noch kein Psychologe gedacht" (1781, S. 173ff.).

Später hat sich der Psychologe S. L. Rubinstein über die Aufgabe der Einbildungskraft geäußert. Weil der Mensch als handelndes Wesen – so meint er – die Welt nicht nur betrachtet und erkennt, sondern auch *verändert,* sei ihre Aufgabe die Verwandlung. Sie produziere neue Bilder, „die zugleich Produkte der schöpferischen Tätigkeit des Menschen und Vorbilder für diese sind" (1946, S. 408). Sie bringe sogar phantastische Bilder hervor, die „grell von der Wirklichkeit (wie sie ohne unser Zutun gegeben ist) abstechen." Dadurch würden wesentliche, d. h. für uns bedeutsame Züge eines realen Geschehens *herausge-*

hoben und *bildhaft veranschaulicht*. Die Abweichungen können so stark sein, daß sogar *Märchen* oder andere (bloße) Phantasiegebilde eine angemessene Veranschaulichung von Verhältnissen in der Realität böten. Demgegenüber bleibt eine bloße (etwa photographische) Reproduktion mit allen Zufälligkeiten der Realität behaftet. Erst recht lasse die schöpferische Einbildungskraft des Künstlers bedeutsame Tatsachen unseres seelischen Lebens, die unter den Bedingungen des Alltags überschichtet und verdeckt sind, wieder plastisch hervortreten, indem sie sie der inneren Logik des phantastischen Erlebens unterwirft. „Aus der Wirklichkeit heraustreten, um in sie einzudringen, das ist die Logik der schöpferischen Einbildungskraft" (S. 415).

Während Bilder Verhältnisse veranschaulichen, so daß wir sie „sehen" können, beschreiben Geschichten Organisationen, so daß sie „erzählbar" werden. Für M. Frisch ist sogar der Mensch *erzählbar,* weil ein Großteil seiner Erlebnisse sich in seinen Fiktionen (Geschichten) abspielt.

Bleibt zu unterstreichen, daß es niemals nur eine Geschichte gibt, in der wir unsere Erlebnisse (Erfahrungen) abbilden – nicht nur eine Wahrscheinlichkeit, der wir die Zufälligkeiten unseres Lebens unterwerfen. Geschichten werden mehrfach umerzählt. Nach Frisch müssen wir das sogar tun, weil jeder Versuch, den Ablauf irgendeiner Geschichte als den einzigmöglichen darzustellen, entweder belletristisch sei oder in den Glauben an die Vorsehung einmünde. Nach irgendwelchen Gesetzen des Faktischen könnten die Dinge oft tatsächlich ganz anders ablaufen. Beispielsweise hätte der 20. Juli gelingen können. Deswegen sei es entweder Unsinn oder der Glaube an die Vorsehung und somit an Hitler, wenn man behauptet, er konnte nur und nur so ablaufen, wie er abgelaufen ist. Daß er dennoch so ablief, lasse sich folglich einer Dramaturgie zuschreiben, „die eben die Zufälligkeiten akzentuiert" (1972, S. 158).

Aus psychologischer Sicht kann diese Akzentuierung nur eine Leistung des Seelischen sein, das jeweils bestimmte Organisationen aufzubauen oder zu erhalten trachtet. Zu einer Umakzentuierung der Zufälligkeiten (aber nicht notwendig zu neuen Fakten) kann es demnach nur durch verändernde Eingriffe in seelische Organisationen kommen. Jedenfalls setzt darauf – so oder so – jede Therapie.

Würde der klinische Psychologe bestimmte Geschichten für den einzigmöglichen Ablauf halten (sie wörtlich nehmen), liefe er Gefahr, in seinen Fällen (Probanden) entweder Imitationen „großer" Theaterstücke, oder im Theater und in der Literatur Imitationen seiner Fälle zu entdecken. Beispielsweise wollte Freud mit dem Rückgriff auf die Dichtung vom König Ödipus die Struktur bestimmter, beobachteter Entwicklungsabläufe „erzählbar" machen bzw. benennen, ja, sie sogar in ein Bild rücken. Man kann jene Geschichte jedoch auch wörtlich nehmen – sie für den einzigmöglichen Ablauf der Dinge halten.

Dann muß man freilich – und das wird auch getan – jedem Jungen unterstellen, daß er danach trachtet, seine Mutter ins Bett zu bekommen und seinen Vater zu ermorden, was er nur deswegen nicht in die Tat umsetzt, weil er Angst hat, der Vater könnte ihn kastrieren.

Mit „Ödipuskomplex" ist doch wohl gemeint, daß die Ausdifferenzierung und Umorganisation der emotionalen Beziehungen zu den Eltern, damit neue Differenzierungen und Entfaltungen gelingen können, notwendig sogar mit der Destruktion von bisher relativ unproblematischen Beziehungen einhergeht, ohne daß diese dabei gänzlich zerfallen (Eifersucht und Haß). Der Konflikt liegt darin, daß das Eine nicht ohne das Andere zu „haben" ist, daß kein Mensch sich als Mädchen oder Junge, mit dem eigenen Geschlecht, akzeptieren lernen kann, wenn er es nicht verkraftet, daß zu seinem Platz in einer Gemeinschaft (einer sozialen Struktur) aus Frauen und Männern nicht nur bestimmte Möglichkeiten, Ansprüche und Vorrechte, sondern eben auch Beschränkungen und sogar Gebote gehören. Der „Kern" des Ödipuskomplexes sind gerade nicht die Gelüste, Drohungen und Ängste (sie sind bereits Produktionen), sondern sein Kern ist die Notwendigkeit, daß Widerstreit und Synthese sich zu einer „Wirkungseinheit" ordnen müssen. Dieses als den Kern des Ödipuskomplexes ansehen heißt, die menschliche Entwicklung in jener „Phase" von einem *„allgemeinen* Rahmenmotiv" her (Salber 1973, S. 173) zu erklären und nicht von Einzelerlebnissen, einzelnen Vorkommnissen oder einzelnen Erziehungsmaßnahmen her. Sie alle sind im dargelegten Sinne zufällig und werden erst vom Rahmenmotiv akzentuiert. Sie werden bedeutsam, erhalten ihren Sinn erst durch und in einem übergreifenden Wirkungsgefüge (-zusammenhang). So zu Gliedzügen einer übergreifenden „Wirkungseinheit" geworden, stützen sie die Einheit, sorgen für Modifikationen und bewirken selbst u. U. sogar ihre Zerstörung.

Die Auswertung (Interpretation) von TAT-Geschichten muß sich an Gesichtspunkten orientieren, die in diesem Kapitel angesprochen worden sind. Die Rekonstruktion von (seelischen) Verhältnissen ist verlangt. Der erste Schritt der Interpretation ist die „deskriptive Übersetzung" (Revers 1958), d. h. die Beschreibung der erzählten Geschichten. Sie steht vor jeder, wie auch immer aufgebauten, schematischen Auswertung, „weil dadurch der Inhalt der Erzählungen nicht vorschnell in ein Kategorienschema gepreßt und dabei vielleicht charakteristischer, individueller Züge beraubt wird" (S. 133). Mit anderen Worten: Nimmt man die Inhalte wörtlich, trübt das den Blick für die spezifischen, individuellen Verhältnisse. Denn die meisten Inhalte sind (aus literarischen Vorlagen, Filmen usw.) allgemein verfügbar, d. h. sie werden von mehreren Probanden aufgegriffen. Die individuellen Unterschiede zeigen sich in der Regel erst in der Anordnung der Inhalte, d. h. in der *Logik der Zusammen-*

hänge, die den Inhalten ihre individuelle Bedeutung verleiht. Die Möglichkeiten des TAT würden nicht ausgeschöpft, wenn die Auswertung der Geschichten sich damit begnügte, lediglich definitive, direkt dargestellte Vorkommnisse aus dem Leben des Probanden festzustellen. Mit einer gezielten Exploration ist in dieser Hinsicht mehr zu erreichen.

4. Das Problem der Individualität

Im Zusammenhang mit der TAT-Auswertung dürfte ein Problem der Persönlichkeitsforschung (bzw. der Charakterologie) nicht übergangen werden, nämlich das Problem der Individualität bzw. Einzigartigkeit der Persönlichkeit. Es gibt inzwischen mehr als 50 Definitionen von Persönlichkeit. Aber in einem Punkt gibt es eine Übereinstimmung. „Die Einzigartigkeit gilt allgemein als ein Schlüsselmerkmal der Persönlichkeit" (Herrmann 1969, S. 43). Das Lehrbuch, dem diese Feststellung entnommen ist, versucht, dieses Problem auf die Art und Weise zu lösen, die das messende Vorgehen erlaubt. Es heißt dort: „Von der Einmaligkeit eines jeden Individuums (muß die quantifizierende Persönlichkeitsforschung) absehen und zu Regeln, Verallgemeinerungen, induktiven Abstraktionen gelangen" (S. 47). Wohl dürfe der Forscher davon ausgehen, daß sich die (oder viele) Menschen als einzigartig erleben. Aber ein empirischer Sachverhalt sei die Einzigartigkeit nicht. Denn wie sollte man sie zuverlässig messen? „Auch Steine, Armbanduhren, Denkvorgänge, die Gestalt der Arme und Beine usf. sind, streng genommen, jeweils einmalig, einzigartig, ‚individuell'." Dennoch werde auch bei ihrer Erforschung (z. B. in der Physik) von der Einmaligkeit abstrahiert. „Warum sollte in demselben Sinne nicht Wissenschaft von ‚Mengen einzelner Persönlichkeiten' möglich sein?" Sie ist möglich. „Die Einzigartigkeit wird akzeptiert, aber ausgeklammert" (S. 50).

Man sieht, zu welchen Kunstgriffen das Dingmodell den Persönlichkeitsforscher befähigt. Er braucht dem „Ding" Persönlichkeit die Einzigartigkeit nur als ein Merkmal anzuhängen, und sogleich kann er sich ihrer entledigen. Aber dieser Kunstgriff als solcher ist nicht der Stein des Anstoßes.

Er liegt dort, wo die Psychologie, um sich „streng" empirisch zu gebärden, ihre Überlegungen einstellt. Denn welches ist der zuverlässig feststellbare Grund – um dem einfachsten kurz nachzugehen – für die „Individualität" und Einzigartigkeit der Steine? Die Antwort bietet das Lehrbuch selbst an: der banale, vielleicht sogar die Wahrscheinlichkeitsrechnung nicht immer konsequent befolgende Zufall. Gäbe es in dem uns bekannten Universum mindestens zwei identische (natürliche) Steine, sie könnten es, weil es eben unmöglich ist, daß sie sich (als natürliche Steine) immer zugleich an demselben Ort befinden, nicht lange bleiben. Der eine, „zufällig" von einem vorüberfliegenden Vogel beschmutzt, wäre chemischen Prozessen ausgesetzt, von denen sein „Zwilling" noch verschont ist. Oder: Stets derselben Schwerkraft ausgesetzt, hätte schon der erste in einer Atmosphäre eben nicht ganz freie Fall die sichere Folge, daß sie beim Aufschlag auf ihre neuen Positionen unterschiedliche Absplitterungen werden „hinnehmen" müssen, da diese Positionen sich ja an verschiedenen „Orten" befinden. So oder noch anders kämen sie mit Notwendigkeit an ihre „Einzigartigkeit". Weniger umständlich läßt sich die Einzigartigkeit von Armbanduhren erklären. Sie verdanken ihre „Individualität" dem Umstand, daß es für die Einhaltung technischer Normen (z. B. DIN) Toleranzgrenzen gibt.

Daß die „strenge" empirische Persönlichkeitsforschung diese spezifische, „zufällige" Einzigartigkeit ausklammert, ist ihr nicht vorzuhalten. Auch wir kümmern uns nicht um alles, was dem Menschen auf seinem Lebensweg durch das ewige Walten der Natur zugefügt wird. Blaue Flecken und Schrammen bleiben niemandem erspart. Wer wüßte nicht, und sei es aus Kriminalfilmen, daß die Fingerabdrücke der Menschen „individuell" sind. Dennoch nimmt sie kein Psychologe seinen Klienten ab. Der „streng" empirischen Persönlichkeitsforschung ist lediglich die Frage zu stellen, ob sie im Ernst meint, daß derartige „besondere Kennzeichen" die ganze Individualität bzw. Einzigartigkeit der Persönlichkeit ausmachen.

Es ist scheinbar außerordentlich schwer, eine zufriedenstellende, nicht philosophische Definition der Einzigartigkeit der Persönlichkeit zu geben. Das liegt aber nicht an der sog. Natur der Sache „Einzigartigkeit", sondern an jenen Wissenschaftlern, die offensichtlich Banalität mit Einfachheit verwechseln. Es mag überraschend klingen. Aber die Einzigartigkeit der Persönlichkeit wird mit hinreichender Genauigkeit sogar definierbar, wenn man, statt Banalitäten zu sammeln, methodisch das Einfache sucht. Die „Individualität" der Fingerabdrücke ist aus der Perspektive einer Persönlichkeitspsychologie (die diesen Namen verdient) eine Banalität (so wie die verschiedenen Ecken und Kanten „individueller" Steine für den Physiker eine Banalität sind). Das Einfache an der Einzigartigkeit der Persönlichkeit ist dasjenige, was es uns erlaubt, die oft komplizierte Vielfalt der Lebensäußerungen einer Person als in spezifischer Weise *einheitlich zusammenhängend* zu erkennen und zu verstehen.

Der Hinweis auf die Einfachheit wird neue Fragen aufwerfen oder vielleicht sogar die Ablehnung begünstigen, weil er die Erörterung auf einen Boden zu führen droht, auf dem man leicht zu Fall kommen kann. Immerhin kann man sich auf K. R. Popper (1934) berufen, der insbesondere die Einfachheit für ein umstrittenes Problem hält, für das eine Lösung aussichtslos erscheint.

Die Frage nach der Einfachheit ist falsch gestellt, falls „einfach" nur als das Gegenteil von „kompliziert" bzw. „komplex" gilt, solange nicht versucht wird, sie als die *Gestalt von Einheit* zu begreifen, die der Vielheit nicht widerspricht

(Rombach 1965/66, S. 21). Die Einfachheit kann sehr wohl komplex sein, nämlich dann, wenn sie sich als Ordnung von Ordnungen (Verhältnissen) ausweisen läßt. Einfach ist, was gerade im Hinblick auf seine Gliederungsfülle als Eines (Individuum) aufgefaßt wird. Auch die komplexeste Gestalt ist, insofern sie eine Gestalt ist, einfach. Eine „substanziale" Bestimmung der Einfachheit (bzw. innerhalb des Dingmodells) ist kaum zu geben, weil sie „den notwendigen funktionalen Wechselbezug, innerhalb dessen Einfachheit und Gliederung überhaupt erst möglich sind, zerstören müßte" (Hönigswald 1926, S. 23).

Den TAT-Diagnostiker berührt diese Problematik, weil immer wieder verschiedene Probanden inhaltlich ähnliche Geschichten anbieten, so daß er ständig die Aufgabe hat, nach der Einzigartigkeit zu forschen. Er kann und muß sich daran orientieren, daß sie nicht eine Summe von Banalitäten, auch nicht von spektakulären Vorkommnissen im bisherigen Lebenslauf der Probanden ist. Er kommt ihr schon näher, wenn er das Gestaltungsprinzip herausarbeitet, welches dafür verantwortlich ist, daß trotz der Vielheit von Lebensäußerungen und Handlungen er es stets mit einer, unteilbaren Person zu tun hat. Solche individuellen Gestaltungsprinzipien gibt es tatsächlich, wie schwer es auch sein mag, sie angemessen in Worte zu fassen. So wie etwa die Werke eines Künstlers einen bestimmten Stil haben, der in einer „völlig adäquaten, entsprechenden, angemessenen Art" allen seinen Werken eigen ist – Rembrandts Werke lassen sich nicht „sowohl rembrandtisch als raffaelisch als ägyptisch usw. malen, zeichnen, radieren" (Rothacker 1954, S. 273) –, so haben auch die Lebens-Werke eines Menschen wie du und ich bis in die intimsten Produktionen hinein einen Stil (Adler würde sagen: Lebensstil).

Die Einfachheit ist auch ein Kriterium dafür, ob seelische Verhältnisse angemessen in ein Bild gerückt worden sind. Wie Geschichten sind Bilder keine Dinge. Sie beide sind sozusagen verbindende Muster, ohne die Erkenntnis von Zusammenhängen nicht möglich ist. Freilich – das sei wiederholt – ginge man geradewegs in die Irre, wenn man „einfach" nur als Synonym für „nicht gegliedert", „undifferenziert", „unkompliziert", gar „simpel" gebraucht. Einfache Bilder und Geschichten sind u. U. höchst komplexe, wohl aber verdichtete Sinngefüge.

5. Die Auswertung von Geschichten

5.1. Beschreibung

Die für notwendig erachtete Aufgabe der Beschreibung von TAT-Geschichten besteht darin, organisierende Muster der Lebensgestaltung nachzuzeichnen. Es ist keine Beschreibung im hier gemeinten Sinne, wenn man es dabei beläßt, eine Reihe von Elementen (wie immer sie konkretisiert sein mögen) additiv zusammenzufügen. Es kommt darauf an, über die Summierung hinaus einen Zuwachs an Wissen (den Bonus an Einsicht) zu erreichen. Mit anderen Worten: die Beschreibung soll einen Zugang zu dem eröffnen, was man „das Muster, das verbindet" (Bateson 1979, S. 86) genannt hat.

In einschlägigen Lehrbüchern der Psychologie sucht man vergeblich nach einer Anleitung für das Beschreiben. Es ist auch kein Geheimnis, daß psychologische Methodik heute faktisch mit Statistik gleichgesetzt wird (Traxel 1978, S. 555). Obwohl die Vorherrschaft dieser Methodik gesichert erscheint, stößt man auf eine merkwürdige Empfindlichkeit, wenn man sich für die Anwendung qualitativer Methoden ausspricht. Es sollte daher einmal klar gesagt werden, daß es unredlich ist, so zu tun, als stünden quantitative und qualitative Methoden einander antagonistisch gegenüber (Empirie versus Metaphysik). Kaum besser ist das gönnerhafte Zugeständnis, man solle sie der Vielfalt wegen nebeneinander existieren lassen. Die Wahrheit ist einfach, daß diese Methoden notwendig in einem Ergänzungsverhältnis zueinander stehen. Wie das im einzelnen aussieht, ist an dieser Stelle nicht zu erörtern. Es muß die Anmerkung genügen, daß die Mißachtung qualitativen Vorgehens zu Lasten der Substanz psychologischer Erkenntnisse geht. Es mag sein, daß qualitatives Arbeiten sich nicht immer erfolgreich genug gegen Spekulationen zu wehren versteht (das wird aber nicht besser, wenn man es deswegen aus der Ausbildung hinausdrängt). Das quantitative Arbeiten ist jedoch vor einer anderen fatalen „Gesetzmäßigkeit" nicht gefeit, nämlich davor, daß die Auswahl der Rohdaten und die Interpretation der Endergebnisse um so naiver erfolgen, je exakter eine ganze Untersuchung aussehen soll.

Für das Anfertigen einer guten oder richtigen Beschreibung gibt es keine Gebrauchsanweisung. Eines ist jedoch sicher. Die reine, voraussetzungslose Beschreibung gibt es nicht. Von der Position desjenigen, der beschreibt, läßt sich diese Tätigkeit nicht loslösen. Für das Beschreiben von TAT-Geschichten gelten im wesentlichen folgende Regeln.

Die Suche nach dem Wahrheitsgehalt der Geschichten kann unterbleiben. Sie ist unnötig, weil es weder wahre noch falsche TAT-Geschichten gibt. Auf sie trifft zu, was S. Freud einmal mit folgender Bemerkung eindringlich verdeutlichte: Wenn jemand mit der ernsthaften Behauptung zu uns käme, „der Erdkern besteht aus Marmelade!", werden wir, „anstatt auf die Untersuchung einzugehen, ob wirklich der Erdkern aus Marmelade besteht ..., uns fragen, was es für ein Mensch sein muß, der auf eine solche Idee kommen kann, und höchstens noch ihn fragen, woher er das weiß" (1932, S. 33).

Es sind Begriffe zu vermeiden, die zu sehr dem vorwissenschaftlichen Bedürfnis entgegenkommen, seelische Vorgänge und Entwicklungen in abgehobenen Figuren zu lokalisieren, damit man sie dort gleichsam sehen (und anfassen) kann. Insbesondere gilt das für den populären Begriff der Identifikation. Er erschwert die Erfassung komplexer „Wirkungseinheiten" (Salber 1969 b), da er wegen der Ausrichtung auf einzelne Figuren den Blick von Zusammenhängen ablenkt, die abgehobene Figuren *übergreifen* und/oder *quer* durch sie *hindurchgehen*. Überhaupt sollte man psychologische Fachbegriffe – zumal dann, wenn sie in Mode sind – in einer Beschreibung sparsam verwenden. Notgedrungen wird sonst die Sorgfalt leiden, auf Zwischentöne, Implikationen und Anspielungen zu achten; und man könnte vorschnell etwas für erklärt halten, was erst noch beschrieben werden muß.

Überflüssig ist das Puzzlespiel um Helden und Nebenhelden in TAT-Geschichten. Es beruht auf keiner sachlichen Notwendigkeit, sondern ist lediglich die logische Konsequenz der Verwendung des Identifikationsbegriffs.

Beim Beschreiben geht es vornehmlich darum, sich in nacherzählender Form verständlich zu machen, wie etwas aus dem anderen (Seelisches aus Seelischem) folgt. Man achte darauf, welche Möglichkeiten der Weiterentwicklung in einem Geschehen enthalten und schließlich im weiteren Ablauf ausgeführt oder verfehlt worden sind. Man sollte mit Begriffen bzw. Kategorien arbeiten, die sich aus der Beschreibung selbst ergeben. Im Unterschied zur traditionellen (klassischen) Auffassung von Beobachtung, gilt die Position des Beschreibenden (bzw. Beobachters) hierbei nicht nur als eine Quelle des Irrtums. Es wird anerkannt, daß das zu Beobachtende durch die Tätigkeit der Beschreibung erst sichtbar gemacht wird. Die Objektivität dieser Beschreibung ist dadurch gewährleistet, daß sich in ihrem Verlauf etwas zeigt, das eine *Eigenlogik* hat.

Der Hinweis auf die Eigenlogik des Sichzeigenden mag geheimnisvoll klingen. Gemeint ist damit, daß in einem sozusagen rückgekoppelten Arbeitsgang etwas zum Vorschein kommt, das sich den Absichten, Vorlieben und Vorbehalten des Beschreibenden nicht widerstandslos fügt. Beim Beschreiben von Geschichten macht sich ein Eigenrecht bemerkbar, sobald man etwas verkraften muß, worauf man sich so zunächst nicht einstellen wollte.

So etwas widerfährt nicht nur sensiblen Psychologen. Jeder macht diese Erfahrung, der so beschreibt, daß etwas anderes als die eigenen Vorurteile zur Sprache kommt. Daß die „Sachen" nicht von selbst zu uns reden (es sei denn, wir

lebten im Märchen), sondern daß wir, die Forscher, die Fragen selbst beantworten müssen, die wir der Natur vorlegen, dieses lehrte I. Kant (1781).
Die Beschreibung von Literatur-Werken gehört schon lange zur *Behandlung von Literatur*. Höchst aufschlußreich ist in dieser Hinsicht Lessings Hamburgische Dramaturgie. Das Wesen der Tragödie, nämlich den Menschen in seiner Grundverfassung zu zeigen, ihm eindringlich zu machen, daß er dem Leiden und Scheitern ausgesetzt ist, dieses lag Lessing am Herzen. Für die Psychologie heute ist lehrreich, wie er in seiner Kritik zu Werke ging.

5.2. ... geschilderte Charaktere

Aus der griechischen Tragödie und der Lehre des Aristoteles gewinnt Lessing die Maßstäbe und Regeln, vor denen zu bestehen hat, was als eine vollendete Tragödie zu gelten, den Anspruch erhebt. In der französischen Tragödie, sofern sie die antike erreichen und übertreffen will, findet Lessing allerdings nur Verzerrungen der Vorbilder wieder, gleichsam so, als sähe er diese wie in einem Zerrspiegel. Die Verzerrung hält er freilich für einen Witz. Aber der Witz rückt (jedenfalls in der Lessing'schen Wiedergabe) ein Menschen-, ja eigentlich ein Frauenbild heraus, das für Lessing selbst offenbar schwer zu verkraften war. Bei seinen Beschreibungen haben wir es mit dem Versuch zu tun, sich etwas zu illustrieren, das ohne Illustration nicht zu verkraften gewesen wäre. So entsteht durch die Beschreibung eine *neue* Geschichte. Es lohnt sich, auf diesen Versuch näher einzugehen.

So wie Lessing sich (seinem Vorentwurf bzw. Vorurteil gemäß) die Frau vorstellt, habe die Natur sie zur Liebe, nicht zur Gewalttätigkeit ausgerüstet. Die Frau solle Zärtlichkeit, nicht Furcht erwecken; nur ihre Reize sollten sie mächtig machen, nicht etwa Herrschsucht; nur durch Liebkosungen solle sie herrschen, jedoch nicht mehr beherrschen wollen als sie genießen kann (1767– 69, S. 121). Stört eine Nebenbuhlerin ihre Liebe, sei sie freilich zur Eifersucht fähig. Diese Eifersucht sei eine Art von Neid. „Und Neid ist ein kleines, kriechendes Laster, das keine andere Befriedigung kennt, als das gänzliche Verderben seines Gegenstandes" (S. 123).

Ferner: Die Eifersucht „tobet in einem Feuer fort; nichts kann sie versöhnen; da die Beleidigung, die sie erweckt hat, nie aufhört, die nämliche Beleidigung zu sein, und immer wächset, je länger sie dauert; so kann auch ihr Durst nach Rache nie erlöschen, die sie spat oder früh, immer mit gleichem Grimme, vollziehen wird (S. 123).
Eine solche Frau, noch eine Nebenbuhlerin, dazu die richtigen Begebenheiten und nichts fehlt mehr für eine vollendete Tragödie – die einzige Eifersucht macht ein wütendes Eheweib zu einer ebenso wütenden Mutter. Die Kleopatra der Historie ermordet ihren Gemahl, einen ihrer Söhne, den zweiten beinahe. Ihr empfindliches und stolzes Herz kam leicht zu dem Entschlusse, „das gar nicht zu besitzen, was es nicht allein besitzen

konnte ... Der schuldige Gemahl fällt; aber in ihm fällt auch ein Vater, der rächende Söhne hinterläßt. An diese hatte die Mutter in der Hitze ihrer Leidenschaft nicht gedacht, oder nur als an ihre Söhne", auf ihrer Seite stehend, gedacht. Sie fand es aber anders. Der Sohn wird König, sieht in Kleopatra nicht die Mutter, sondern die Königsmörderin. So hatte sie alles von ihm, und deswegen ebenso er alles von ihr zu fürchten. „Noch kochte die Eifersucht in ihrem Herzen; noch war der treulose Gemahl in seinen Söhnen übrig; sie fing an, alles zu hassen, was sie erinnern mußte, ihn einmal geliebt zu haben." Selbsterhaltung stärkte den Haß. „Sie beging den zweiten Mord, um den ersten ungestraft begangen zu haben; sie beging ihn an ihrem Sohne und beruhigte sich mit der Vorstellung ..., daß sie eigentlich nicht morde, daß sie ihrer Ermordung nur zuvorkomme." Beinahe wäre es dem jüngeren Sohne genauso ergangen; „aber dieser war rascher, oder war glücklicher. Er zwingt die Mutter, das Gift zu trinken, das sie ihm bereitet hat" (S. 119f.).

Dieser dreifache Mord geschieht aus der einen Leidenschaft einer Person. Alles, was getan wird, ist ineinander gegründet, überall das Ungefähre ausgeschlossen; alles, was geschieht, geschieht so, daß es nicht anders geschehen kann.

Auch Corneille bringt in seiner Rodogune die *Geschichte* einer beleidigten Ehefrau, „welche die usurpierten Rechte ihres Ranges und Bettes nicht grausam genug rächen zu können glaubet" (S. 118). Aber, so meint Lessing, und hier beginnt es, daß sich ihm etwas mit *Eigenrecht* aufdrängt, er (Corneille) verstoße dabei gegen die Natur. Er zeichne eine über alles herrschsüchtige, tyrannische Frau, dem „unnatürlichen, gekünstelten Laster" des Stolzes verfallen. Diese Frau will ihren beleidigten kalten Stolz, ihren übersteigerten Ehrgeiz befriedigen. Eine solche Frau, „bei der alle Neigungen dem Ehrgeize untergeordnet sind, die keine andere Glückseligkeit kennt, als zu gebieten, zu tyrannisieren", so eine Frau sei eine Ausnahme. Sie ist ein „Ungeheuer ihres Geschlechts", ein Monstrum, ein „Mißgeschöpf" – ein „mißgeschilderter Charakter" (S. 121f.). Er ist für Lessing offenbar gänzlich aus den Fugen geraten.

Denn „die Rache einer Ehrgeizigen sollte nie der Rache einer Eifersüchtigen ähnlich sein ... Der Ehrgeiz ist nie ohne eine Art von Edelmut, und die Rache streitet mit dem Edelmute zu sehr, als daß die Rache des Ehrgeizigen ohne Maß und Ziel sein sollte. Solange er seinen Zweck verfolgt, kennet sie keine Grenzen; aber kaum hat er diesen erreicht, kaum ist seine Leidenschaft befriedigt, als auch seine Rache kälter und überlegender zu werden anfängt ... Wer ihm nicht weiter schaden kann, von dem vergißt er es auch wohl, daß er ihm geschadet hat. Wen er nicht zu fürchten hat, den verachtet er; und wen er verachtet, der ist weit unter seiner Rache" (S. 123).

Jedoch die Kleopatra des Corneille rächt mit dem gleichen Grimm wie eine Eifersüchtige. Nicht dies würde uns beleidigen, es hätte sogar unsere Bewunderung verdient, sondern ihr tückischer Groll, ihre hämische Rachsucht gegen eine Person (Rodogunen), von der sie nichts weiter zu befürchten habe, die sie aber in ihrer Gewalt hat, „der sie, bei dem geringsten Funken von Edelmute, vergeben müßte; ihr Leichtsinn, mit dem sie nicht allein selbst Verbrechen begeht, mit dem sie auch andern die unsinnigsten so plump und geradehin zumutet", mache sie uns so sehr verachtenswert. Es bleibt nichts übrig, „als ein häßliches, abscheuliches Weib, das immer sprudelt und raset, und die erste Stelle im Tollhaus verdient" (S. 124).

Aber immerhin, und da zieht es den kritisierenden Lessing vehement mit, aus solchen Übersteigerungen, Maßlosigkeiten, lassen sich Verwicklungen erdichten, deren zwangsläufige Konsequenz selbst von einem strengen Naturgesetz nicht mehr zu überbieten ist.

„Laßt uns erdichten, daß Rodogune mit dem Demetrius noch nicht völlig vermählet gewesen; laßt uns erdichten, daß nach seinem Tode sich die beiden Söhne in die Braut des Vaters verliebt haben; laßt uns erdichten, daß die beiden Söhne Zwillinge sind, daß dem ältesten der Thron gehöret, daß die Mutter es aber beständig verborgen gehalten, welcher von ihnen der älteste sei; laßt uns erdichten, daß sich endlich die Mutter entschlossen, dieses Geheimnis zu entdecken, oder vielmehr nicht zu entdecken, sondern an dessen Statt denjenigen für den ältesten zu erklären und ihn dadurch auf den Thron zu setzen, welcher eine gewisse Bedingung eingehen wolle; laßt uns erdichten, daß diese Bedingung der Tod der Rodogune sei. Nun hätten wir ja, was wir haben wollten: beide Prinzen sind in Rodogunen sterblich verliebt; wer von beiden seine Geliebte umbringen will, der soll regieren.

Schön; aber könnten wir den Handel nicht noch mehr verwickeln? Könnten wir die guten Prinzen nicht noch in größere Verlegenheit setzen. Wir wollen versuchen. Laßt uns also weiter erdichten, daß Rodogune den Anschlag der Kleopatra erfährt; laßt uns weiter erdichten, daß sie zwar einen von den Prinzen vorzüglich liebt, aber es ihm nicht bekannt hat, auch sonst keinem Menschen es bekannt hat, noch bekennen will, daß sie fest entschlossen ist, unter den Prinzen weder diesen geliebtern, noch den, welchem der Thron heimfallen dürfte, zu ihrem Gemahle zu wählen, daß sie allein den wählen wolle, welcher sich ihm am würdigsten erzeigen werde; Rodogune muß gerächet sein wollen; muß an der Mutter der Prinzen gerächet sein wollen; Rodogune muß ihnen erklären: wer mich von euch haben will, der ermorde seine Mutter!

Bravo! Das nenne ich doch noch eine Intrige! Diese Prinzen sind gut angekommen! Die sollen zu tun haben, wenn sie sich herauswickeln wollen! Die Mutter sagt zu ihnen: wer von euch regieren will, der ermorde seine Geliebte! Und die Geliebte sagt: wer mich haben will, ermorde seine Mutter. Es versteht sich, daß es sehr tugendhafte Prinzen sein müssen, die einander von Grund der Seele lieben, die viel Respekt für den Teufel von Mama und ebensoviel Zärtlichkeit für eine liebäugelnde Furie von Gebieterin haben. Denn wenn sie nicht beide sehr tugendhaft sind, so ist die Verwicklung so arg nicht, als es scheinet; oder sie ist zu arg, daß es gar nicht möglich ist, sie wieder aufzuwickeln. Der eine geht hin und schlägt die Prinzessin tot, um den Thron zu haben; damit ist es aus. Oder der andere geht hin und schlägt die Mutter tot, um die Prinzessin zu haben: damit ist es wieder aus. Oder sie gehen beide hin und schlagen die Geliebte tot, und wollen beide den Thron haben: so kann es gar nicht aus werden. Oder sie schlagen beide die Mutter tot und wollen beide das Mädchen haben: und so kann es wiederum nicht aus werden. Aber wenn sie beide fein tugendhaft sind, so will keiner weder die eine noch die andere tot schlagen; so stehen sie beide hübsch und sperren das Maul auf, und wissen nicht, was sie tun sollen: und das ist eben die Schönheit davon. Freilich wird das Stück dadurch ein sehr sonderbares Ansehen bekommen, daß die Weiber darin ärger als rasende Männer, und die Männer weibischer als die armseligsten Weiber handeln: aber was schadet das? Vielmehr ist dieses ein Vorzug des Stückes mehr; denn das Gegenteil ist so gewöhnlich, so abgedroschen!" (S. 124f.)

Dies alles ist Dichtung. Wieviel wahre Ereignisse darin verarbeitet sind, ist nebensächlich. Dennoch sind derartige Werke für die Persönlichkeitsforschung von Interesse. Insbesondere interessieren wir uns für die *Methode* der Kritik. Der Dichter stellt zwei Handlungsgeschichten einander gegenüber, wobei jede sehr eindringlich an Prägnanz und Plastizität gewinnt. Dies Gegenüberstellen bzw. Vergleichen geschieht sehr methodisch; es ist wesentlich mehr als nur ein Nebeneinanderstellen. Jede der beiden Geschichten wird in der jeweils anderen gespiegelt. Das ist die Methode des *doppelten Vergleichs* (Bateson 1979, S. 111).

Lessing erzählt nicht nur, wie die eine Kleopatra wütet und wie die andere rast. Was brächte ein solches Nebeneinanderstellen auch für einen Erkenntnisgewinn? Man könnte staunen, erschrecken, sich wundern, sich empören; ja sogar eine neue Tragödie erfinden, die je nach Geschmack die Heldinnen „besser" oder noch ärger agieren ließe. Der Kritiker im Dichter will mehr, er will eine „tiefere" Erkenntnis vermitteln. Und es spricht für die Zuverlässigkeit seiner Methode, daß er als erster selbst dabei etwas erkennt. Seine Beschreibung öffnet ihm selbst den Blick für eine mögliche Logik im Charakter der Frau, die er in der Realität bis zuletzt höchstens als Ausnahme meint gelten lassen zu können.

Denn mit „Eifersucht einer zur Liebe ausgerüsteten Frau" und „Ehrgeiz einer von Herrschsucht befallenen Frau" benennt Lessing jeweils eine ganz bestimmte Gestaltlogik. Im ersten Fall ist alles „ineinander gegründet", ein Verbrechen folgt aus dem anderen, sie alle haben „nur eine und eben dieselbe Quelle", überall ist das „Ungefähr" ausgeschlossen, es gibt keine unerwarteten Zwischenfälle; im zweiten Fall sind Maßlosigkeit und Übersteigerung, Verwirrung und Durchkreuzung (Durcheinander-Flechten), Verwicklungen und schillernde Verknüpfungen der Motor und die Verbindungsregeln des Geschehens. Für Lessing ist zwar nur die erste Logik „natürlich", die zweite sei ein „Witz", doch der Psychologe von heute interessiert sich weniger für Lessings Bewertung, sondern mehr für den „Witz", den der Dichter beschreibt. Gerade vor dem Hintergrund der Psychologie Freuds erscheint uns die zweite Logik noch natürlicher als die erste, weil ihre „Merkmale" uns jene Zusammenhangsbildungen verständlich machen, für die eine wohlgefügte Kette aus Ursachen und Wirkungen nicht das angemessene Modell ist.

Jede Logik – und gerade die zweite – sorgt dafür, daß jede Version der Tragödie um eine beleidigte Ehefrau ihrer ganz eigenen Zwangsläufigkeit, d. h. *Eigenlogik,* folgt. Für jede Version gibt es nur einen „Bauplan" – eine Gestaltkonstruktion, die man kennen muß, will man sie rekonstruieren (nachschaffen).

Jene Tragödie, der Lessing den Vorzug gegeben hätte, ist so konstruiert: Eine liebende Frau erfüllt mit eben ihrer Liebe eine ganz bestimmte Lebensordnung.

Sie weicht von den Regulationen dieser Ordnung nicht ab, gefährdet nicht ihre Feinabstimmungen und überschreitet nicht die durch sie gesetzten Einschränkungen (Grenzen der Entfaltung). Und aus ihrer unerschütterlichen Treue zur vorgegebenen Lebensordnung erwächst ihr die Berechtigung von einer Entschiedenheit des Eingriffs, die ebenso ungebrochen ist wie ihre Treue. Ihrer Leidenschaft ist gestattet, das zu vernichten, was allein zu besitzen ihr auf einmal nicht mehr möglich ist. Ja, das Ausmaß dieser berechtigten Leidenschaft wird geradezu zum Maßstab für ihre Treue. Diese Frau scheitert nicht so sehr an übermäßiger Leidenschaft, sondern paradoxerweise eher daran, daß das volle Maß ihrer Leidenschaft sie beinahe perfekt berechenbar macht.

Die Tragödie des Corneille ist in der Lessing'schen Fassung ganz anders konstruiert: Eine herrschsüchtige Frau nimmt selbst alle Ordnung in die Hand; sie schaltet und waltet, wie es ihrer Herrschsucht gerade förderlich ist. Sie findet eine Nebenbuhlerin, die kein bißchen mehr durch die Schranken einer anderen Lebensordnung gehemmt ist. Wie „Teufel" und „Furie" stehen sie einander im Zweikampf gegenüber, aber ohne daß sie selbst die tödlichen Schläge ausführen, die sie einander zugedacht haben. Unablässig aufeinander fixiert, löst jede Verwicklungen stiftende Bewegung der einen eine das Gleichgewicht der tückischen Verwicklungen erhaltende Bewegung bei der anderen aus. Die „Schönheit" des Ganzen liegt endlich darin, daß durch ein Übermaß an Verwicklungen und grenzenloser Herrschsucht sich schließlich nichts mehr bewegt, Erstarrung eintritt – oder aber alles, ausgelöst nur durch eine winzige Zufälligkeit (sozusagen durch die Fliege an der Wand) ursprünglich in einen rasenden Strudel von Untaten zu stürzen droht, aus dem niemand mehr lebend auftauchen würde. Diese Frauen sind gescheitert, weil die vollkommene Unveränderlichkeit ihrer hochgezüchteten übermäßigen Feindschaft schon die totale Vernichtung ihrer selbst ist und all jener, die ihnen liebgesonnen geblieben sind – gleichgültig, ob es nun doch zur Ausführung der Tat kommt oder ob die Tat unterbleibt. Psychologisch gesehen gilt also für beide Versionen, daß alles aufgrund einer ganz bestimmten seelischen *Konstruktion* so geschieht, daß es anders gar nicht geschehen kann.

Nun wird man vielleicht fragen, ob mit diesen Erörterungen die Entwicklung einer Theorie der Eifersucht oder der Entstehung von Ehetragödien eingeleitet werden soll; oder ob gar beabsichtigt ist, den Mann Lessing zu analysieren, zumal sein Frauenbild dazu herausfordern mag. Beides ist nicht beabsichtigt. Es sollte – um zu wiederholen – demonstriert werden, daß sorgfältiges Beschreiben tatsächlich Voreingenommenheiten beiseite räumt: hier ein bestimmtes Bild der Frau.

Außerdem ließ sich mit Lessings Hilfe verdeutlichen, was sich hinter der Bezeichnung „anschmiegsames, rekonstruierendes Vorgehen" (bzw. Rekonstruktion von Prinzipien der Lebensgestaltung) verbirgt. Jedes beschriebene Frauenschicksal (jede Version der Tragödie) läßt sich nämlich als eine Art *Gestalt* verstehen, die nicht irgendeiner blinden Willkür folgt (mal so und mal so), sondern die als ein spannungsreiches und zielgerichtetes Gesamtgeschehen jeweils bestimmten Bildungsprinzipien (einer Gestaltlogik) gehorcht. Das wichtigste Ergebnis ist jedoch, daß gerade jene Gestaltlogik recht glaubwürdig ist, die Lessing für „unnatürlich" hielt. Ein Beispiel aus der psychologischen Praxis wird das belegen.

Eine 18jährige Oberschülerin unserer Tage, die aus ihrem Elternhaus im Streit ausgezogen war, sagte, daß sie schon die „höchste Stufe des Zusammenlebens in der Partnerschaft", die Stufe der „gereiften Sexualität", erreicht habe. Auf dieser Stufe würden die Partner zwar zusammenleben, aber jeder müsse es dem anderen gestatten, noch weitere „Partner" zu haben, zu denen er gehen könne, wann immer es ihm beliebe. Das Neue und Wichtigste dieser Stufe sei, „daß man nicht mehr eifersüchtig ist". Dieser 18jährigen schwebt also eine Lebensordnung ohne Eifersucht vor. Um Skeptikern von vornherein den Wind aus den Segeln zu nehmen, berichtet sie von der „Gruppe", an der sie mit ihrem Freund teilnimmt. Dort gäbe es neben ihr nur noch ein Mädchen, das sie gut kenne, das schon mal mit ihrem Freund befreundet war, welches für sie als Konkurrentin aber gar nicht in Frage käme. In ihren Berichten stilisiert sie sich zum „Star" der Gruppe. Zusätzlich zu ihrem Freund hätten sich noch zwei Gruppenmitglieder in sie verliebt, last not least nun auch der Gruppenleiter.

Diese 18jährige erzählt zu den Tafeln 2, 4, 5 und 6 folgende TAT-Geschichten:

2: Mädchen und Mann lieben sich, sie will ihn nach der Schule bei der Arbeit abholen. Da trifft sie die andere Frau, die ihr sagt, sie kriege ein Kind von dem Mann. Der Mann weiß nicht, daß das Mächen die Frau gesehen hat. Sie ist ratlos, haßt die Frau, will sie umbringen, was nicht geht, weil sie schwanger ist. Sie wartet ab, bis das Kind da ist.

4: Ein Mann hat gesehen, wie jemand seine Frau lange angeguckt hat. Er will ihn verprügeln, sie ihn zurückhalten. Er verprügelt ihn doch. Anzeige bei der Polizei. Strafe. Dann konnte er nicht mehr zu ihr gehen. – Die Frau geht zum Nebenbuhler. Der Mann hier wird zum Säufer.

5: Eine altmodische strenge Mutter guckt nach, ob die Tochter im Bett ist. Die ist aber durchs Fenster mit dem Freund abgehauen. Freundin gibt der Mutter die Adresse, und die Mutter verfolgt die Beiden, schlägt auf das Mädchen ein, kriegt Schädelbasisbruch, fällt tot um. Als die Mutter das sieht, kriegt sie einen Herzinfarkt und stirbt.

6 GF: Die Frau sitzt in einer dunklen Ecke, da kommt der Mann herein und sagt, sie müsse sich im Schrank verstecken, weil die Schwiegermutter mit zwei Hunden kommt. Die Schwiegermutter bleibt aber zu lange da, so daß die Frau verhungert. Als der Schrank aufgemacht wird, sieht das die Schwiegermutter und befiehlt den Hunden, die Frau zu fressen. Der Mann ersticht die Schwiegermutter. Das nehmen die Hunde übel und fressen den Mann auf. Die Hunde kommen nicht aus dem Haus. Keiner kann sie füttern, so daß sie verhungern.

Es genügt, in diesem Zusammenhang nur einen dominanten *Zug* herauszustellen. In jeder Geschichte geht es um Liebe und Haß. Die Liebe kommt nur einmal an ihr Ziel – bei einem Nebenbuhler, was für den Dritten jedoch die schleichende Vernichtung bedeutet. Zunächst gelingt es noch, den Vollzug der Rache hinauszuschieben. Wenn endlich vollzogen, endet sie mit dem Untergang beider Kontrahentinnen. Und schließlich erlöscht die Rache selbst beim Tod der Rivalin nicht; die Vernichtung breitet sich aus und erfaßt alle Beteiligten, sogar die Haustiere. Die Logik der Maßlosigkeit hier ähnelt in geradezu verblüffender Weise jener der Frauen des Corneille in der Lessing'schen Version. Zudem werden beide Male Frauen zu Todfeinden, die Mutter und Tochter sind bzw. sein könnten.

Nun gibt es keinen Anlaß zu befürchten, im alltäglichen Leben würden alle diese Handlungen ausgeführt, die man auf der Bühne des Theaters vielleicht noch spielen würde. So wörtlich dürfen TAT-Geschichten nicht genommen werden. Sie werden ja, das sei wiederholt, von vornherein als Übertreibungen gestaltet (siehe Anweisung). Dennoch bedarf es nicht erst psychologischer Interpretationen, um zu erkennen, daß jene 18jährige mit ihrer gewünschten Lebensordnung gar nicht glücklich sein kann. Sie kann die Ordnung, die sie wünscht, nicht verkraften.

Schon dieser recht einfach anmutende Fall aus der Praxis zeigt sehr deutlich, daß sich aus mehreren Geschichten allmählich eine Ganzheit nachkonstruieren läßt. Jede Geschichte für sich – auch die, die über das Leben in der Gruppe erzählt wird – ist dabei ein *Fragment,* nicht einfach ein Baustein, zu dem weitere Bausteine hinzugefügt werden müßten. Denn diese Ganzheit würde nur dadurch „vollständiger", daß wir durch ein weiteres, *wesentliches* Fragment erführen, nach welchem Prinzip die 18jährige nun wirklich ihr Leben gestaltet (simpel gefragt: Ist sie nun eifersüchtig oder ist sie es nicht?). Immerhin, soviel kann sicher gesagt werden: Die beiden Versionen der Liebesbeziehungen verweisen auf ein Strukturproblem, nämlich darauf, daß es an produktiven Lösungen für das Differenzierungs- und Erneuerungsgeschehen mangelt. Mißlungen ist offenbar die Umbildung der Beziehungen zu den Eltern und die Neuorganisation der Beziehungen außerhalb der Familie. Statt einer Aussöhnung von Widerstreit und Synthese ist es eher zu einer Spaltung gekommen: Widerstreit (Destruktion) allein mit den Eltern, vollendete Harmonie mit allen „Partnern". Was an dieser Formel jedoch noch stört, ist das Festmachen an bestimmten Personen (Figuren). Hier wird vorgeschlagen, die (seelischen) Verhältnisse so zu sehen: Für die Gestaltung der Liebes- und Haßbeziehungen gibt es zwei gegensätzliche Leitbilder, sozusagen ein Bild und ein Gegenbild.

Mit der bisherigen Darstellung ist auch die Literaturthese, auf die diese Arbeit aufgebaut ist, präzisiert. Geschichten, ob nur erdichtet oder aus dem Leben gegriffen, sind ins Medium der Sprache gebrachte Strukturen menschlicher Lebensgestaltung (Lösungsmodelle), die sich den Bereich ihrer Wirkungsmöglichkeiten selbst schaffen. Die Dramaturgie der Geschichten offenbart nicht nur, für welches „innere Problem" die jeweilige Struktur Lösungen und immer neue Lösungen sucht („Erneuerungsgeschehen"), sondern sie verweist gleichermaßen auf die verfestigten Lösungen, an denen die Struktur stehen zu bleiben, ja, zu zerfallen droht (Rombach 1965/66, S. 507). Es wurde deutlich, daß die Methode zur Erfassung solcher Strukturen, ihrer Probleme und Lösungen, elastisch und anschmiegsam sein muß. A und O der Analyse von Geschichten ist, zu „sehen", daß in Geschichten stets irgendeine Ordnung am Werke ist. Wir wollen keine „Konstrukte" erfinden, die dann an die „Sachverhalte" heranzutragen wären, sondern etwas als Ganzheit *nachschaffen,* das sich uns fragmentarisch zeigt.

Zu dem zitierten Fall gehört ein weiteres Fragment, das Aufschlüsse über die *Bilder* erlaubt, die die Einbildungskraft der Probandin hervorgebracht hat und von denen angenommen werden darf, daß sie auf dem Wege der Transformation bedeutsame Züge der Lebenswirklichkeit dieser Jugendlichen *veranschaulichen*. Die 18jährige erzählte zu Tafel 16 (dem weißen Blatt) folgende Geschichte:

Eiswüste am Nordpol, wohin man eine Frau verbannt hat. Die Frau ist aus berühmter spanischer Familie, die reich ist, aber vom Staat verbannt. Jeder einzelne wird in ein anderes Land verschickt, daß sie sich nicht mehr zusammenrotten können. Im Eisberg ist eine heiße Quelle zur Wärme. Sie hat Gewehre und Kugeln mitgekriegt und lebt von den Tieren (Nahrung und Kleidung). Das Wasser hat Strömungen, so daß niemand hinkommt. Sie hat Angst, sich umzubringen, deshalb bleibt sie, bis sie alt und grau ist und quält sich.

Besonders jener paradox anmutende Zug, „aus der Wirklichkeit heraustreten, um in sie (in ihre Bedeutsamkeiten für den Erzähler) tiefer einzudringen", läßt sich an dieser Geschichte gut exemplifizieren. Das Weiß der leeren TAT-Tafel „transformiert sich" in eine Eiswüste. Dort, an dem Ort (dem Nordpol), um den sich die ganze übrige Welt dreht, lebt eine Frau. Aus reicher, berühmter Familie stammend, ist sie dorthin verbannt. Sie ist wirksam von allen übrigen Menschen getrennt; wer zu ihr wollte, würde in „Strömungen" zugrundegehen (gleiches widerführe ihr, wenn sie von dort weggehen wollte). In ihrer Isolation quält sie sich; sie ist aber offenbar nicht in Resignation verfallen. Mit dem Lebensnotwendigen (Nahrung, Kleidung, Heizung) ist sie zwar versorgt; aber sie kann es wohl nur auf eine „aggressive" Weise haben. In einer weiteren Transformation wird aus der Situation der Isolierung ein „Eisberg", in dem „eine heiße Quelle" ist. Spätestens dieses Motiv ist ein Symbol; Bild und Bedeutung sind hierin zusammengeflossen. Diese, in Isolation lebende Frau, um die sich gleichsam die ganze

Welt dreht, ist nach außen kalt und innen heiß. Sogar aus früheren TAT-Geschichten (z. B. aus der Geschichte 6) taucht etwas, nachdem inzwischen vier andere Geschichten (7, 8, 9, 10) erzählt worden sind, in spezifisch veränderter Form wieder auf. Die Verbannung, Isolation, ist erforderlich, damit eine Familie sich nicht zusammenrottet – damit sie sich nicht samt Haustieren ausrottet (?).

Die Hypothese war, daß die 18jährige ihre Liebes- und Haßverhältnisse nach zwei gegensätzlichen Leitbildern gestaltet, wobei zu ergänzen ist, daß die Beziehungen zu einer konkreten Person, zu einem „Partner", entweder nur nach dem einen oder dem anderen Leitbild (Spaltung) oder sogar nach beiden Bildern zugleich organisiert werden kann. Wir hatten diese Konstruktion erschlossen, indem wir die „Absicht" der Klientin, Liebe ohne Eifersucht zu realisieren, mit dem Befund aus den TAT-Geschichten konfrontierten, wonach eine sich ausbreitende Vernichtung aus Rache und Eifersucht die Menschen beherrscht. In dieser ersten Fassung ist die Organisation jedoch unspezifisch; so ähnlich könnte (und wird) sie für eine „Menge von Einzelnen" gültig sein. Das Einzigartige, das für diese 18jährige Charakteristische, ist noch nicht herausgearbeitet. Ihr „individuelles Bildungsprinzip" (Salber 1969a), der Plan, nach dem sie ihr Leben gestaltet, ist noch nicht hinreichend erkannt. Das gelingt erst jetzt, nachdem wir gesehen haben, welches Gesamtbild die Klientin selbst von (sehr wahrscheinlich) ihrer Lebenslage zeichnet.

Wendet man nun dieses Bild, nachdem es einmal grell von der Wirklichkeit abstach, wieder auf die Lebenswirklichkeit jener 18jährigen an (um die Hypothese zu überprüfen), wird man feststellen, daß sie diesem Bild gemäß z. B. ihre Auftritte und ihr Wirken in der Gruppe bewerkstelligt. Was sie dort tut, bringt ihr einen beachtlichen Gewinn; es dient aber zugleich der Stabilisierung eines Sicherungssystems gegen einen Strudel der Vernichtung. Man versteht jetzt, daß sie das einzige Mädchen neben sich neutralisieren muß (es hat einfach keine Rivalin zu sein); man versteht, warum sie sich entgegen ihrer bewußten Absicht zum Star der Gruppe stilisieren muß (alles dreht sich um sie); man versteht, daß sie sich in mehrere Männer zugleich verlieben muß (damit ihr einer nicht zu nahe kommt, damit sie die Abstände bestimmt); und man hat Ansatzpunkte für weitere Fragen gewonnen, etwa für die Frage, wie intensiv, wie „heiß" die Liebe zu ihrem Freund überhaupt ist. Es ist auch nicht abwegig, an Frigidität zu denken. Aber „Frigidität" wäre, sollte sie zu verifizieren sein, keine Ursache, also nicht die Erklärung für diese individuelle und relativ überdauernde Konstruktion; sie wäre eine Produktion, eine schon verfestigte Lösungsgestalt dieses Charakters, ein Werk. Die Erklärung: Das Heiße ist im Kalten, das Kalte im Heißen.

Relativ wenige Fragmente eines Falles (Geschichten, die den Zugang zu ihm ermöglichen), haben genügt, um zu verdeutlichen, wo die Einzigartigkeit und das relative Überdauern einer Persönlichkeit zu suchen sind. Sie hängen ihr nicht an wie Merkmale den Dingen. Sie ergeben sich aus dem individuellen Bildungsprinzip – sind sozusagen dessen Konsequenz. Ferner ließ sich illustrieren, was *Verstehen* in der Persönlichkeitspsychologie bedeuten kann. Obwohl wir von einem Mädchen erst wenig Definitives aus ihrem Leben kennen, regt sich in uns – um mit dem Physiker W. Heisenberg zu sprechen, der meinte, daß wir immer wieder neu lernen müßten, was das Wort „Verstehen" bedeuten kann – doch ein wenig das Gefühl, durch die Oberfläche der alltäglichen Lebenserscheinungen hindurch „auf einen tief darunter liegenden Grund von merkwürdiger innerer Schönheit zu schauen", eine „unerwartete Einfachheit" zu erkennen (Heisenberg 1969, S. 41, 78). Nicht durch Kreuzchen in einem Fragebogen (Messen), sondern durch das Erfinden dramatischer Geschichten und die Transformation von Bildern hat dieses Mädchen – mit M. Frisch gesprochen – sich erzählbar gemacht; hat es seinen Charakter, *wie er wirksam ist,* wie es selbst ihn aber noch nicht kennt, geschildert. Dem Diagnostiker bot sich dadurch die Gelegenheit, wenigstens Züge der wirksamen Organisation in der Lebensgestaltung dieses Mädchens zu rekonstruieren.

5.3. Zur schematischen Auswertung

Der wichtigste Arbeitsgang für eine TAT-Auswertung ist vorgestellt worden. Bis man ihn mit zufriedenstellenden Ergebnissen praktizieren kann und dabei die Erfahrung macht, daß die Auswertung sich tatsächlich *aus sich selbst heraus reguliert* und organisiert, bedarf es einer Einübungszeit. Um die Zuverlässigkeit der Auswertung darüber hinaus zu erhöhen, wird man erwarten, daß ein Auswertungsschema vorgestellt wird. Die Vorzüge eines entsprechenden Schemas wird man nicht missen wollen. Seine feststehende Einteilung läßt hoffen, daß man Wichtiges von Unwichtigem und subjektive Neigung von objektiver Notwendigkeit hinreichend sicher unterscheiden kann. Daß in einer guten Beschreibung die „Sachen" selbst uns das vermitteln, möchte man ja gerne glauben – nur, ein wenig Hilfestellung wird gewiß nicht schaden.

Eine schematische Auswertung hat zweifellos ihre Tücken. Sie verleitet dazu, die Mühen der Beschreibung doch wieder zu meiden und sich auf ein vereinfachtes Klassifikationsschema zurückzuziehen. Es ist aber nicht so sehr die Tatsache, daß man vereinfacht, die Bedenken gegen ein Auswertungsschema rechtfertigt. Eine angemessene Vereinfachung wird auch mit einer Beschreibung angestrebt. Bedenken sind am Platze, weil die Arbeit mit einem Schema allzu leicht eine verführerische Sicherheit aufkommen läßt, so, als operierte man von einer absoluten Beobachtungsposition aus. Gerät zudem außer acht, daß die Einteilung des Schemas von außen an die „Sachen" herangetragen wird, ist man unvermerkt auf eine eher substanzialistische Betrachtungsweise ausgewichen. Was nach der Vorschrift des jeweiligen Schemas Namen trägt wie Eigenschaften, Bereitschaften, Bedürfnisse, Einstellungen, Motive, Gefühle, Triebe usw. hängt dann den „Sachen" an (wie den Dingen „ihre" Merkmale) oder ist „in" ihnen (wie in einem Behälter) enthalten. Man mag es bestreiten, aber für diese Art der Erkenntnisgewinnung ist immer noch das Modell des Dinges an sich maßgebend. Auch bei einer mehr funktionalistischen Betrachtung ist es noch nicht wirklich überwunden. Die den „Sachen" angesetzten Eigenschaften usw. übernehmen den gesamten sachlichen Inhalt, so daß der „Kern" dann nicht mehr bestimmbar ist. So findet man dort, wo man das „Ding an sich" vermuten würde, zwar nichts mehr vor, aber es ist nicht tatsächlich weg, sondern nur in die Eigenschaften usw. verlegt.

Das muß einmal einfach und klar gesagt werden, weil die TAT-Diagnostik einer ganz anderen, nämlich strukturalen Sichtweise bedarf. Der TAT wird ja nicht verwendet, um feste Bestandteile (Bausteine) einer Persönlichkeit (wie immer man sie benennen mag) zu ermitteln und zu systematisieren. Persönlichkeit soll ja rekonstruiert werden „als Struktur in der Bewegung des Werdens, als Prozeßgestalt" (Revers u. Taeuber 1968, S. 157). Eine solche Struktur ist – verglichen mit systematisierten Beständen – *labiler, elastischer*. Und es ist schwer, mit dem Gedanken zu arbeiten, daß eine solche Struktur ihre Beständigkeit durch Umstrukturierung bewahrt, die Verwandlung aber keine andere Struktur aus ihr macht (Rombach 1965/66, S. 505). Gleichwohl bleibt das einer guten Beschreibung nicht verborgen.

Tests, die dem Prinzip der Meßbarkeit genügen, sind von diesen Überlegungen wenig berührt. Sie wurden von vornherein so konstruiert, daß standardisierte Auswertungsschemata verwendet werden müssen, die dann auch den feststehenden Hintergrund für die erhobenen Fakten bilden. Es gilt zunächst nur für die qualitativen Verfahren, für die die wesentlichen Gliederungsgesichtspunkte der Auswertung aus dem zu beschreibenden Material selbst zu gewinnen sind, daß liebgewordene Klassifikationssysteme sich als ein Hindernis erweisen können – jedenfalls dann, wenn man ihnen unvermerkt eine unbedingte Gültigkeit zubilligt.

Gleichwohl muß dem Verlangen nach einer übersichtlichen TAT-Auswertung, die nicht zuletzt den Vergleich der Fälle erleichtern soll, Rechnung getragen werden. Ein derartiges Auswertungsverfahren, das der Eigenart des TAT angemessen bleibt, insofern dieser Test „als eine Serie bildhafter Andeutungen von biographischen Grundsituationen" (Revers et al. 1968, S. 159) zur Wirkung gelangt und die Struktur der Persönlichkeit als etwas angesehen wird, das sich im persönlichen Lebenslauf entfaltet (Prozeßgestalt), hat W. J. Revers seinerzeit vorgeschlagen (1964, vgl. 1968, S. 159ff.). Der enge Bezug auf die biographische Entwicklung ist einmal realitätsggerecht, weil sich die Person eben nicht „in einem System von zeitlos-abstrakten Eigenschaften aufbauen ließe", zum anderen ergibt er sich aus dem Fehlen einer „schlechterdings gültigen Persönlichkeitstheorie" (Revers u. Taeuber 1968, S. 157f.). Wer mit diesem Verfahren lange genug gearbeitet hat, wird außerdem die Erfahrung gemacht haben, daß es sich in der psychologischen Beratung (auch zu ihrer Planung und Durchführung) hervorragend bewährt hat. Dieses Verfahren schreibt vor, *nach* der deskriptiven Übersetzung festzustellen, welches *psychologische Problem* in den Geschichten jeweils behandelt wird, in welchem Kontext das geschieht und welche *Lösung* schließlich erreicht wird (Was-Wo-Wie-Einteilung). Dieses Verfahren braucht hier nicht vorgestellt zu werden, da es in dem TAT-Handbuch von Revers und Taeuber (1968) dargestellt ist.

Aber auch dieses Verfahren ist von der Problematik des Werdens nicht unberührt geblieben – freilich in einer Weise, die nichts damit zu tun hat, daß etwas veraltet. Es ist so modern wie zum Zeitpunkt seiner Erstveröffentlichung (1964). Was anders geworden ist, das ist die Situation, in der es heute von einem Lernenden aufgenommen wird. Der Erfinder jenes Verfahrens ist in seiner Persönlichkeitstheorie sehr sattelfest. Mit den Stichworten Prozeßgestalt und Werden ist angedeutet, um welche Art von theoretischem Konzept es sich handelt. Ohne dieses Fundament hängt auch jenes Auswertungsverfahren buchstäblich in der Luft. Seinem Urheber mag das vielleicht anders erscheinen. Aber die Situation heute nötigt zu dieser Feststellung.

Gewissen, ganzheitlichen Persönlichkeitstheorien wird heute Wesensschau oder das Aufspüren ontologischer Realitäten unterstellt. Damit sind sie natürlich disqualifiziert. Beispielsweise soll S. Freud vom Ich, Es und Über-Ich so gesprochen haben, als ob es sich dabei „um schlechthin existierende Wesenheiten handelte" (Herrmann 1969, S. 34f.). Mißverständnisse sind auch in der Wissenschaft nicht zu vermeiden. Diese Aussagen stehen aber für ein Programm, das außerdem einem Kredo zu folgen hat: die endgültige begriffliche Bestimmung des sehr allgemeinen hypothetischen Konstrukts „Persönlichkeit" kann – wenn überhaupt – erst am Ende der Persönlichkeitsforschung stehen (S. 38). Derartige Aussagen gehören zum Geschäft, weil man wohl bescheiden dastehen möchte. Aber zugleich offenbaren sie, daß eine für die Wissenschaft auf lange Sicht bedrohliche Einseitigkeit (um nicht nur zu sagen Oberflächlichkeit) Platz greift. Denn es wird das unverzichtbare heuristische Prinzip preisgegeben, daß der gesamte Problembereich, der mit dem Terminus „Persönlichkeit" grob umrissen ist, in einer *Einheit* gesehen werden kann und „einfache" Erklärungen für das Ganze nicht unmöglich sind. Die Absicht, eine Terminologie zu entwickeln, mit der es besser gelingt als mit bisherigen Konzepten,

Hypothesen unter kontrollierten Bedingungen zu überprüfen, die zudem strengen experimentellen Kriterien genügen, steht überhaupt nicht zur Disposition. Sie ist nicht nur einfach legitim, sondern sie entspringt dem Wunsch, möglichst viel von dem zu unterlassen, was uns davor schützt, von Erfahrungen belehrt zu werden. Sie verkehrt sich jedoch zur Stütze eines sturen Dogmatismus, wenn man zu ihrem Schutz, und um alle Forscher bei ihrer Stange zu halten, regelmäßig das Gespenst der Wesensschau an die Wand malt.

In dieser Situation und bei den knapp bemessenen Ausbildungskapazitäten ist das Beste, das sich erreichen läßt, ein guter Eklektizismus. Instanzen und Abwehrmechanismen nach Freud, Minderwertigkeitsgefühl und Machtstreben nach Adler, Typen nach Jung, Selbst nach Rogers, Grundbedürfnisse nach Maslow, Faktoren nach Catell, Koordinatensysteme nach Guilford oder Eysenk usw., Meß- und Skalierungsprobleme und eine Prise Gesellschaftskritik – das alles kann ein fleißiger Student heute lernen. Aber ohne Vertiefung bzw. Besinnung auf die unentbehrlichen Prinzipien, die der jeweiligen Konzeption zugrunde liegen, wird der Lernende kaum in die Lage versetzt, sich in der Praxis selbst helfen zu können. Es kommt hinzu, daß das Schlagwort vom Praxisbezug die Abschirmung vor angeblich zu viel Theorie begünstigt. Das Ergebnis ist, daß Worte wie „Bewegung des Werdens", „Prozeßgestalt" oder auch nur „Gestalt" mehr und mehr zu Begriffen ohne Anschauung geraten.

Die Theorieabhängigkeit des Revers'schen Auswertungsschemas für den TAT macht sich vor allem bei der Bestimmung des psychologischen Problems (Was) bemerkbar. Soll man die Geschichten nach Abwehrmechanismen im Sinne Freuds oder dem Minderwertigkeitskomplex im Sinne Adlers durchsehen? Möglich ist vieles. Und der erwähnte Eklektizismus verleitet zu einem Vorgehen wie im Selbstbedienungsladen. Solange es um die Interpretation jeder einzelnen Geschichte geht, ist dagegen kaum etwas einzuwenden. Im Gegenteil – man kann die Breite seines Wissens in die Praxis „einbringen". Schwierigkeiten stellen sich aber spätestens dann ein, wenn man sich an die Arbeit machen muß, einen Gesamtbefund zu erstellen, d. h. die Ergebnisse aus den einzelnen Geschichten zusammenzufassen, also eine *Längsschnittanalyse* zu erstellen. Dann muß man *eine* Einheit wählen, die der Vielheit nicht widerspricht. Ein bunter Strauß psychologischer Probleme zeugt zwar für den Kenntnisreichtum des Diagnostikers und bestätigt vielleicht die Vielfalt menschlicher Lebensäußerungen; aber es ist zumindest zweifelhaft, ob er dem Verständnis eines Charakters bzw. der Lebensschwierigkeiten des Probanden dient.

An dieser Stelle ist mit dem Einwand zu rechnen, daß eine empirisch ermittelte Sammlung immer noch besser sei als ein spekulativ gewonnenes oder gar geschautes Gesamtbild. Dieses Argument entspringt dem Glauben der Positivisten, daß man generelle Hypothesen vermeiden könne, ja müsse, um metaphysische Urteile aus dem menschlichen Denken auszumerzen. Aber es verkennt die Tatsache, daß die Frage nach dem vollständigen Wahrheitsgehalt eines Bildes unerheblich ist, daß man – wie Heisenberg meinte (1969, S. 39 ff.) – insbesondere den Hilfsmitteln, mit denen man ein Bild erdichtet, als solchen nicht zu glauben braucht (die 18jährige war noch niemals am Nordpol; das Atom ist kein Planetensystem im Kleinen; die Atome des Kohlensäuremoleküls sind nicht mit Haken und Ösen versehen und auf diese Weise miteinander verbunden) und trotzdem von der Richtigkeit des Bildes als Ganzes überzeugt sein kann. Denn man verwendet es ja nur, um etwas sehr Kompliziertes (bzw. eine Fülle sich zunächst widersprechender Erfahrungstatsachen) auf etwas sehr Einfaches zurückzuführen, um es (sie) damit zu erklären, wobei der Weg über das Verstehen läuft, das bedeutet: sicher wissen, daß man ein „inneres Getriebe" erkannt hat.

Bei eklektischem Vorgehen setzt die Arbeit mit dem Revers'schen Auswertungsschema voraus, daß der Auswerter gelernt hat, die verschiedenen Theoriensprachen, mit deren Hilfe er die gefundenen Probleme und auch Lösungen verbalisiert hat, in ein einheitliches theoretisches Konzept zu übersetzen. So weit zu erkennen ist, gehören Übersetzungsübungen nicht zur Psychologieausbildung. Die gängigen Lehrbücher tun jedenfalls so, als hätte der eine Forscher diese Entität erkannt, der andere jene usw. Sie vermitteln noch nicht die Einsicht, daß Psychologie jeweils in sprachgebundenen „Gegenstandsbildungen" (Salber 1959) existiert.

Die angesprochenen Schwierigkeiten stellen sich u. U. bereits ein, wenn man sich – was zu empfehlen ist – bei der Ermittlung des psychologischen Problems an der „thematischen Valenz" des jeweiligen Bildes orientiert. Unter thematischer Valenz versteht man den Aufforderungscharakter, den ein TAT-Bild trotz oder wegen seiner Mehrdeutigkeit hat. Es wird angenommen, daß jedes TAT-Bild auf Grund der dargestellten biographischen Grundsituation den Probanden *auffordert,* bestimmte Lebensthemen oder psychologische Probleme aufzugreifen und in seinen Geschichten zu einem Ende und zu einer Lösung zu bringen. Solche Situationen sind z. B.: Verhältnis des Kindes zu Eltern und Autoritäten, das Problem des Generationenkonflikts und der Geschwisterrivalität, das Problem der erotischen Partnerschaft, das Problem der Mutterbindung, der Abhängigkeit von Überlegenen, der Konfrontation mit dem Tod usw. Eine ausführliche Erläuterung der Valenz eines jeden Bildes ist in dem Handbuch von Revers und Taeuber (1968) gegeben. Jene Annahme ist inzwischen wohl hinreichend bestätigt. Aber auch für sie gilt: Die Valenzen (bzw. die entsprechenden Bildtafeln) sind aus den Blickwinkeln verschiedener Psychologien ausgewählt. Die Entwicklungspsychologie Freuds ist unverkennbar; ebenfalls wurde die Psychologie C. G. Jungs zu Rate gezogen. Um ein einheitliches Bild zu gewinnen, kann der Diagnostiker das nicht einfach nebeneinander stehen lassen; er muß die Übersetzungsarbeit leisten. Es kommt hinzu, daß er sich dabei im Interesse seines Probanden nicht in den Streit der Schulen bzw. Richtungen verwickeln lassen darf.

Der gangbare Weg, sich aus dem Wettkampf der Weltanschauungen, den Richtungskämpfen der Schulen und Streitereien einzelner Fachvertreter herauszuhalten, besteht darin, ein Auswertungsschema zu wählen, das mit seinen Einteilungen möglichst nahe an der Beschreibung angesiedelt bleibt. Das einzige Zusgeständnis, zu dem man sich dann durchringen muß, ist die Anerkennung der Beschreibung als eine legitime wissenschaftliche Methode.

5.4. Beschreibungsnahe Auswertung

Dieses Verfahren baut auf den Voraussetzungen auf, daß der Proband den klinischen Psychologen in einer „psychisch bedrängten Lage" aufsucht, zwar Rat und Hilfe möchte, aber eben das, woran er leidet, nicht oder nur schwer und unklar ausdrücken kann, und daß seelische „Konstruktionsprobleme" für sein Leiden verantwortlich sind, d. h. die Gründe für das eigentliche Leiden in der seelischen Organisation zu suchen sind. Durch ärztliche Diagnosen ist zuvor auszuschließen, daß ein körperlich bedingtes Leiden vorliegt. Weil diese Voraussetzungen den Rahmen für ein beschreibendes Vorgehen abstecken, ist der Rückgriff auf eine Persönlichkeitstheorie möglichst bis zum Abschluß der Diagnose aufzuschieben. Es sollte klar sein, daß dies eine pragmatische Forderung ist, die einschließt, daß der TAT-Diagnostiker seine (auch implizite) Persönlichkeitstheorie einigermaßen kennt. Eine Supervision kann dazu beitragen, in dieser Hinsicht Klarheit zu schaffen.

Die Einteilung dieses Auswertungsschemas umfaßt (nicht zuletzt aus Gründen der immanenten Kontrolle) vier Gesichtspunkte: Klagen, gelebte Methoden, Konstruktionsproblem (Bild), konkretes Handeln (Bewerkstelligen).

Klagen: Es ist festzustellen, worüber in der jeweiligen TAT-Geschichte, gleichgültig von wem, ob von einem „Helden" oder „Nebenhelden", eben geklagt wird. Mit Klagen sind die Schilderungen von Beschwerden gemeint, die auf ein Leiden zurückzuführen sind. Eine Gleichsetzung von Klagen und Leiden darf nicht vorgenommen werden. Das (eigentliche) Leiden kann aus den Klagen nur erschlossen werden.

Gelebte Methode: Es ist zu fragen und festzuhalten, nach welchen „Methoden" in den Geschichten vorgegangen, eigentlich: gelebt wird. Die Bezeichnung „gelebte" Methode soll deutlich machen, daß so etwas wie ein Kanon von „Regeln", denen die Lebensgestaltung gehorcht, aufgesucht werden soll, ohne dem Probanden ein Methodenbewußtsein unterstellen zu müssen, wie etwa die

Wissenschaft es fordern würde. Beispielsweise arbeitet auch der Künstler „methodisch", ohne seine Methode stets zu explizieren. Nicht anders *leben* Menschen wie du und ich. Dieser Gesichtspunkt ergibt sich aus der Voraussetzung, daß die menschliche Lebensgestaltung nicht willkürlich abläuft.

Konstruktionsproblem (Bild): Ist den beiden ersten Gesichtspunkten relativ leicht nachzukommen, weil Klagen und gelebte Methoden in der Mehrzahl der TAT-Geschichten fast so offenkundig sind wie die Inhalte, wird jetzt zum ersten Mal ausdrücklich jene Abstraktionsleistung gefordert, die zur Rekonstruktion eines „inneren Getriebes" führt. Dieser Auswertungsschritt ist daher nicht risikolos. Es ist deshalb zu raten, ihn zunächst nur bei jenen TAT-Geschichten zu vollziehen, bei denen man hinreichend sicher auf eine seelische Organisation (ein Muster) schließen kann, die (das) sowohl die geäußerten Klagen als auch die erschlossenen gelebten Methoden *als* Produktionen und Kunstgriffe *eines* Charakters verständlich macht. Zu einem späteren Zeitpunkt läßt sich prüfen, ob eine gefundene „Konstruktion" auch auf die Geschichten anwendbar ist, die zunächst überschlagen werden mußten, oder ob man dabei zu einer Korrektur genötigt wird. Dieser Auswertungsschritt setzt voraus, daß das seelische Geschehen komponierbar ist und daß eher Kompositionen und weniger blinde (einlinige) Tendenzen (Triebe, Bedürfnisse usw.) Lebensschwierigkeiten bereiten.

In den Fällen, in denen bereits die Einbildungskraft des Probanden seelische Verhältnisse in ein Bild gerückt hat, ist außerdem dieses Bild zu skizzieren; oder es sind Bildfragmente festzuhalten, wo kein Gesamtbild angeboten ist.

Konkretes Handeln (Bewerkstelligen): Dieser Gesichtspunkt führt den Auswerter noch einmal zurück zu den TAT-Geschichten, wie der Proband sie erzählt hat. Jetzt ist festzustellen, ob in der jeweiligen Geschichte (oder um sie herum) überhaupt konkrete Handlungen, gleichgültig von wem, ausgeführt worden sind. Hierbei ist keine besondere, risikoreiche Abstraktionsleistung verlangt. Der Auswerter muß sich lediglich fragen, ob eine Handlung geschildert worden ist, die er hier und jetzt vollständig nachmachen könnte. Wenn es beispielsweise in einer Geschichte heißt: der Junge überlegt, ob er nach draußen laufen soll, so ist das *kein* konkretes Handeln (davon ist unberührt, ob möglicherweise auf eine Fluchttendenz geschlossen werden darf), denn es wurde nicht gesagt: der Junge läuft nach draußen. Wenn dieser Gesichtspunkt Schwierigkeiten bereitet, dann deswegen, weil er nach den voraufgegangenen komplizierteren Überlegungen so einfach zu befolgen ist. Er setzt jedoch voraus, daß menschliches Handeln durch Sinnzusammenhänge (mit-)bestimmt ist, die in eine Gesamtkonstruktion eingebunden sind. Deswegen wird man schließlich mehr anstreben, als lediglich eine Sammlung von Handlungen zu erstellen. Man wird ferner zu bedenken haben, daß auf Grund von Sinnzusammenhängen konkrete Handlungen auch unterbleiben müssen (etwa bei starker Ambivalenz), oder daß Handlungen durch Handlungen regelrecht „verdrängt" werden können (wer z. B. einer Zwangshandlung unterliegt, kann eine andere Handlung nicht ausführen).

Dieser letzte schematische Auswertungsschritt kontrolliert alle vorausgegangenen. Denn es muß irgendwo ein Fehler unterlaufen sein, wenn Klagen, gelebte Methoden, vermutete Konstruktion und beobachtete bzw. ausgebliebene Handlungen nicht zueinander passen. Es ist fast überflüssig zu erwähnen, daß gerade auch dieses Schema kein Selbstzweck werden darf. Mit ihm soll nicht die Spitzfindigkeit geweckt werden, die zu Streitereien darüber führt, ob nun etwas gerade noch ... oder schon nicht mehr ... usw. usf. Wie jedes andere sinnvolle Schema auch soll es dem Scharfblick des Diagnostikers eine Stütze sein.

Diese Einstellung ist zunächst auf jede einzelne TAT-Geschichte anzuwenden. Die Ergebnisse lassen sich in einer Übersicht zusammenstellen, in der die vier Auswertungsgesichtspunkte die Spalten und die TAT-Geschichten die Zeilen bilden. Diese Übersicht ist jedoch nur sinnvoll, wenn man bei ihrer Erstellung mit Disziplin vorgeht. Das heißt:

a) Möglichst jede TAT-Geschichte soll auf die vier Gesichtspunkte hin durchgearbeitet werden (keine auslassen); aber man soll das nur mit den Geschichten tun, die dafür ausreichend Material bereitstellen (trotzdem Mut zur Lücke).

b) Einzelne Geschichten sollen nicht für sich gedeutet werden, auch wenn Anspielungen dazu herausfordern mögen (keine Schnellschußdeutungen); aber später, bei der Rekonstruktion des Ganzen (über alle Geschichten = Längsschnittanalyse), sind Deutungen zu versuchen, um sich behutsam bis an Zusammenhänge vorzutasten, von denen angenommen werden darf, daß sie sich als verbindende Muster durch alle Geschichten hindurchziehen.

c) Eintragungen in die Übersicht sind so knapp wie möglich zu halten; aber sie sind so auszuformulieren, daß sie bei späterem Lesen wieder verständlich sind.

6. Fälle

6.1. „Frau Holle"

Ehe dieser Auswertungsgang an einem Beispiel vorgestellt wird, ist eine Bemerkung aus dem Handbuch von Revers und Taeuber aufzugreifen. Dort heißt es, daß der versierte Diagnostiker aus Gründen der Zeitersparnis auf die deskriptive Übersetzung ohne Schaden verzichten könne. Aber das ist sehr wahrscheinlich kein wirklicher Verzicht. Es dürfte so sein, daß die Beschreibung mehr und mehr „im Stillen" und recht zügig praktiziert wird und man nach einiger Übung *nur* auf die ausführliche Niederschrift verzichtet. Auch wenn man schon lange mit dem TAT gearbeitet hat, stößt man immer wieder auf Geschichten, mit denen man zunächst nichts anzufangen weiß. Sie sollte man sich, um der Routine zu entgehen, häufiger wünschen. In solchen Augenblicken hilft es weiter, wenn man sich selbst ausdrücklich dazu auffordert: erst einmal sorgfältig beschreiben.

Die Probandin war ein Mädchen von 10;9 Jahren. Damit der Zugang zum Fall zunächst nur über die TAT-Geschichten gefunden werden muß, folgen weitere Angaben erst später. Die TAT-Geschichten nach den Tafeln für weibliche Probanden:

1: (Hebt hoch – stöhnt.) Der Junge sitzt an seinem Schreibtisch vor einer Geige und denkt, es sei ein doofes Ding, daß er immer drauf spielen müsse und es immer kaputt ginge und wenn er am anderen Tag drauf spielen müsse, wird es wieder kaputt gehen. (Will Tafel wegschieben). VL: Wie geht es weiter? – daß er nicht mehr hierauf spielen möchte und die Geige am liebsten kaputt schmeißen würde (knickt die Tafel fast durch). VL: Wie geht es aus? – Er hat sie doch nicht kaputt geschmissen und seinen Eltern was vorgespielt.

2: Eine Frau, die kommt wahrscheinlich von der Schule, ist Lehrerin – sieht, daß die Frau, die an dem Baum steht, sie nicht anguckt – dabei kennt sie sie doch. Sie will auch mit ihr kein Wort mehr sprechen. Und die Frau am Baum, ich glaub, ist nur neidisch denkt sie, daß sie nicht so einen guten Beruf hat. Dann macht sie sich auch weiter keine Sorgen mehr, dann haben sie sich auch wieder vertragen und wieder miteinander gesprochen.

3 GF: (Knibbelt an der Tafel.) Geht eine Frau weinend aus der Tür, denn der Mann hat sie geschlagen, geht wahrscheinlich weinend zur Mutter und erzählt alles. Vater will, daß sie nicht mehr bei dem Mann lebt, soll zu den Eltern – lebt 1 Jahr beim Mann, er hat sich nicht gebessert – ist sie doch wieder zu den Eltern gezogen. Nach 1 Jahr hat die Frau den Mann wiedergetroffen und erst gar nicht wieder angeguckt. Sie wollten erst wieder zusammenziehen – Frau wollte das nicht und blieb bei den Eltern – und wenn sie nicht gestorben sind, leben sie noch heute (legt weg und spielt).

4: Da ist ein Mann, der hat Wut auf jemanden und will ihn umbringen. Die Frau sagt: Bleib hier, sonst kommst du ins Gefängnis. Mann hat aber so Wut, hat es doch getan. Die Frau weint: Jetzt bringen sie dich ins Kittchen. Ein Mann hat das gewußt und ihn verraten (langsamer) und der Mann hat geglaubt, daß seine Frau ihn verraten hätte und wollte die auch noch umbringen (spielt) – hat es doch nicht getan. Polizei hat ihn abgeführt und dann ins Gefängnis gebracht. – Nach 5 Jahren dann wollte er zu seiner Freundin gehen und hat nochmal gesagt: Wenn ich den Kerl erwische, der mir das eingebrockt hat, daß ich ins Gefängnis gekommen bin. Hat versucht, ihn umzubringen und dann doch nicht getan – ist wieder zur Freundin gegangen, hat sie geheiratet und wieder ganz ehrlich gelebt (Tafel im Mund).

5: (Flötet, stöhnt.) Das ist ein – eine Frau, hat das Zimmer verlassen und ist einkaufen gegangen. Doch die Nachbarin hatte, die Frau hatte schon immer ein Geheimnis gehabt und da ist sie hereingegangen – Schlüssel hatte sie als Vermieterin – und da hat sie alles durchstöbert und nichts gefunden und in dem Augenblick, als sie rausgehen wollte, da kam die Frau, der die Wohnung gehörte (spielt). Die Frau, also Vermieterin, hat sich sehr erschrocken, hinter der Tür versteckt – aber es war zu spät – Frau ist reingekommen (wo war ich?) – hat Untermieterin gesehen und war sehr erschrocken und sie hat ihr gedroht, wenn sie nicht auf der Stelle ihre Wohnung verlassen würde, würde sie die Polizei anrufen.

Die Vermieterin, mit zitternden Knien, ging heulend aus der Wohnung und in ihre hinein, und sie hatte nicht gefunden, was sie wollte und die Dame, der die Wohnung gehörte, sagte sich im Stillen, was die Vermieterin in ihrer Wohnung wohl gesucht hatte. Aber bald darauf war Gras über die Sache gewachsen, und sie dachten gar nicht mehr daran und vertrugen sich (legt weg). Wie spät ist es? VL: Was suchte sie? – Ach, sie hatte gedacht, die Frau hätte irgend was geklaut. Da das aber nicht stimmte, die Frau hatte nichts geklaut, wär sie bald ins Gefängnis gekommen.

6 GF: Da bricht ein Einbrecher – bricht bei einer Dame ein, sagt: Rück raus mit dem Geld oder ich werde dich erschießen. Die Frau war ganz erschrocken und gab mit zitternden Händen dem Mann das Geld hinüber (stützt sich ab). Der Mann verschwand eiligst, und er sagte: Wenn du mich verrätst, geht es dir schlecht. Die Frau war still und verriet auch nichts. Der Mann verschwand – ein Mann hatte an der Tür gehorcht und wollte es nun der Polizei verraten. Er dachte nicht an die Frau, daß sie dabei umkommen konnte, getötet würde. Er rief die Polizei an, die kam und versteckte sich in alle Schränke, die die Frau hatte. Als der Mann dann wiederkam und wollte sie fragen, ob sie ihn verraten hatte, brachte die Frau vor Angst keinen Ton raus. Dann schnappte die Polizei den Täter und er ging für 8 Jahre ins Gefängnis (legt weg). VL: Und die Frau – hat zuhause so gelebt wie früher.

7 GF: (Hebt hoch.) Die Mutter guckt auf die Puppe, die ihre Tochter in der Hand hat. Die Mutter fragt: Was willst du denn noch mit Puppen, bist du denn noch so klein? Das Mädchen guckte die Mutter nicht an, es guckte weg. Die Mutter riß der Tochter die Puppe aus dem Arm und riß der Puppe einzeln die Arme und Beine aus. Das Mädchen war traurig und ging traurig auf ihr Zimmer. Die Mutter sagte hämisch: Das geschieht dir recht! So ging das Mädchen nach oben. Aber die Mutter und die Tochter vertrugen sich bald und die Mutter kaufte eine noch teuere Puppe und die Tochter spielte damit sehr lange. – Spielen wir das Spiel dahinten auch noch? (zeigt auf einen Testkasten)

8 GF: Es war einmal eine Frau, die verliebt war, und die Frau saß in ihrem Kämmerlein und grübelte an ihrem Freund, dachte: Schön, wenn er jetzt hier wäre. Die Frau und ihr Freund heirateten bald und bekamen 6 Kinder. Sie spielten den Eltern viele Streiche und den anderen Leuten auch. Sie sollten doch ausziehen, sagten die Leute, die ebenfalls in diesem Haus wohnten. Doch die Leute vertrugen sich leicht mit der Frau, weil sie nett und lieblich aussah und die Kinder auch, und sie meckerten auch nicht lange, waren nicht nachtragend, spielten mit den Kindern auf der Straße, selbst die alte Oma, die ganz oben wohnte. – Als sie zu Ende gespielt hatten, kamen sie hoch, und die Mutter wartete mit dem Essen.

9 GF: (Hebt hoch.) Es war einmal eine Familie, die waren auf einem Schiff. Die Töchter der Familie waren schon reichlich groß, und sie wollten nach Frankreich. Doch unterwegs kam ein Sturm auf und sie landeten auf einer kleinen Insel südlich, aber nur die Familie, die anderen Leute waren ertrunken (spielt). Sie bauten sich ein Baumhaus – darf ich auch Namen geben? – Nerry, so hieß eine der Töchter, sie hatte einen eingeborenen Jungen gesehen und sich in ihn verliebt. Doch die Schwester Susan hatte sie immer beobachtet von einem Baum aus, sie waren ja Zwillinge die Beiden, und nun ging Susan zu dem Eingeborenen hin und gab ihm eine Ohrfeige. Als Nerry wieder hinlief, wollte man sie schnappen. Die Schwester erzählte ihr, Nerry war sehr böse auf ihre Schwester, aber sie konnte Eingeborene nun mal nicht leiden. Als sie alle am Strand waren, kam ein Schiff. Sie dachten es wären Piraten – aber nein – es waren Engländer und sie kamen auf sie zu. Sie nahmen sie auf nach Frankreich und dort haben sie ihr Ziel erreicht. – Kann ich was trinken?

10: Was ist das? – Es waren einmal zwei Freunde. Die Freunde lebten zusammen in einem Zimmer. Sie gingen oft fort und machten oft Streiche. Eines Tages mußte Bill, so hieß der Kleinere, weg. Seine Mutter war schwer krank geworden und er mußte nach Österreich. Er sagte: Österreich – fahre ich gar nicht gerne hin. Aber er fuhr und sein Freund blieb. Sie sahen sich 6 Jahre nicht. Als sie sich wiedersahen, freuten sie sich und drückten sich. John fragte, wie es Bills Mutter ginge. Sie war schon wieder ganz gesund. „Ich freue mich, daß ich dich wiedersehe", sagte Bill und so lebten sie wieder wie früher zusammen.

13 MF: Mister Schmitz kam spät nach Hause und war sehr müde. Seine Frau lag schon im Bett. Er hatte einen schweren Tag hinter sich und war ziemlich müde. Er zog seinen Schlafanzug an und ging ins Bett. Am anderen Morgen, als er erwachte, schien die Sonne ins Fenster hinein. Er hatte heute frei und wollte heute einen schönen Tag mit seiner Frau erleben. Wo gingen sie hin? Ins Phantasialand . . . und so war der schöne Tag zu Ende. Sie hatten sich vorgenommen, jedes Jahr einen so schönen Tag zu machen, aber es ging nun mal nur jedes zweite Jahr. Sie waren glücklich und zufrieden und die Erinnerungen waren immer noch so schön wie damals.

16: Ein freies Bild. Es war einmal ein weißes Blatt, da schrieb man viele Gedichte drauf. Und es wurde zu einem Buch und jedermann las fast die Gedichte. Wenn einer sie nicht gelesen hätte, sollte er sie schleunigst lesen.

Das Auswertungsschema ließe sich in folgender Weise ausfüllen (siehe S. 66f.). Für die spätere Zusammenfassung (Rekonstruktion des Ganzen) hat es sich als günstig erwiesen, einige Eintragungen in Frageform vorzunehmen. Allerdings sollte man damit sparsam umgehen, weil mit einer Inflation von Fragen die Einsicht in eine Struktur wieder erschwert würde.

Der nun folgende Arbeitsgang muß darin bestehen, Schwerpunkte und Zusammenhänge herauszuarbeiten. Es ist zweckmäßig, das zunächst für jede Spalte gesondert zu tun.

Liest man in der soeben vorgestellten Übersicht die erste Spalte herunter, so findet man alles in allem *Klagen* eines Mädchens, in dem offenbar der (starke) Wunsch aufkeimt, die Familie (Vater und Mutter) zu verlassen, um „schöne" Tage gemeinsam mit einem anderen Menschen (Mann) zu verleben.

Das Mädchen schwankt. Soll ich bleiben (zurückkehren); soll ich zu dem Anderen (Mann) gehen? Es kann eine (eindeutige) Antwort nicht finden. Will sie oder muß sie sich dem Willen eines Vaters beugen und (bei den Eltern) bleiben? Welchen Willen unterstützt eine Mutter? Und das Mädchen fragt sich: Was wird geschehen, wenn Mann und Frau einander begegnen?

Es gibt Verdächtigungen und die Gewalttätigkeit eines Mannes. Männer sinnen stur (unverändert) auf Rache; ihre Wut wird auch der Frau gefährlich, obwohl es doch nötig wäre, eine Frau zu schützen. Ohne Mann wird das Gewünschte nicht eintreten, aber der Preis für das Gelingen ist wohl seine Abwesenheit. Und auch Frauen sind einander nicht wohlgesonnen. Zwischen ihnen gibt es Neid, Eifersucht und Böses. Sie spionieren hinter einander her, wollen sich ein Geheimnis entreißen (verdächtigen sich). Sogar eine Mutter

Tafel / Klagen	gelebte Methoden	Konstruktionsproblem	konkretes Handeln
1) immer wieder müssen (Anstrengung)	Widerstreben einem Objekt zuschieben	Ambivalenz des Kaputtmachens, Nachgeben demonstrieren	(Tafel fast zerstören) vorspielen
2) nur Neid (u. Ressentiment) zwischen Frauen	Neid Rivalin zuschieben; nicht angucken, kein Wort sprechen; sich wieder vertragen	anlaufende Entzweiung (zw. Frauen) wird in Versöhnung gewendet.	wieder miteinander sprechen
3) Gewalttätigkeit des Mannes; Schwanken: bei den Eltern leben oder mit einem (anderen) Mann	„Scheitern" dem Mann zuschieben; sich schützen lassen, aber auch etwas erproben wollen; nicht angucken; märchenhaftes Verweilen	Zwiespalt: Zurückgehen (in die Fam. bzw. sich dem Willen des Vaters beugen); oder mit einem anderen Mann gehen	(Attacke gegen Tafel) (nebenher spielen)
4) tödliche Wut, Rache, Verrat des Mannes; Frau gerät in Verdacht u. tödliche Gefahr; kein Wandel (5 J.)	... den Männern zuschieben? sich nicht zurückhalten oder umstimmen lassen; unmotivierte Wendung zum guten Ende	Wut, Rache keimen immer wieder auf	(nebenher spielen) Mordtaten – eher wollen als tun
5) Geheimnis einer Frau will an die andere Fr. ausspionieren (Verdächtigung); Erschrecken, zitternde Knie, Heulen	heimliches Ausspionieren (Unklarheit bleibt) drohen; „Gras über d. Sache wachsen lassen"	unaufgeklärtes Geheimnis einer Frau	(nebenher spielen) alles durchstöbern (Faden verlieren: Wo war ich?)
6) Erschrecken, zitternde Hände; Frau muß etwas (Geld) hergeben; Gewalt des Mannes; auch Rivale d. Mannes bleibt f. d. Frau gefährlich	Frau verrät nichts; Gewaltanwendung; Rücksichtslosigkeit, keine Einfühlung; formale Strafe; „... wie früher"	Rivalität zw. Männern, Frau gerät dazwischen, ihr wird etwas gewaltsam genommen (Eifersucht zw. Männern u. verborgene Liebe der Frau zu einem Mann)	(sich abstützen) einbrechen, drohen, verschwinden; an der Tür horchen, sich verstecken

Tafel / Klagen	gelebte Methoden	Konstruktionsproblem	konkretes Handeln
7) Ausbruch von Zerstörungswut zw. Mutter u. Tochter; hämische Mutter, trauriges Mädchen	...der Mutter zugeschoben; weggucken, sich wieder vertragen, so tun, als wäre nichts gewesen (unglaubwürdig)	Zerstörung von Infantilem oder infantile Zerstörungswut? Ambivalenz d. Mutter, Scheinfrieden	(ein anderes Spiel suchen) etwas auseinanderreißen
8) grübeln, es wäre schön, wenn ...	(phantastische) Wendung in Versöhnung (schließlich vertragen sich alle)	Zukunftstraum (?): nette, liebenswürdige Mutter – von allen schließlich gut aufgenommen; aber d. Mann ist nicht anwesend	Streiche machen, spielen; (mehr Traum als Wirklichkeit)
9) Eifersucht zw. Frauen (Schwestern); Rivalität in der Liebe zum Mann; etwas nicht leiden können	beobachten (spionieren); Eingrenzung auf Fam.; jmd. schlagen, den man eigentlich liebt; Wendung zum guten Ende (welches Ziel?)	Ambivalenz: etwas (Sturm) bricht los, Gefahr erwarten (Piraten) u. aufsuchen; Spaltung (Zwillinge)?	(nebenher spielen) (kann ich etwas trinken?) „Haus" bauen, ohrfeigen
10) Bindung gegen Pflicht (geg. Mu.) Freundschaft geg. Mutter	Pflicht folgen, wie ein Kind („früher") bleiben; Eingrenzung auf Jungen	merkwürdige Trennung Mutter-Kind; kindl. Freude geg. Pflicht (was wird entschärft?)	Streiche machen, fortgehen – bleiben, sich drücken
13) Arbeit macht müde; schöne, gemeinsame Tage sind selten	Wechsel in ein Land der Phantasie (Phantasialand = Freizeitpark: das Vergnügen ist vororganisiert, nicht „spontan") von schönen Erinnerungen leben	Dämpfung durch Müdigkeit; Isolierung (= seltenes Ereignis)	ins Bett gehen, (keine Einzelschritte, gleich das Ende – leben aus schönen Erinnerungen)
16) Wen interessieren meine Dichtungen?	mit seinem „Geheimnis" locken	Wer versteht mich?	Rätsel aufgeben

verliert die Beherrschung, ist „hämisch", wenn sie der Tochter etwas (Geliebtes) zerstört hat.

So steht man (als Mädchen) da – wie vor einem Rätsel. Spürt wohl ein Erschrecken, wenn das Geheimnis (der Frau) gelüftet zu werden droht – dann zittern Hände und Knie. Man heult, ist traurig, grübelt – kennt die eigenen Mittel und Kräfte noch nicht, die man in das (Liebes-)Spiel einbringen wird.

Anmerkung: Eine Schnell-Deutung wurde an der Stelle unterlassen, wo es heißt, daß die Frau unter der Drohung des Mannes „Geld" hergeben muß.

In der Spalte *gelebte Methoden* häufen sich zwei „Kunstgriffe", die offenbar zusammengehören. Seelische Regungen, vornehmlich solche, die erschrecken (Eifersucht, Neid, Widerstreben, Wut, Rache, Neugierde, Zerstörungslust, aber wohl auch Zuneigung), werden Anderen oder sogar einem Objekt zugeschoben. Dann kann man davor die Augen verschließen, braucht nicht darüber zu reden und schließlich erscheint alles wieder wie vorher; man hat sich vertragen; es ist Gras über die Sache (Attacken, Zusammenstöße usw.) gewachsen. Weil die Verschiebung nichts daran ändert, daß die Regungen da sind und immer wieder aufbrechen, und offenbar kein Einfluß auf sie zu nehmen ist, so daß man sie verändern könnte, bedarf es schon einer (phantastischen) märchenhaften Wendung (Verkehrung), um die Versöhnung wieder herzustellen. Der alltäglichen Wirklichkeit ist offensichtlich gar nichts Gutes zuzutrauen. Daher zieht man sich dann und wann in eine Phantasiewelt zurück und lebt zwischendurch von „schönen" Erinnerungen.

Alle diese Methoden, die durch formale Regelungen (z. B. Strafen) abgestützt sind, bilden zusammen ein Sicherungssystem gegen unmittelbare (spontane) Regungen. Ließe man diese Regungen (bei sich) zu, geschähe wohl etwas Merkwürdiges. Man würde jemanden schlagen, obwohl man ihn liebt. Man hat offenbar nicht erfahren, daß etwa Einfühlung auch ein Weg wäre, die entsprechenden Probleme zu bewältigen.

Das *Konstruktionsproblem,* das hinter den vorgebrachten Klagen steht und bei den angewendeten Methoden seine Schärfe nicht verliert, hat zweifellos damit zu tun, daß in bislang tragfähigen Verhältnissen ein Zwiespalt aufgebrochen ist – die alte Einheit jetzt neue Diskrepanzen hervorbringt. Es scheint nur noch einen Scheinfrieden zu geben. Die familiäre Basis droht zerstört zu werden; Entzweiung gefährdet alte Bindungen (z. B. zwischen Mutter und Tochter); ein (mehr oder weniger) geheimer Wunsch drängt an (sich einem Willen des Vaters zu beugen), der aber unerfüllt bleiben muß; für das erträumte Leben mit einem Anderen (Mann) fühlt man sich (noch) nicht ausgerüstet.

Durch die widerstreitenden Tendenzen gerät man an verschiedenen Stellen in schmerzhafte Verwicklungen und ist vielleicht sogar von der Möglichkeit fasziniert, darin mitzumischen (eigene Zerstörungswut, Aggressivität). Den Scheinfrieden erhält man durch Dämpfung (eigener zerstörerischer Tendenzen), Isolierung (seltene Ereignisse), Abspaltung (auf andere schieben) und Verkehrung ins Gegenteil (Versöhnung). Es keimt aber auch wohl die Ahnung auf, daß eine (echte) Versöhnung der gegenläufigen Tendenzen (damit z. B. Liebenswürdigkeit herauskommen kann) erst in einer neuen (veränderten) Organisation zu erreichen ist (Pflicht *und* Zuneigung).

An den *konkreten Handlungen,* die man direkt nachmachen könnte, ist nun zu überprüfen, ob die bisherigen Ergebnisse einer „inneren Wahrscheinlichkeit" gehorchen oder ob sie ebensowenig miteinander verbunden sind wie die Bestandteile einer Kollektion.

Besonders auffällig ist, daß es in diesem Fall sozusagen zwei Handlungsstränge gibt (das Handeln gespalten ist). Da sind die Handlungen, die „in" den Geschichten ausgeführt werden, und die, die nebenher ablaufen. Obwohl in den Geschichten viel von Gewalttätigkeit die Rede ist bis hin zu Mordtaten, wird doch vor den Augen des Zuhörers ziemlich wenig ausgeführt. Es gibt zwar Spektakel (Einbrechen, Drohen, Verstecken usw.), aber die Angriffe scheinen eher nur gewollt zu sein, als daß sie getan würden. Merkwürdigerweise wird um so mehr getan, je unwirklicher die Lage ist (in Träumereien). Freilich nehmen die Handlungen zu, wenn Frauen die Szene bevölkern (Durchstöbern, Auseinanderreißen). Sobald Mann und Frau etwas miteinander auszutragen haben, geraten die Geschichten zu Dramatisierungen, ohne daß die entscheidende Tat geschieht. Was man „in" den Geschichten vermißt, das bekommt man nebenher schon etwas deutlicher zu sehen. Testtafeln werden beinahe zerstört; nach einem anderen Spiel wird Ausschau gehalten; nach einer direkten Befriedigung wird gefragt (Trinken). Und es ist eine Fehlleistung zu beobachten (Faden verloren), die darauf schließen läßt, daß bestimmte Zusammenhänge unterbrochen werden sollen.

Wenn die Auswertung der TAT-Geschichten diesen Stand der Zusammenfassung erreicht hat, rückt der Zeitpunkt näher, an dem eine bestimmte Theorie herangezogen werden muß, damit das Problem des Probanden diagnostiziert werden kann. Wenn gelten darf, daß verschiedene psychologische Theorien in etwa den gleichen (objektiven) Sachverhaltsbereich meinen, dürfte es nicht unmöglich sein, die TAT-Ergebnisse vor dem Hintergrund verschiedener Theorien aufzuarbeiten. Wenn dafür in Lehrbüchern die Beispiele fehlen, hat das viele Gründe. Einer davon dürfte sein, daß es außerordentlich schwer ist, mit unterschiedlichen Theorien gleich gründlich an ein und demselben Problem zu arbeiten, da man beim Erwerb nahezu jeder psychologischen Theorie, die etwas auf sich hält, auch die Widerlegung einer anderen eingeübt hat. Und das überträgt sich auf die Bearbeitung der Sachverhalte. Es sei nur auf die unterschiedlichen Auffassungen über den Begriff des Unbewußten hingewiesen. Für die eine Theorie – um die Extreme zu nennen – wird damit *die* psychologische Entdeckung überhaupt benannt, für die andere ein irreführender und unnötiger Mythos. In der Annahme, daß die bisherigen Zusammenfassungen im wesentlichen akzeptiert werden können, sollen nun verschiedene Versionen einer theoretischen Bearbeitung skizziert werden. Das können nur Skizzen sein, weil es kundigeren Vertretern der jeweiligen Richtung überlassen bleiben muß, Korrekturen und Weiterführungen vorzunehmen.

Aus verhaltenstheoretischer Sicht braucht man lediglich einzuräumen, daß TAT-Geschichten Aufschlüsse über *Lernerfahrungen* in bestimmten Lebenssituationen erlauben – in jenen, die durch die TAT-Tafeln bzw. ihre Valenzen angedeutet sind. Es bietet sich dann folgende Diagnose an: Die (gelebten) Methoden werden neue, notwendige Anpassungen vor allem in Situationen, die mit dem Wort „Partnerschaft" zu umreißen sind, behindern. Beispielsweise ist schwer vorstellbar, wie bei aufbrechenden Interessengegensätzen mit ständigem Sich-wieder-Vertragen Kooperation und Interessenausgleich zu erreichen sind. Es lassen sich nicht nur unerwünschte Verhaltensweisen beobachten (Drohen, Schlagen, Verraten, Weggucken); es muß auch angenommen werden, daß Lerndefizite vorliegen (es fehlen Verhaltensweisen, die mit Worten wie Einfühlung, Hilfestellung, Verständnis zu kennzeichnen sind). Für beides müssen Lernbedingungen und Verstärker, die in der Familie vorhanden sind, verantwortlich gemacht werden („belohnt" wird beispielsweise das Sich-wieder-Vertragen). Nimmt man zum Maßstab, was man heutzutage als eine befriedigende Partnerschaft (bzw. als die entsprechenden erwünschten Verhaltensweisen) ansehen möchte und berücksichtigt man außerdem, welche Lernerfahrungen einer 10;9jährigen vermittelt werden sollten, so wird man allein aus Gründen der Prophylaxe den Abbau der „Verstärker", die heutiges Fehl- bzw. Problemverhalten aufrecht erhalten (z. B. die permanente Erwartung von Gewalttätigkeit), und überhaupt eine Veränderung der familiären Lernbedingungen vorschlagen müssen (eine Umorganisation der Verstärkerkontingenzen), damit das Verhaltenspotential für situationsgerechtes Verhalten genutzt und dieses an die Stelle bisherigen Vermeidungsverhaltens gesetzt wird.

Vor dem Hintergrund der Freud'schen Theorie wird man diagnostizieren müssen, daß die TAT-Geschichten durchweg von sehr heftigen ödipalen Rivalitäten handeln und davon, daß es nicht gelingt, damit in einer Weise umzugehen, die es künftig erlauben wird, befriedigende Beziehungen einzugehen. Facetten der ödipalen Problematik werden recht konsequent durchgespielt: Gefährlich sind die aggressiven Tendenzen, insbesondere die eigenen, da sie die Geborgenheit in der Familie zu zerstören drohen; man muß mit Strafen rechnen, hofft jedoch auf Nachsicht und Versöhnung; die „Aggression" wird anderen zugeschoben oder in „Heilung" verkehrt; es gibt bohrende Zweifel an der Erfüllbarkeit inzestuöser Sehnsüchte. Und es kommt eine Not zum Ausdruck, weil die Grenzen der Abwehr und der Umstand spürbar sind, daß der ambivalente Charakter gewisser Tendenzen nicht aufhebbar ist: Anlaufende Diskrepanzen können nicht aufgefangen werden (Streitereien, Rivalitäten brechen immer wieder aus); man möchte klein (infantil) bleiben und setzt sich gerade dadurch dem Sturm von Auseinandersetzungen unter Erwachsenen aus; das Ausspionieren eines „bösen" Geheimnisses (provozierte Neugierde) bleibt selbst etwas Böses (ruft Scham hervor); man ahnt einen Ausweg (Wahl eines Liebesobjekts außerhalb der Familie), doch behagt gerade dieser Ausweg nicht.

Auch diese Diagnose läßt wenigstens prophylaktische Maßnahmen dringend geboten erscheinen. Man sollte Testergebnisse nicht dramatisieren und in diesem Fall berücksichtigen, daß die Probandin sich in einem noch unentschiedenen Entwicklungsstadium (dem Ende der Latenzzeit) befindet. Trotzdem ist nicht hinreichend sicher auszuschließen, daß eine neurotische Entwicklung Konturen anzunehmen beginnt, die den Namen Hysterie (im klassischen Sinne) verdient: Sehr auffällig ist das Inszenieren von Versöhnung, obwohl Zerstörungswut andrängt, um damit die Umgebung zu manipulieren und sich ihren (Gegen-)Attacken zu entziehen; unzulässige heftige Erregungen (Affekte) werden nebenher abreagiert (agiert), der übliche (normale) Ausweg ist ihnen versperrt (Attacken gegen TAT-Tafeln); es gibt eine Neigung zu tagtraumähnlichen Phantasien, deren erotische Natur zwar nicht direkt, aber doch in Anspielungen erkennbar ist (dadurch sind die Phantasien von Schuldgefühlen freigehalten); Befriedigungen scheinen auf regressivem Weg gesucht zu werden (Spielen, Trinken); und es lassen sich Konversionserscheinungen nicht ausschließen (Erregungen oder Belastungen werden in andere körperliche Reaktionen, z. B. Durst, umgesetzt).

Aus der Sicht der Adler'schen Psychologie wird man annehmen müssen, daß das Hauptproblem, das die TAT-Geschichten behandeln, die Unsicherheit darüber ist, was im Leben einer Frau Überlegenheit („Macht", Obensein) bedeutet. So weit es die Männer betrifft, scheinen sich klare Linien abzuzeichnen: Gewalttätig verfolgen sie stur ihr Ziel. Sind sie Rivalen um die Aufmerksamkeit (Gunst) der Frau, so gerät diese zwischen die Fronten und nur ein erneutes Aufgebot von (noch mehr) Macht kann ihr Überleben sichern. Frauen, auch Mutter und Tochter, erweisen sich keineswegs als Verbündete, die einander beistünden. Neid, Eifersucht, Mißgunst machen sie zu Feindinnen. Für diese Charakterzüge sind sie sensibilisiert. Sie spionieren hintereinander her und verfolgen sich mit Verdächtigungen. Auch einer Schwester ist (in der Fremde) nicht über den Weg zu trauen. Zur Kompensation des Minderwertigkeitsgefühls hat sich offenbar ein Lebensstil herausgebildet, der etwa so in Worte zu fassen ist: Wenn ich bedrängt und angegriffen werde (und das droht so ziemlich von allen Seiten möglich zu sein) und auch mir zum Angreifen zumute ist, dann sichere ich mein Persönlichkeitsgefühl mit dem Kunstgriff der Versöhnung und tue so, als sei nichts gewesen. Meine aggressiven Neigungen werden schon nebenher und von alleine einen Ausweg finden. Die schlimmen Charakterzüge (Neid usw.) erwarte ich gleich, dann können sie mich nicht überraschen. Ferner gibt es Hinweise auf eine Phantasietätigkeit, die einen der realen Welt entfremdet (das Land des Glücks ist nicht von dieser Welt, es ist im Phantasialand), und Anzeichen für ein Arrangement von Müdigkeit, um sich möglichen Forderungen an die eigene Geschlechtsrolle zu entziehen. Die leitende Fiktion könnte in folgender Formel ihren Niederschlag gefunden haben: Aus mir würde ja eine liebenswürdige Frau und Mutter, wenn alle jene Feindseligkeiten nicht aufbrächen, aber sie brechen immer wieder auf – nur sehr selten gibt es schöne Tage ohne sie.

Schließlich muß von einer Beziehung des Kindes zu den Eltern ausgegangen werden, die es dem Mädchen nicht erlaubt, ein realistisches Bild von der Umwelt, die jenseits der Familie existiert, zu erhalten. Es gibt zwar keine Hinweise auf Verwöhnung, Verhätschelung, Vernachlässigung, wohl aber darauf, daß das Kind in mehr oder weniger geheime Feindseligkeiten, die es nicht versteht, hineingezogen wird. Selbstverständlich ist auch aus der Sicht dieser Diagnose auf die Einleitung entsprechender Veränderungen (Ermutigung zu kooperativem und konstruktivem Verhalten) hinzuwirken.

Wie gesagt, stehen diese Diagnosen unter dem Vorbehalt der Überprüfung durch Experten der jeweiligen theoretischen Richtung. Auch berücksichtigen sie noch kein Material aus der Anamnese bzw. einem Erstgespräch, so daß sie in dieser Hinsicht als Blinddiagnosen gelten müssen. Es war bisher nur beabsichtigt zu zeigen, daß die Zusammenfassung der Ergebnisse einer TAT-Auswertung zwar des Rückgriffs auf eine psychologische Theorie bedarf, weil sonst ein einheitliches Gesamtbild schlechterdings nicht zu entwerfen ist, es aber überhaupt keinen Grund dafür gibt, einer Theorie unbedingt den Vorrang einzuräumen. Jeder Diagnostiker wird mit der Theorie die besten Resultate erzielen, die ihm vertraut ist. Außerdem wird vor dem Hintergrund der gegebenen Skizzen leicht nachzuvollziehen sein, daß ein eklektisches Vorgehen (der fliegende Wechsel der Theorien innerhalb eines Befundes) sehr problematisch sein muß. Dadurch entsteht kein Gesamtbild, obwohl man es mit *einem* Fall zu tun hat. Dieses Vorgehen gliche eher dem Versuch, Puzzlesteine zusammenzufügen, die zwar von Bildern ein und desselben Gegenstandes angefertigt sind, ihn aber aus unterschiedlichen Perspektiven zeigen.

Während der bisherigen Ausführungen ist vielleicht das „Bild" vermißt worden, das auch die Verhältnisse veranschaulichen könnte, die in den TAT-

Geschichten der 10;9jährigen offenkundig geworden sind. Wie schon erwähnt (Kap. 1), wird diese Arbeit keineswegs immer vom Probanden selbst übernommen. In der Mehrzahl der Fälle hat sie der Diagnostiker zu leisten. Das unverzichtbare Handwerkszeug ist seine Theorie. Mit Abstinenz in Sachen Theorie mag zwar der Anschein von Sachlichkeit gewahrt sein, aber es gelingt dann kaum, eine Vielfalt von Gegebenheiten als einheitlich zusammenhängend zu erkennen. Eine Theorie liefert dazu die abstrakten Begriffe. Die Veranschaulichung muß jedoch mit anderen Hilfsmitteln bewerkstelligt werden. *Bilder,* die die Einbildungskraft hervorbringt (vgl. Kap. 3), können hierzu nützlich sein. Die Sprache der Bilder und Gleichnisse stellt zwar nie genau dar, was (aus dem Blickwinkel der strengen Wissenschaft) gemeint ist (Heisenberg 1969, S. 241 ff.), aber gleichwohl beschreibt sie zentrale Ordnungen, die wir aufsuchen, um jenen Teil der Wirklichkeit zu *verstehen,* der in unserer Lebensgestaltung eine Hauptrolle spielt. Einem Positivisten mag das wie ein Rückfall in vorwissenschaftliches Denken erscheinen. Aus seiner Sicht ist das nicht unbedingt falsch. Nur, das bedeutet die Preisgabe des Verstehens.

Zur Veranschaulichung psychologischer Entwicklungsprobleme – das ist in jüngster Zeit mehrfach gezeigt worden (vgl. insbesondere Bettelheim 1975) – bieten sich Märchen bzw. Märchenmotive an. Sie tun das nicht etwa, weil sie Kindergeschichten erzählten. Sie haben wohl auch den Erwachsenen ernsthafte Mitteilungen zu machen; denn sie sind – das ist heute allgemein akzeptiert – ursprünglich nicht für Kinder erdacht. Märchen bieten sich an, weil sie selbst eine Entwicklungspsychologie enthalten (Rosenkötter 1980) bzw. davon erzählen, wie man einen seelischen Haushalt führen kann (Wittgenstein 1965). Die Veranschaulichung mit Hilfe von Märchen gibt außerdem Gelegenheit, eine Entwicklungsproblematik zunächst aus einer gewissen Distanz zu einer speziellen Theorie zu beleuchten.

Im Fall der 10;9jährigen erscheint es nicht ganz leicht, jenseits einer speziellen psychologischen Theorie eine Veranschaulichung wichtiger seelischer Verhältnisse mit einem Märchen zu geben, weil die TAT-Geschichten kaum direkte Hinweise enthalten (wohl den allgemeinen, daß märchenhafte Wendungen erwünscht sind). Der Diagnostiker muß hier allein das Risiko tragen. Es wäre aber falsch, an dieser Stelle den Mythos von der Intuition zu beschwören. Dieses geheimnisumwitterte Vermögen dient meistens doch nur als ein Alibi dafür, daß man die Arbeit nun einstellen möchte. Im vorliegenden Fall braucht man nicht ganz ohne Netz zu „spekulieren". Es gibt Anspielungen, und man braucht lediglich den Mut, sie – probeweise – zu „deuten".

Unstrittig ist wohl, daß die TAT-Geschichten Andeutungen über gegenläufige Entwicklungen sowohl bei einer Mutter als auch einer Tochter machen. Die Mutter liebt die Tochter als ihr Kind, möchte aber zugleich, daß die Tochter nicht ständig Kind bleibt; und die Tochter möchte als Erwachsene genommen werden und zugleich Kind bleiben. Die Frage ist, warum das nicht passend zu machen ist, denn keine der beiden Figuren erwartet oder will etwas, das die andere nur verweigert. Es dürfte kaum eine Aufgabe leichter erscheinen, als in diese Verhältnisse eine „einfache" Ordnung hinein zu bringen. Die beiden müßten sich nur darüber einigen, in welcher Lage welche Entwicklung akzeptiert wird und umgekehrt. Aber eben das will nicht gelingen. Für zwei mögliche Gründe gibt es Andeutungen: Einmal sind da die Männer, die Verwirrung stiften, weil das so ihre (verführerische) Art ist und weil ein Unterschied zwischen ihnen leicht aus den Augen gerät (ein Mann ist der Vater). Zum anderen bereitet die Handhabung irgendwelcher Dinge Schwierigkeiten (man fummelt so nebenher an etwas herum). Bei näherem Hinsehen sind es aber vielleicht nicht bloß Dinge, sondern eher Werkzeuge (Methoden), in deren Handhabung man (noch) ungeübt ist (außer in der einen: so tun, als sei nichts gewesen).

So weit wird man sich also auf die TAT-Geschichten berufen dürfen. Die Frage bleibt: In welchem Märchen werden solche Probleme vorgestellt und behandelt? Sieht man sich entsprechend um, so scheint sich einem sogleich eine neue Unstimmigkeit in den Weg zu stellen. Es gibt zwar Märchen, die von Töchtern sprechen, welche auf einen bestimmten Weg geraten, weil sie so oder so dazu gedrängt werden, und wo es eben von der Handhabung gewisser Dinge abhängt, was am Ende dabei herauskommt, nämlich Gold oder Pech; aber in diesen Märchen: Frau Holle, Goldmarie und Pechmarie, gibt es keine Männer (nur eine Witwe mit Töchtern). Wen das nun veranlaßt, es sogleich mit einer Deutung zu versuchen, der könnte (und müßte) zu dem Ergebnis gelangen, daß eben die ganze peinliche Vaterproblematik (Inzestwunsch, Penisneid) gründlich verdrängt sei, so gründlich, daß sogar das Märchen sich über alle diese brisanten Dinge ausschweigt (denn es ist ja zumindest eine sekundäre Bearbeitung). Das klingt plausibel. Aber was bringt das dem Diagnostiker, der das aus seiner Theorie ja ohnehin schon alles weiß? Er wird sich fragen müssen, ob es hier primär um die verführerischen Väter geht oder um die Not eines heranwachsenden Mädchens, das spürt, wie es entwicklungsbedingt und unbarmherzig auf einen Weg gerät, der es nur dann zu einem guten Ziel führen wird, wenn es eben die Handhabung gewisser Dinge, die Erfüllung gewisser Aufgaben, die Kenntnis gewisser Vorgänge in angemessener Weise zu „lernen" bereit ist. Wenn das Märchen, um sich zu beschränken, die Männerperspektive beiseite läßt, tut es das vielleicht ja auch, um diesem Mädchen zu sagen: Erwarte nicht, daß die Männer besser werden, sondern fasse das an, was Du zu tun hast und tun kannst, dann werden die schönen gemeinsamen Tage auch mit einem Mann nicht so selten sein, wie Du noch heute, weil Du noch unerfahren und ungeübt bist, befürchten mußt.

Der Frage, wie denn nun die Äpfel, der Backofen, das Betten-Schütteln zu deuten sind, braucht hier nicht nachgegangen zu werden. Es mögen dabei „tiefere" Probleme zum Vorschein kommen. Hier sei jedoch zu bedenken gegeben, daß das Risiko steigt, wenn man die Arbeit mit der Deutung solcher Einzelheiten beginnt. Am wenigsten ist ihretwegen ein bestimmtes Märchen zu bevorzugen. Das Ziel muß sein, das *ganze* Material „zum Sprechen zu bringen", um das „innere" Bildungsprinzip einer Lebensgestaltung zu erkennen. Für die Deutung von Einzelheiten bleibt dann gültig, daß sich in ihnen Aspekte des Ganzen versinnbildlichen.

Eine weitere Anmerkung ist zu machen. Das Märchen wurde aus der Perspektive des Falles, seiner TAT-Geschichten, ausgelegt, nicht umgekehrt. Das heißt: Es wird nicht behauptet, daß es ausreicht, die symbolischen Darstellungen des Märchens „Frau Holle" für sich zu deuten, um die „Leiden" der 10;9jährigen zu verstehen. In der tiefenpsychologischen Literatur vorgeschlagene Märchendeutungen könnten ein solches Vorgehen begünstigen. Vielmehr wird zuerst und originär überlegt, welche Problematik das Märchen behandeln könnte, wenn man es als eine Geschichte liest, in die diese Probandin verstrickt ist. Diese Wendung ist für das rekonstruierende Vorgehen charakteristisch. Es möchte möglichst wenig Erklärungen an den Fall herantragen, sondern Erklärungen aus dem Fall entwickeln, die im Austausch mit anderen Materialien, bevorzugt mit Märchen, zu präzisieren sind.

Es versteht sich von selbst, daß es im Leben der Probandin nicht so zugeht wie in ihren TAT-Geschichten. Geschichten sind *als* Geschichten zu nehmen. Unter dieser Maxime steht die TAT-Auswertung. Wie mehrfach dargelegt, interessiert dabei „lediglich" die Frage, ob mit Hilfe von TAT-Geschichten verbindende Muster (Organisationen seelischer Verhältnisse) zu erkennen sind, die auf die Lebensgestaltung „übertragen" werden dürfen, um dort auftretende Schwierigkeiten zu erklären. Diese Übertragung darf sich nicht mit einer Eins-zu-eins-Übersetzung begnügen (was in TAT-Geschichten vorkommt, findet man auch im Leben wieder). Wegen der Unterschiede, die es notwendigerweise gibt, und sei es, weil in Geschichten etwas ausgeführt wird, das im Leben aus vielerlei realen Gründen unterbleibt, ist ein Vergleich besonderer Art durchzuführen. Es ist die „Methode des doppelten oder vielfachen Vergleichs" anzuwenden, die eine zusätzliche Dimension enthüllt (Bateson 1979, S. 111). Wie man nach dieser Methode arbeitet, läßt sich im einzelnen vielleicht an folgendem Detail verdeutlichen. Die TAT-Geschichten der 10;9jährigen legten die Hypothese nahe, daß das Mädchen dazu neigt, Lebensschwierigkeiten durch Magie oder Zauberei (märchenhafte Wendungen) zu beheben. Es ist nun nicht erforderlich, in ihrem Leben entsprechende Vorkommnisse auch nachzuweisen. Sollte es sie geben, ist es um so besser. Jene Hypothese ist jedoch bereits bestätigt, wenn festzustellen ist, daß im Leben des Mädchens mit Schwierigkeiten und Konflikten so umgegangen wird, als ließen sie sich durch Magie oder entsprechende Vorkehrungen beheben, obwohl das Mädchen selbst das alles eher für Unsinn hält. Diese Vergleichsmethode erlaubt es in diesem Fall, gezielt danach zu forschen, ob für die Lebensgestaltung gilt, daß zwei „Seelen" (Magie und Vernunft) in einem Charakter am Werke sind, bzw. ob die Lebensgestaltung als etwas Einheitliches verständlich wird, wenn man ihr ein solches Paradox zugrunde legt. Im Vorgriff auf die Lebensdaten, die sogleich mitzuteilen sind, darf diese Frage bereits jetzt bejaht werden. Es ist anzumerken, daß sich auch unterschiedliche Terminologien nach der Methode des doppelten Vergleichs anwenden lassen. Auch für die Überprüfung des TAT – darauf ist zurückzukommen – bietet sie sich an.

Aus dem Leben der 10;9jährigen ist mitzuteilen: Zum anamnestischen Gespräch erscheint nur der Vater (kaufmännischer Angestellter). Er entschuldigt die Mutter (Hausfrau) mit einem heftigen Migräneanfall. Zur Familie gehört auch eine 13jährige Tochter, die in dem Gespräch dann kaum noch erwähnt wird. Die jüngere Tochter solle jetzt einem Psychologen vorgestellt werden, weil sie mehrere körperliche Beschwerden habe – Übelkeit, Erbrechen, Kopfschmerzen, niedriger Blutdruck, blaue Lippen –, für die trotz Konsultation mehrerer Ärzte keine körperlichen Ursachen gefunden worden seien. Ein Nervenarzt habe ein Medikament verschrieben, aber danach sei nur noch etwas hinzu gekommen: eine Starre der Hände, Arme, Beine. Sie ist jetzt auch vom Turnunterricht befreit worden.

Sonst wird als größtes Problem, über das auch die Tochter klage, angegeben, daß sie zu dick sei. Sie wolle nicht mehr richtig essen und stehe oft vor dem Spiegel. Sie habe Angst, Wasserhähne anzufassen, in den Keller zu gehen und daß den Eltern etwas Schlimmes passieren könne, wenn sie ungehorsam sei. Sie glaube auch, vom Teufel besessen zu sein und höre Stimmen, die aus ihrem Bauch kämen.

In der letzten Zeit (¾ Jahr) haben auch die Schulleistungen nachgelassen (sie besucht eine Realschule; mit dem HAWIK wurde ein IQ von 116 gemessen). Die Lage habe sich zugespitzt, weil sie kaum noch eine Klassenarbeit mitschreiben könne. Sie bekomme kurz vorher heftige Bauchschmerzen und müsse sich erbrechen. Es ginge nur noch, wenn man sie mit einer Arbeit überrasche.

Über frühere Erkrankungen gibt der Vater an: Vor 4 bis 5 Jahren ist sie vom Balkon (3,5 m tief) gefallen. Man habe (auf Röntgenaufnahmen) nichts feststellen können. Vor ca. 3 Jahren gab es die Blinddarmoperation. Dabei seien falsche Fäden benutzt worden; die mußten heraus eitern; 3 Monate habe es Schwierigkeiten gegeben. Er, der Vater, meine, es seien immer noch Fäden drin. Er hatte, um die Lage zu bessern, einen Wünschelrutengänger hinzugezogen. Auf seinen Rat hin, ist das Bett der jüngeren Tochter verschoben worden – „und es war besser".

Die sexuelle Aufklärung hätten beide Töchter früh erhalten. Damit habe man in der Familie keine Schwierigkeiten. Vor allem ihm (dem Vater) mache es nichts aus, nackt durch die Wohnung zu gehen. Ferner berichtet er, daß die 10;9jährige noch in seinem Bett schlafe. Sie liege auch dabei, wenn er seine Frau streichelt. Wenn er mit seiner Frau „was anfange", dann „zischt" sie (die Tochter) ab, „als wenn sie was erwischt hätte". Er meint, das könne doch nicht Eifersucht sein.

Einmal habe er sich vergessen und die Tochter am Kopf geschlagen, sich aber danach tausendmal entschuldigt. In der Familie gäbe es keinen Krach – nur manchmal. Sie seien eine gute Familie, die zusammenhielte wie Pech und Schwefel.

Das Mädchen, das am Tage darauf von der Mutter zur Testaufnahme gebracht wird, einen etwas biederen Eindruck macht und als körperlich stabil bzw. kräftig, aber nicht dick zu beschreiben ist, gibt folgende Darstellung: Sie sei krank, ihre Schwester, die eigentlich ganz nett sei, nicht. Sie ärgere sich öfter über ihren Cousin; der gebe immer so an; sie stritten sich; er ist der Sohn der Tante, die im selben Haus wohnt und die eigentlich ganz nett sei. Die schönen Bilder, die sie (die Probandin) malt (es handelt sich um farbige Klecksfiguren, wie sie z. B. beim Rorschachtest verwendet werden), müsse sie zerreißen; ein inneres Gefühl sage, sonst passiere etwas mit ihren Eltern und der Tante. Sie bekomme dann Angst, „das quält dann so". Sie risse sich zusammen; das Gefühl sage dann: „Nächstes Mal passiert etwas." Das Gefühl sage auch, sie wäre zu dick. Das störe sie. Wenn sie sich angezogen hat, müsse sie vor dem Spiegel stehen, im Pullover, im Anorak. Sie ginge weg (vom Spiegel), müsse aber wiederkommen. Das sei ein doofes Gefühl. Sie merke das Gefühl so in der Magengegend. Sie erwähnt auch die Kopfschmerzen (in der Stirn, an den Seiten, mit brennenden Augen). Nach den Teufelsstimmen befragt, reagiert sie ausweichend, merkt nur an, daß der Teufel einen ja nur zum Schlechten führen wolle.

Sie bestätigt, daß sie gelegentlich bei den Eltern „in der Mitte" schlafe, und fügt hinzu: „Bei denen ist es unten dann schon heiß." Sie teilt auch mit, daß sie schon 'mal daran gedacht habe, sich vom Dach zu stürzen, und fügt hinzu: Als sie damals von der Dachterrasse gefallen ist – das sei nicht extra gewesen. Streit? Vater und Mutter brüllten schon 'mal; sie versuche dann, daß sie sich wieder vertragen. Die Eltern sagten, . . . kommt in den besten Familien vor. Sie erwähnt nochmals die Tante. Die trinke abends, sei dann wütend, brülle. Das Mädchen bricht dieses Thema ab: „Ich habe mir darüber keine Gedanken gemacht."

Man braucht kein engagierter Anhänger der Freud'schen Tiefenpsychologie zu sein, um in dem Material der Gespräche eine Reihe von Anspielungen zu entdecken, die kaum eigens gedeutet zu werden brauchen. Inzestuöse Verführungen werden, nur schwach kaschiert, agiert. Man fragt sich allenfalls, ob der Vater so ahnungslos ist, wie er auftritt. Ebensowenig kann man es unterlassen, an (geheime) Arrangements zu denken, wenn man hört, wie durch „Krankheiten" etwas gebremst wird, was aus vermeintlicher Liberalität in Gang gehalten oder gebracht werden soll, und wie damit zugleich neue Schauplätze entstehen, auf denen etwas (eigentlich dasselbe in verwandelter Gestalt) weiter ausgetragen werden kann. Es ist ferner schwer zu übersehen, wie gut die Rollenverteilung in der Familie funktioniert. Die Domäne der Frauen sind dramatische Somatisierungen; der Vater „operiert" mit magischen Beschwörungen. Handelte es sich nicht um reale menschliche Schicksale, wäre man versucht zu sagen, daß diese Familie ein Kunststück gut beherrscht. Obwohl doch einiges aus dem Gleichgewicht geraten zu sein scheint, gelingt es ihr, den Schein einer guten Familie zu wahren. Jedoch machen die Zuspitzungen in der Symptomatik der jüngeren Tochter es jetzt erforderlich, neue „Kunstgriffe" anzusetzen, um den drohenden Pannen zu begegnen. In Anlehnung an die Adler'sche Psychologie wird man ferner feststellen müssen, daß der Kampf um Positionen der Überlegenheit (des Obenseins) an mehreren Fronten tobt und nur mühsam hinter einer Fassade der Friedfertigkeit (des Sichvertragens) verborgen gehalten wird. Vornehmlich ist er in den Lebensbereich hineingezogen worden (Erotik, Sexualität), in dem Frauen „Kunstgriffe" (unbewußt) zur Verfügung stehen, mit denen sie sich Anforderungen des Mannes widersetzen und seine Ansprüche sabotieren können. Auch ein Verhaltenstheoretiker wird bestätigen können, daß die Familienmitglieder Konzepte über sich selbst und die Welt entwickelt haben, die der Korrektur bedürfen, wenn für die Zukunft des Mädchens angemessene Anpassungen an die Alltagsrealität wünschenswert erscheinen.

Vor dem Hintergrund des Märchens „Frau Holle" ließe sich nun sagen, daß die 10;9jährige Tochter der Gefahr ausgesetzt ist, auf den Weg einer „Pechmarie" zu geraten. Vom Vater wird ein (erotisches) Verlangen geschürt, dem das Mädchen nicht direkt nachgeben darf. Eine harmonische Frauengemeinschaft, die das Mädchen schützen und stützen könnte, gibt es wohl nicht. In der von magischer Beschwörung (Verführung und Bremsung) geprägten Familienatmosphäre will es dem kräftigen Mädchen nicht gelingen, die Unannehmlichkeiten und Mühen des „Lernens" auf sich zu nehmen, um auf diesem Weg, der in jener Atmosphäre überhaupt nicht attraktiv sein kann, Ablösung und Autonomie zu erreichen. Dennoch wehrt sich das Mädchen mit seiner Symptomatik (zwanghaft) gegen den Weg der Pechmarie. Es ist gleichsam eine (durch Tabus) verhinderte Goldmarie.

Der Leser wird nun selbst beurteilen können, welchen Beitrag der TAT in diesem Fall zur Diagnose leisten kann und wo seine Grenzen liegen. Die

Erwartungen wären unangemessen, wenn man darauf hoffen würde, daß sich mit dem TAT etwas aufspüren ließe, das in Gesprächen sonst überhaupt nicht zu ermitteln wäre. Es ist realistisch, vom TAT zu erwarten, daß er in Ergänzung mit anderen diagnostischen Verfahren einen wesentlichen Beitrag zur Prägnanz des diagnostizierten Gesamtbildes leistet. Er erlaubt schon mehr als lediglich die Feststellung: „Ja, so ist es." Da das Anamnesematerial in der Regel als lückenhaft und mitunter sogar tendenziös eingeschätzt werden darf, sind einige Gesichtspunkte der TAT-Diagnose in einem Nachgespräch zu überprüfen.

Im vorgestellten Fall war es geboten, insbesondere zwei Gesichtspunkte noch einmal aufzugreifen: das Problem des Geheimnisses und der Gewalttätigkeit. Während der zweite Gesichtspunkt schon in der Anamnese hinter der Fassade des guten Scheins zu erkennen war – aber immerhin bleibt zu prüfen, ob von einer Fassade überhaupt gesprochen werden darf –, ist die Angelegenheit mit dem Geheimnis dort gar nicht berührt worden. Läßt man dahingestellt, daß man sehr allgemein von dem Geheimnis des Frauwerdens sprechen könnte, so sind in dem Nachgespräch außerdem sogar konkrete Vorkommnisse bekannt geworden, über deren Bedeutung nicht lange spekuliert zu werden braucht. Die 10;9jährige Tochter hatte bis vor kurzem ein Tagebuch geführt. Die Mutter hatte dieses Buch heimlich an sich genommen und gelesen, ihre Neugierde aber nicht für sich behalten. Daraufhin hat die Tochter ihr Tagebuch *zerrissen*. Sie zerreißt also etwas (Klecksbilder, Tagebuch), worin etwas zum Ausdruck kommt (bzw. kommen könnte), zugleich ist das eine Demonstration, die nun wirklich nicht zu übersehen ist.

Das Thema Gewalttätigkeit, verschmolzen mit moralischer Verurteilung, ist weniger nur latent vorhanden und drängt mehr auf Manifestationen, als man nach den ersten Gesprächen vermuten möchte. In der Luft liegt ein heftiger Erbstreit des Vaters mit seinem Bruder (dem Mann der oben erwähnten Tante). Wird dieses Thema direkt angesprochen, reißt es den Vater zu einer massiven Drohung hin: „... wenn der ..., dann gibt es Mord und Totschlag." Und fast im gleichen Atemzug richtet er schwere Anklagen gegen die Schwägerin. Sie trinke, gehe unverhohlen fremd, brächte den Namen der Familie in Verruf.

Während im Nachgespräch die Testergebnisse durchgesprochen werden, verbergen die Eltern nichts; und sie unterlassen Versuche einer direkten Verteidigung. Der Vater schiebt allerdings vieles auf die Totaloperation an seiner Frau vor 4 Jahren und dem tödlichen Herzinfarkt seiner Mutter vor einem Jahr. (Beide Fakten waren bereits von der Anamnese her bekannt; jetzt zeichnet sich aber ihre Bedeutung deutlicher ab.) Die Mutter gibt sich über die nun erkennbaren Feindseligkeiten recht erstaunt: „Ich hatte doch alles in der Waage gehalten."

Die Ausführungen zu diesem Fall dürfen jetzt beendet werden. Sie bieten jedoch Anlaß, nochmals prinzipielle Gesichtspunkte hinsichtlich der Leistungsfähigkeit des TAT anzusprechen.

Beruft man sich auf die Erfahrungen tiefenpsychologisch fundierter Therapie, so wird man es vielleicht für bedenklich halten, mit dem TAT – wie hier versucht worden ist – eine ödipale Problematik zu diagnostizieren. Aber warum sollte man das nicht tun, wenn die meisten Geschichten deutliche Hinweise darauf geben? Die Zeit wird erwähnt, die vergeht, bis ein solches Problem in sorgfältiger therapeutischer Kleinarbeit aufgedeckt ist. Dieses Argument verkennt, daß eine Arbeitsteilung notwendig ist. Denn es kann nicht die Aufgabe der Diagnose sein, die spezifischen Ausprägungen eines „Komplexes", die Gegenstand der therapeutischen Durcharbeit sein müssen, schon alle vorweg zu ermitteln. Wird das akzeptiert, kämen Diagnose und Behandlung sich nicht ins Gehege, obwohl eine eindeutige Trennungslinie sachlich nicht gerechtfertigt ist. Insbesondere sollte der TAT-Diagnostiker beachten, daß allein die Durchführung des TAT „an den meisten Probanden nicht so spurlos vorübergeht wie die meisten anderen psychologischen Tests. ... Es ist so, als drängten ihre Probleme – einmal ‚ins Bild' und ‚ins Wort' gelangt – selbst zum Ausdruck und zur Klärung" (Revers 1958, S. 192).

Zweifellos kann die Durchführung des TAT bereits eine Behandlung psychischer Probleme bedeuten, die über die alltägliche Selbstbehandlung hinausgreift. Davon ist aber unberührt, daß der Diagnostiker die Aufgabe hat, die Entscheidung darüber zu erleichtern, ob eine Therapie anzuraten ist oder nicht. Seine Bemühungen sind darauf gerichtet festzustellen, ob für die gegenwärtigen Beschwerden und Symptome mit hinreichender Sicherheit die „Psychodynamik einer neurotischen Erkrankung" (vgl. Formblatt zum Antrag auf Feststellung der Leistungspflicht für Psychotherapie, Punkt 6) verantwortlich zu machen ist oder ob es sich um Belastungen handelt, die durch andere als psychotherapeutische Maßnahmen (z. B. eine Beratung) abzuwenden sind. Im vorgestellten Fall *muß* auf Grund des TAT-Befundes eine entsprechende Psychodynamik angenommen werden, weil sowohl die gelebten Methoden als auch die Hinweise auf Konstruktionsprobleme nicht auszuschließen erlauben, daß bereits Fehlentwicklungen bzw. -anpassungen und Defizite (an angemessenen Bewältigungsformen) eingetreten sind.

Eine TAT-Diagnose hat hypothetischen Charakter. Das sollte nicht vergessen werden, obwohl man sich die entsprechend umständlichen Formulierungen erspart. Für den vorgestellten Fall müßten sie etwa so lauten: Es kann nicht ausgeschlossen werden, daß eine Psychodynamik im Sinne unangemessen gelöster ödipaler Konflikte wirksam ist, wodurch eine gesunde Entwicklung behindert oder verzögert wird. Vielleicht haben Hypothesen einen stärkeren Aufforderungscharakter, etwas zu unternehmen, als Tatsachenfeststellungen. So spürt man es geradezu, daß es schon beinahe fahrlässig wäre, die soeben aufgestellte Hypothese nicht zu überprüfen. Im vorgestellten Fall ist die Überprüfung der Hypothese schon wegen der „nebenher" laufenden destruktiven (konkreten) Handlungen geboten.

Und worin läge eigentlich das Unglück, wenn sich in einer kunstgerecht durchgeführten Therapie herausstellte, daß die TAT-Geschichten listig über ein anderes „wahres" Problem hinweggetäuscht hätten? Spräche nicht gerade das für eine sehr gründliche Arbeit zum Wohle des Patienten?

Vor dem Hintergrund des ausführlich besprochenen Falles ist nun leichter zu erkennen, daß das Puzzlespiel um „Helden" und „Nebenhelden" in TAT-Geschichten sowie die Verwendung des Identifikationsbegriffs nicht erforderlich sind. Eher könnten sie das Blickfeld des Diagnostikers einengen. Je mehr Material in die Diagnose einbezogen wurde, desto klarer zeichnete sich ab, daß die „Zuschiebung" in diesem ganzen Fall (also auch in der Familie) ein zentraler Mechanismus sein muß. Er verschafft allen Beteiligten eine Berechtigung, verpönte, ambivalente Tendenzen aufzuspüren, und bringt ihnen zugleich die Wohltat der Entlastung, weil man sie vornehmlich bei anderen oder an anderer Stelle sucht. Deswegen brauchten die Eltern sich gegen die Diagnose nicht direkt zu wehren. Eventuell könnte es sie ebenso wenig motivieren, die Einsicht zu akzeptieren, daß jedes Familienmitglied spezifische eigene Anteile zu dem ganzen „Spiel" beiträgt. Für den Fall ist also wesentlich, *daß* gefährliche Tendenzen herumgeschoben werden. Der Diagnostiker muß einen klaren Kopf (d. h. die Übersicht) behalten und eben prüfen, wie in der Lebensgestaltung im ganzen verfahren wird. Legt man sich schon während der Auswertung von TAT-Geschichten darauf fest, wer etwas tut und wer das nicht tut, so erstickt die diagnostische Arbeit im Sortieren von Einzelheiten, auf die es in der Lebensgestaltung ohnehin nicht ankommt. Und nicht zuletzt ist es das „Wesen" eines verbindenden Musters, daß es zwar einer Vielfalt von Einzelheiten bedarf, um sich herausbilden zu können, daß es sich aber relativ unabhängig von einigen bestimmten Einzelheiten behauptet. Ein abschließendes Wort sei speziell zur Identifikation gesagt. Wer seine „Kunstgriffe" auf Identifikation aufbaut, der wird nicht zögern, das Objekt für die Identifikation zu wechseln, wenn seine Mechanismen oder Anpassungen nicht mehr funktionieren.

6.2. „Das Wasser des Lebens"

Eine Darstellung, die die Funktion eines Lehrbuches übernehmen soll, müßte auch dafür sorgen, daß der Leser zum Üben angeregt wird. Diesem Ziel kann es dienen, wenn auf den ersten, ausführlich vorgestellten Fall sogleich ein neuer folgt, der einige Arbeitsschritte dem Leser überläßt. Damit er seine Arbeit kontrollieren kann, wird es genügen, eine Zusammenfassung der Ergebnisse nach der Gliederung des Auswertungsschemas zu geben. Es kann ebenfalls dem Leser überlassen bleiben, den Befund in einer psychologischen Terminologie abzufassen. Zweckmäßigerweise wird er dabei mit der Theorie arbeiten, die ihm am besten vertraut ist.

Auch diesmal wird der Versuch gemacht, die gefundenen seelischen Verhältnisse mit Hilfe eines Märchens zu ordnen, ohne damit nun für jede TAT-Auswertung eine verbindliche Norm aufstellen zu wollen. Diese Arbeit wird in der alltäglichen Beratungspraxis relativ selten zu leisten sein. Dem Argument, daß sich dadurch die Auswertungszeit verlängere, sollte man kein zu großes Gewicht beimessen. Richtig ist freilich, daß Märchen nicht dazu bestimmt sind, eine gute Psychologie zu ersetzen. Sehr wohl können sie eine psychologische Theorie auf die Probe stellen. Dieses Beispiel wird außerdem zeigen, daß die Aufschlüsselung eines Falles mit Hilfe eines Märchens eine gewisse Unabhängigkeit von den Auflagen einer bestimmten psychologischen Theorie gewährt.

Die TAT-Geschichten stammen diesmal von einem 16jährigen Jugendlichen, der eine Aufbaurealschule besucht. Dem Psychologen wird er vorgestellt, weil – wie die Eltern berichten – er sich in der Schule schwer tue. Trotz des Sitzenbleibens – und er mußte bereits ein Gymnasium verlassen – drohe erneut ein Sitzenbleiben. Die Lehrer rieten auch zum Abgang von der Realschule (die Testuntersuchung mit dem HAWIE ergab einen IQ von 110). Es gibt noch einen 20jährigen Bruder, der alles ganz anders mache, der ohne aufzufallen durch die Schule glatt „durchmarschiert" sei. Die Mutter übt eine leitende Tätigkeit aus, der Vater ist Handwerker.

Ferner berichtet der Vater: Der Junge flüchte sich seit einem Jahr in die Musik, sitze dann stundenlang in seinem Zimmer. Den Vater beunruhige das. Der Junge sei zwar kein Rabauke, rauche nicht, stünde nicht an Straßenecken herum, hasche nicht, sei aber gehemmt, abgekapselt, und habe trotzdem ein „provozierendes Wesen". Eine heftige Auseinandersetzung habe es wegen der langen Haare gegeben; heute ginge der Junge dem Vater aus dem Weg. Und: Er lasse sich treiben, laufe barfuß durch das Haus, lasse „seine Klamotten" überall herumliegen. Jetzt hielte er, der Vater, sich zurück, nur „wenn er mit uns den Molly macht", greife er ein. Aufgeklärt habe er den Jungen im Alter von 4½ Jahren. Der Junge habe wohl alles verstanden; dem Vater sei das aber schwer gefallen.

Die Mutter berichtet: Die Kleinkindentwicklung sei normal gewesen, der Junge ein friedliches Kind, in der Grundschule problemlos. Als Kind sei er Bandenführer gewesen, heute mache er im Unterricht den Mund nicht auf. Sie habe Meinungsverschiedenheiten mit ihm wegen der Kleidung. Wenn sie schimpft, sei er ganz stur und wortkarg, störe sich nicht daran, was die Mutter sagt. Die Mutter: „Ich will, daß er von selbst darauf kommt, was er anziehen soll. Der Älteste kam immer von alleine darauf." Sie fügt hinzu: „Wir schämen uns für seine Kleidung." Aber wenn die Mutter nach dem Dienst nach Hause kommt, koche er ihr schon 'mal Kaffee. Zärtlichkeiten habe er bekommen. Jetzt, im Sommer, habe er immer ihre Hand genommen, sich nichts daraus gemacht, wenn andere Leute das sahen, höchstens bei jungen Leuten.

Aus dem Gespräch mit dem 16jährigen – er gab sich auch dem Psychologen gegenüber sehr wortkarg – genügt es, einen Satz zu zitieren: „Wenn ich mit einem von ihnen (den Eltern) alleine bin, sind sie ganz normal; wenn sie zusammen sind, wollen sie erziehen."

Die TAT-Geschichten nach den Tafeln für männliche Probanden:

1: Die Mutter hat dem Sohn eine Geige aus der Stadt mitgebracht. Aber der Junge weiß nicht viel damit anzufangen und überlegt, wie er sich drücken kann. Der will die Geige kaputtmachen. Schließlich muß er doch zum Unterricht und wird zum Schluß ein sehr guter Geiger. VL: Wie erlebt er das? Erst hat er sich gesträubt, dann hat es ihm Spaß gemacht.

2: Die Tochter ist Sohn eines Bauern und soll auf dem Felde arbeiten, sie will sich aber weiterbilden und nicht werden, was der Vater ist und liest Bücher. Und als sie auf eine höhere Schule gehen will, gibt der Vater die Einwilligung nicht. Er meint, daß sie heiraten soll. Die Frau wehrt sich, geht trotzdem auf die Schule, fällt aber bei der Prüfung durch und muß jetzt wieder auf dem Felde arbeiten. Sie ist traurig und wird . . . ist hinterher als alte Dienstmagd da. Hätte sie von Anfang an die richtige Schule besucht, hätte sie es vielleicht geschafft. Moral: Nicht so schnell aufgeben, nicht immer nach anderen richten. VL: Wie erlebt die Tochter die ganze Geschichte? – Traurig.

3 BM: Trinker. Es war einmal ein Junge, der wollte nur aus Neugierde jeden Tag Alkohol trinken, ist dann keine Neugierde, ist aber egal. Also jeden Tag nach der Schule trinkt er seine 3 Glas Bier, macht die Schule und hat sich dran gewöhnt. Als er aus der Schule kommt, hat er keine Lehrstelle, ist asozial, und weil er nicht mehr weiter weiß, trifft er sich mit seinen Freunden und trinkt wieder. Mittlerweile ist er schon abhängig und als eine Lehrstelle frei ist, bekommt er sie nicht, weil er so heruntergekommen ist. Er trinkt immer mehr und gibt bei seinen Freunden an, daß er jetzt groß am Arbeiten wäre. Aber in Wirklichkeit hat er gerade eine Stelle als Hilfsarbeiter bekommen. Als er da wieder rausfliegt, weil er sich nicht unterordnen kann, betrinkt er sich so, daß er in ein Krankenhaus eingeliefert werden muß, und pflegebedürftig darauf wartet, wieder rauszukommen. – Fertig. VL: Was sagen die Eltern zu diesem Schicksalsroman? – Daß der Junge zu faul wäre. Ich, ich weiß doch nicht, was die sagen. Nur die helfen ihm nicht. VL: Will er denn Hilfe? – Nein er will lieber im Krankenhaus bleiben, weil er da nicht abgewiesen wird.

4: Ein Typ, der geht ins Freudenhaus und trifft eine alte Bekannte und er will der alten Bekannten helfen. Zuerst ist er entsetzt, aber dann will er sie mitnehmen, aber das geht nicht, weil sie irgendwie gebunden ist. Er versucht, sie rauszuholen und stößt auf den Widerstand des Chefs. Die Dame will nicht fort. Er wendet sich von ihr ab und will nach Hause. VL: Warum will er sie rausholen? – Weil es eine alte Bekannte ist. Oder eine Schwester. Und er sagt, daß es in ihrer Familie sowas nicht geben soll, obwohl er selbst Kunde dieses Freudenhauses ist. VL: Was hat er für ein Gefühl, als er da weggeht? – Er ist traurig, sie zurücklassen zu müssen.

5: Mutter merkt, daß ihr Sohn weggelaufen ist. Sie hatte ihm noch verboten, mit Freunden im Auto durch Europa zu fahren. Nun ist er also doch weg, und die Mutter ruft die Polizei. Die stoppen das Auto an der Grenze und bringen den Sohn wieder nach Hause. Dort wird er eingesperrt und muß mit seinen Eltern zusammen in die Berge fahren. Nach drei Wochen kehren sie wieder heim, und der Junge geht wie immer zur Schule. Von nun an zieht sich der Junge auf sein Zimmer zurück. Als ihn die Eltern zu Gesprächen zwingen, verschwindet er und ward nicht mehr gesehen. VL: Wie reagieren die Eltern darauf? – Sie geben ihn auf. Sie sagen, er würde nichts mehr, weil sie ihm nichts zutrauen. Wenn er mal etwas alleine macht, geben sie ihn auf.

6 BM: Die Frau wohnt seit 50 Jahren in dem Haus, nun teilt der Sohn ihr mit, daß sie in ein Altersheim gebracht werden soll, um Platz für seine Kinder zu bekommen. Die Mutter versteht das nicht und begeht Selbstmord. Punkt. (legt weg) VL: Wie erlebt der Sohn das? – Wie immer traurig. Er ist bestürzt und sieht seinen Fehler ein.

7 BM: Der Firmenchef sagt seinem Angestellten, er solle verschwinden, er sei entlassen. Darauf erwidert der Mann, daß er Familie und Kinder hat. Der Chef entgegnet, daß er das auf freundschaftlicher Ebene regeln kann und versucht, ihn zu überreden freiwillig zu gehen. Der Angestellte akzeptiert das nicht, prozessiert und verliert. Er muß aus seiner Wohnung raus und der Chef meint, er habe das so gewollt. VL: Warum hat er den entlassen?

8 BM: Der Junge lebt im ersten Weltkrieg oder im zweiten und muß erleben, wie das Haus von einer Bombe getroffen wird und seine Eltern dabei umkommen. Er irrt umher und findet keinen Unterschlupf, weil ihn niemand reinlassen will, selbst die Freunde und Nachbarn nicht. Lassen wir das.

9 BM: Ein Junge geht in Amerika auf die Trampreise und fährt mit der Eisenbahn und will Abenteuer erleben. Er hat sich einer Horde Vagabunden angeschlossen und tut das, was ihm gerade paßt. Als er einmal krank wird und ihm niemand hilft, beschließt er, nach Hause zurückzukehren. Doch man erwischt ihn und sperrt ihn ein. Als er wieder gesund ist, beschließt er, doch weiter zu trampen. Er entfernt sich immer weiter von seiner Heimat. Als er in einen Unfall verwickelt wird, ist es zu spät. Er sieht die Sinnlosigkeit seines dauernden Umherziehens ein, doch er stirbt. VL: Warum machst du so große Pausen? – Muß überlegen, weiß nicht, wie der Schluß ist.

10: Vater und Tochter treffen sich nach langer Zeit wieder, in den Wirren des Krieges gerieten sie auseinander, sie umarmen sich und die Tochter redet von einem Leben zu zweit. Doch bald merkt sie, daß der Vater nicht mehr die alte Zuneigung zu ihr hat. Er ist inzwischen wieder verheiratet. Enttäuscht wendet sie sich von ihm ab. Hat sie recht? VL: Was bedeutet das?

Weil es nun darauf ankommt, die Konturen eines möglichen Lebensschicksals in seinem Scheitern nachzuzeichnen, und weniger darauf, die Identifizierung mit einem bestimmten „Helden" aufzuspüren, wird das Subjekt des zu rekonstruierenden Schicksals „man" genannt (Seifert 1983, S. 40ff.).

1. Klagen: Man weiß nicht viel damit anzufangen, daß (von der Mutter) eine Aktivität erwartet wird, die zum Ziel hat, etwas aus sich zu machen. Man sträubt sich, hofft aber, daß eine Wende eintreten möge, damit Arbeit und Mühen schließlich doch Spaß machen. Aber einer solchen Hoffnung kann man sich nicht überlassen, denn das hülfe auch nicht weiter. Zugleich sieht man sich (von seiten des Vaters) einer Forderung ausgesetzt, die darauf hinausläuft, daß man

Tafel / Klagen	gelebte Methoden	Konstruktionsproblem	konkretes Handeln
1) etwas (Aktivität) wird erwartet (v. Mu.)	sich drücken wollen (Obj. zerstören wollen), sich fügen	mit Anspruch konfrontiert	(überlegen)
2) Mißerfolg (am Va.), es wird nichts aus einem; traurig	sich wehren, aber unterliegen, ... hätte ... vielleicht (Appell a. allg. Moral)	Aufbegehren aber Scheitern 1+2: wäre man bei einem erfolgreich, scheiterte man am anderen	Fehlleistung: Tochter = Sohn
3) es bleibt nur der „verkehrte" Weg	sich herunterwirtschaften (als Druckmittel?)	Rückzug in die Pflegebedürftigkeit (was will man sich erhalten?)	detaillierte Angaben
4) merkwürdige Unklarheit – eig. Antrieb od. Verführung; entsetzt, traurig	sich abwenden, weggehen	doppelte Moral; Frau ist lockend u. lähmend; Rettungsphantasie; Widerstandserfahrung	4 X ... will ...
5) Verbot (v. Selbständigk.), gezwungen, eingesperrt, aufgegeben werden	verschwinden (sich unsichtbar machen)	Bleibenmüssen, gebrochene Initiative	... ist (weggelaufen)
6) abgeschoben werden (Mu. durch Sohn), bestürzt, traurig	wegschicken, nicht verstehen (daß Trennung notwendig ist)	Platz für sich ausdehnen (jmd. verdrängen macht schuldig)	etwas mitteilen, ... soll
7) Verteidigung bringt Niederlage (soll So. abgeschoben werden?)	Appell an Nachsicht, nicht freiwillig gehen	Niederlage nicht abwenden können, keinen Kompromiß erreichen	... sollte
8) von allen verlassen	nach Hause zurückkehren (Hilfsbedürftigkeit herstellen)	Beseitigungsphantasie („Befreiung" auf einen Schlag)	umher irren
9) Sinnlosigkeit eigener Aktivität	Demonstration von Freiheitswille, zurückkehren	Vor- und Zurückgehen	
10) verschmähte alte Liebe, Enttäuschung	auseinander gehen, sich abwenden	alte Bindung trägt nicht mehr	umarmen (merken)

es unterläßt, etwas (Höheres) aus sich zu machen. Man wehrt sich zwar, doch ohne (die richtige) Unterstützung kann man es nicht schaffen. Es bleiben nur die niederen Dienste.

Hat man sich auf einen Weg gemacht, der eindeutige „Freuden" verspricht, stellt sich eine eigentümliche Unklarheit ein. War es eigener Antrieb; oder gibt man einer Verführung nach? Darf man nicht haben, was (wen) man begehrt? Die Arten der wirksamen Bindungen sind nicht so recht zu durchschauen. Wer ist die „alte Bekannte"? Welches ist der Grund des Entsetzens? Jedenfalls spürt man deutlich genug, daß man Widerstände (eines Mannes) weckt, die man nicht brechen kann. Sich einem Mann gegenüber zu behaupten, ist aussichtslos. Direkt kann man sich nicht wehren; man muß eher auf Mitleid hoffen. Gibt man nicht rechtzeitig nach, hat man seine Niederlage selbst gewollt. Enttäuschend ist, daß andere (Eltern) ihre Bindungen haben und auch neue finden.

2. *Gelebte Methoden:* Sieht man Anforderungen auf sich zukommen, möchte man sich drücken. Wehrt man sich (wie?), ist man erfolglos. Wird das Scheitern (Durchfallen) arrangiert? Zur direkten Auseinandersetzung kann (oder will) man sich nicht aufraffen; man zieht sich zurück, wendet sich ab; weiteren Druck pariert man, indem man verschwindet (nicht mehr gesehen wird). Man könnte auch weglaufen. Aber man wird noch rechtzeitig gestoppt und wieder zurückgeholt. Es gibt auch die Möglichkeit, jemanden wegzuschicken (die Mutter wegzuwünschen). Auch das wäre ein Fehler (man würde schuldig). Verhandeln bringt auch nichts, man ist der List (eines Mannes) nicht gewachsen. Vielleicht könnte eine Radikallösung (die Beseitigung der Eltern) die Lage wenden? Auch die würde sich gegen einen kehren – von niemandem würde man gemocht (reingelassen). Man könnte tun, was einem gerade paßt. Doch auch dabei würde man von seinem Schicksal eingeholt. Man müßte die Sinnlosigkeit seines Umherziehens einsehen.

Es scheint ja doch einen Ausweg zu geben: den systematisch betriebenen Rückzug in die Pflegebedürftigkeit! Das wäre tatsächlich ein erstrebenswertes Ziel. In der Lage kann von einem nichts gefordert werden; und man wird nicht abgewiesen. Man wäre jenen (den Eltern) zuvorgekommen, die einen aufgeben (wenn man 'mal etwas alleine macht).

3. *Konstruktionsproblem:* Die Frage ist also: Was soll man tun? Woran, woraufhin kann man sich zuverlässig orientieren? Man ist in eine Zwickmühle geraten. Folgt man der einen Erwartung, verstößt man gegen die andere. Versuche, das Leben selbst zu gestalten, bringen nur Schwierigkeiten und Niederlagen (wegen anderer Bindungen und Widerstände). Das Selbständigwerden scheitert, weil man auch sich selbst glauben machen will, es gäbe nur die Alternative: sich fügen oder (von den Eltern) aufgegeben werden. Den eigenen Lebensweg sucht man auf der Straße des Verlierers.

4. *Konkretes Handeln:* Abenteuer will man erleben und wohl nicht als faul gelten. Aber was tut man wirklich? Man irrt umher, zieht sich zurück, verschwindet und wird nicht mehr gesehen. Man selbst tut eigentlich kaum etwas. Es „soll" etwas getan werden; man „will" etwas tun (kaputtmachen, jemanden mitnehmen); man überlegt, wie man sich drücken kann; man läuft nicht einmal weg, sondern „ist" schon weggelaufen. Man malt sich aus, was man tun könnte, faßt aber nichts an. Zwar schließt man sich (einer Horde) an, aber das führt in Verwicklungen, und schließlich ist es (für eine Umkehr) zu spät. Freilich ist genau bekannt, wie der Rückzug in die Pflegebedürftigkeit zu bewerkstelligen ist. Neugierde könnte dabei den ersten Schritt erleichtern.

In diesem Fall scheint es besonders einfach zu sein, das Ergebnis in einer Formel zusammenzufassen. Etwa: Der Erzähler flüchte in die Inaktivität (Passivität), verdränge Wut und Aggression und biete sich als pflegebedürftig an, um (sozusagen nach Art eines Totstellreflexes) die Angriffslust des Vaters zu bannen, damit ihm (dem 16jährigen) die Mutter als beschützende Versorgerin und zugleich verführerische Frau (Dirne) erhalten bleibe. Es sollte jedoch ebenso herausgearbeitet werden, wo Stärke und Können dieses 16jährigen zu vermuten sind. Die Formel zeichnet ihn zu ausschließlich als jemanden nach, der „sitzengeblieben" ist. Man braucht die Perspektive nur ein wenig zu ändern, um zu erkennen, daß er auf eine bestimmte Weise auch aufgebrochen ist. Will man auch für diesen 16jährigen voraussetzen, daß sein Weg in die Selbständigkeit eines erwachsenen Mannes führen sollte, so ist ebenfalls leicht zu erkennen, daß seine TAT-Geschichten geradezu alle denkbaren Möglichkeiten des Scheiterns aufsuchen und durchspielen. Gestützt auf seine Ratio, hätte er die Möglichkeiten so schnell gar nicht alle erfinden können. Aber so etwas wie eine „geheime Intelligenz" scheint ständig mit ihnen beschäftigt zu sein. Dieser Jugendliche leidet gewiß an seiner Unselbständigkeit, wie man an vielen Unpäßlichkeiten im Alltag leidet. Der Diagnostiker sollte aber erkennen, daß hier jemand (wahrscheinlich) zugleich ein Ziel (gemessen an dem Ziel des Selbständigwerdens sicher ein „verkehrtes") sehr konsequent verfolgt. Wie das zu verstehen ist, das ist mit Hilfe des Märchens „Das Wasser des Lebens" zu verdeutlichen, in dem davon gesprochen wird, was man nicht tun darf, aber vor allem können und *machen* muß, um die Selbständigkeit zu gewinnen.

Es berichtet davon, daß die drei Söhne eines lebensgefährlich erkrankten Vaters (Königs) sich nacheinander auf einen gefährlichen Weg machen, um das Wasser des Lebens zu suchen, das den Vater heilen wird. Nimmt man für wichtig, was zweimal gesagt wird, so lautet eine bedeutsame Aussage des Märchens: Wer sich in einer lebenswichtigen Angelegenheit aufmacht, der darf nicht losgehen und stolz und hochmütig meinen, er kenne schon genau das Ziel, die Gefahren, die zu überwinden sind, und er wäre schon genügend ausgerüstet, um unterwegs alle schwierigen Aufgaben zu meistern. Wer so denkt und danach handelt, der kommt nicht weit; der gerät bald in eine Enge, sitzt fest wie eingesperrt und kann nicht vorwärts und nicht rückwärts. So erging es dem ersten und dem zweiten Sohn. Wenn man nun schon auf das Ende des Märchens schaut, ist zu verstehen, daß am Ziel etwas gewonnen ist, das für jeden Sohn nicht minder lebenswichtig ist als das Heilwasser für den Vater. Denn der (jüngste) Sohn hält am Ende Hochzeit mit großer Glückseligkeit; er hat eine Frau und einen eigenen Hausstand (ein Königreich) gewonnen. Die Brüder waren aber fort und kamen ihr Lebtag nicht wieder. Der jüngste Sohn hatte sich auf den Weg gemacht und vor sich und einem anderen, fremden Wesen keinen Hehl daraus gemacht, daß er weder das konkrete Ziel kannte, noch für die Aufgaben, die auf ihn zukommen mußten, gerüstet war. Er sah seine Lage richtig (nicht „verkehrt"), nahm fremde Hilfe an, erwarb sich Freunde und bewahrte sich seine Leidenschaft. Sein Weg war lang. Er hatte Gefahren zu bestehen und bestand sie; war Versuchungen ausgesetzt und widerstand ihnen, konnte Aufschub leisten; mußte seine Schwäche und Verwundbarkeit spüren; war ein Opfer des Neides und der Rachsucht seiner Brüder; und es blieb ihm nicht erspart, daß zwischendurch auch der Vater ihn beseitigen wollte.

Dieses Märchen und die TAT-Geschichten des 16jährigen können einander recht gut ergänzen. Der 16jährige hat ausführlich das Schicksal des Sohnes erzählt, der steckengeblieben ist. Während das Märchen vor diesem Schicksal zweimal warnt, legen die TAT-Geschichten dar, mit welchen Methoden es zu erreichen ist. Die Kombination dieser beiden Sichtweisen gibt dem Fall zweifellos Plastizität.

Vielleicht wird man hinzu fügen wollen: Das Märchen spreche eigentlich von dem Wunsch des Sohnes, den Vater zu beseitigen, damit er (der Sohn) die Mutter für sich habe. Das ist ja nicht falsch. Dafür würde sprechen, daß das Märchen die Mutter verschweigt. Aber – um zu wiederholen – was sagt das über die „Kunstfertigkeit" aus, die der Sohn (wahrscheinlich) auch in seinem Leben einsetzt? Es kann ja auch etwas weggelassen werden, damit man sich dem „Rest" um so gründlicher widmen kann. Aus der Perspektive des hier vorgestellten Falles ist dann eben bemerkenswert, daß das Märchen erstaunlich genaue Angaben (bzw. Anspielungen) darüber macht, was der Sohn *können muß,* damit er seine Königin (Frau) und sein Heim findet. Und vor diesem Hintergrund darf man vermuten, daß der 16jährige offenbar (unbewußt) meint, er brauche nicht wirklich zu tun, was anderen Söhnen nicht erspart bleibt, nämlich sich auf die (auch im Märchen) genannten Entwicklungsnotwendigkeiten einzulassen und selbst etwas in Angriff und in die Hand zu nehmen; und daß er ferner mit dem Gedanken spielt, an den Forderungen, die mit dem Selbständigwerden(-Wollen) notwendig an ihn gestellt werden, vorbei zu kommen, wenn er seine Kunstfertigkeit (Methoden) auf das Herstellen einer Pflegebedürftigkeit verwendet, die sich gewiß tarnen ließe, so daß sie trotzdem als („verkehrte") Selbständigkeit in Erscheinung treten könnte.

6.3. „Daumesdick"

Da der TAT ein aufwendiges Verfahren ist, wird auch immer wieder vorgebracht, daß man auf seine Durchführung verzichten könne, weil ein gutes Erstgespräch ähnliche Ergebnisse erbringe. Es gibt keinen prinzipiellen Grund, der dagegen spräche. Kaum ein Verfahren dürfte unersetzbar sein. Die rekonstruierende Methode der Auswertung von Geschichten ist freilich auch dann unentbehrlich, wenn man es mit dem Material ausführlicher Anamnesen, die nicht auf harte Daten reduziert sind, oder Erstgesprächen zu tun hat. Auch das sind zunächst „nur" Geschichten, die der Bearbeitung bedürfen. Anschauliche, wenn auch kurze Beispiele dafür sind die Berichte aus dem Leben der oben vorgestellten Fälle (Teufelsgeschichten, Spukgeschichten, Krankengeschichten, Verführungsgeschichten usw.).

Es gibt nun aber auch Fälle, die dringend der Klärung bedürfen, über die ein hinreichend ausführliches Gesprächsmaterial nur schwer zu erhalten ist. Der Fall, der jetzt vorgestellt wird, zählt dazu.

Dieser Junge ist 13;2 Jahre alt (es wurde mit dem HAWIK ein IQ von 109 festgestellt). Er besucht die Hauptschule, war vor der Schulzeit nicht in einem Kindergarten. Die Mutter, 57 Jahre alt, lebt seit drei Jahren, als der Vater (Hilfsarbeiter) an Krebs starb, mit dem Jungen allein. Sie ist erwerbsunfähig. Es gibt ältere Geschwister, zwei Brüder, 27 und 33 Jahre alt, und eine Schwester von 28 Jahren.

Der 13;2jährige wird vorgestellt, weil – wie die Mutter sagt – Lehrer, Polizei und Jugendamt sich eingeschaltet haben wegen der „sexuellen Handlungen", die der Junge begangen habe. An verschiedenen Stellen habe er den „nackten Po" gezeigt, auch durch Schlüssellöcher geguckt und dreckige Worte hinter der Tür geschrien.

Die Mutter beteuerte mehrfach – manchmal zwischen zwei Sätzen –, daß sie nicht wisse, woher das kommt: „Von uns hat er das nicht." Sie sei sehr beunruhigt, lese in der Zeitung von einem jungen Sittlichkeitstäter und Kindesmörder; aber sie meine, so schlimm sei es bei ihrem Sohn nicht. Sie frage sich, ob das eine Krankheit oder so eine Liebhaberei sei.

Sie habe natürlich versucht, ihn zur Rede zu stellen. Er habe es erst abgestritten, dann sei er rot geworden und habe danach keine Antwort mehr gegeben. Er habe nicht gesagt, woher er beeinflußt worden ist. Das Jugendamt habe auch nichts aus ihm 'raus gekriegt. Dort habe er kein Wort gesagt (das wird später bestätigt); man habe ihn aber auch nicht bedrängen wollen.

Die Mutter teilt ferner mit, daß sie die Schwangerschaft zunächst gar nicht bemerkt und auch der Arzt gemeint habe, sie sei in die Wechseljahre gekommen. Es war dann eine schwere Geburt. Der Junge kam mit dem Po zuerst; sie sei mit den Nerven fertig gewesen. Er lief früh, habe früh gesprochen, sei sehr temperamentvoll gewesen. Deswegen habe sie sein Gehirn untersuchen lassen, der Arzt habe aber nichts gefunden. Heute gebe er keine Antworten, reagiere nicht auf das, was sie sagt. Sie bestrafe ihn mit Fernsehverbot; er müsse auch schon mal ohne Essen ins Bett. Wenn sie was sage, schnaube, knurre er oder ginge weg. Früher, als der Vater ihn schlug, habe sie immer die Hand über ihn gehalten. Sie fügt hinzu: „Man hat immer die Wut an dem Kleinen ausgelassen." Mit Kindern habe er wenig gespielt; die hätten sich von ihm zurückgezogen. Jetzt habe er seine Kampfzeit, spiele er mit Pistolen. Über Geschlechtliches sei in der Familie nicht gesprochen worden. Der Junge habe aber wohl mit seinem Geschlechtsteil zu kämpfen; er habe die Hände oft in den Hosentaschen. Wenn sie ihn fragt warum, sage er nichts, wende er sich ab.

Über sich berichtet die Mutter, daß sie nicht mehr die Kraft habe, sich durchzusetzen; sie sei nervös, aufgeregt, das Herz mache ihr schwer zu schaffen (es gab weitere ernsthafte Beschweren). Das, was vorgekommen ist, sei ihr ganz *unverständlich*. Und sie beteuert, daß er nur den nackten Po gezeigt habe, von vorne nichts. Als die Polizei kam, ist er nicht weggelaufen; er habe es zugegeben, aber sonst keine Antwort gegeben. Der Psychologe sicherte der Mutter auf ihren Wunsch hin zu, nicht von sich aus mit dem Jungen über die Vorkommnisse zu sprechen, sondern nur die Testaufnahmen durchzuführen. Der Junge arbeitete bereitwillig mit.

In gewisser Weise ist die vorhin gemachte Bemerkung, es gäbe Fälle, in denen das Gesprächsmaterial zu unvollständig sei, jetzt zu korrigieren. Nach der Kernthese dieses Buches gibt es kein Gespräch (keine Erzählung), in dem (der) nicht Zusammenhänge „hergestellt" werden, damit Erfahrung verständlich erscheint und aushaltbar gemacht wird. Das ist auch in diesem Fall nicht anders zu erwarten.

Die „sexuellen Handlungen" sind der Mutter ein Rätsel; und der ganze Vorgang ist ihr peinlich. Ganz im Sinne des alltäglichen Erklärungsbedürfnisses möchte sie daher wissen, *woher* das kommt, *warum* der Junge so etwas macht. So wie sie ihre Familie sieht (oder sehen möchte), kann (oder will) sie die „Ursache" dort nicht finden (sogar jener erwachsene Sohn, der noch ledig ist, habe keine Bilder von nackten Frauen in seinem Zimmer). Aber die Frau, deren körperlicher Gesundheitszustand eher kritisch als zufriedenstellend ist, spürt, daß es trotzdem einen Grund zur Beunruhigung geben könnte. Anderswo sieht sie ihn ja. Sie liest in der Zeitung, welche schlimmen Ausmaße (tödliche) der Kampf mit dem Geschlechts(an)teil annehmen kann. Da sie bei ihrem Sohn auch neben den zur Schau gestellten Handlungen etwas gesehen hat, das im Verborgenen (in den Hosentaschen) ausgetragen wird, kommen ihr Zweifel. Gegen die kann sie wiederum die Tatsache stellen, daß der Junge nur den Po gezeigt habe und nichts von vorne, aber gerade das wird zugleich die Sorge nähren, daß noch mehr möglich wäre. Die Lage der Mutter ist nicht zuletzt deswegen prekär, weil der ganze Vorgang ihrer Einwirkung dadurch entzogen wird, daß der Junge das eine zwar zugibt, aber sonst nichts sagt. Sie muß mit ansehen, daß sogar Polizei und Jugendamt dagegen machtlos sind.

Diese Verweigerung belebt Früheres, so daß sich folgende Entwicklungslinie abzeichnet: Zuerst hat man den Jungen (die Schwangerschaft) übersehen bzw. für eine Unpäßlichkeit gehalten. Dann wurde daraus ein lebhaftes Kind, das seine Aktivitäten und Expansion früh entfaltete. Das muß zu Störungen geführt haben. Aber schon damals hat man den Grund (im Gehirn) nicht gefunden. Zwischenzeitlich mußte „der Kleine" für die Abfuhr von Wut und für Ausbrüche der Erwachsenen herhalten – da habe aber die Mutter schützend die Hand über ihn gehalten. Seit drei Jahren ist ihre Stellung nun wieder anders. Wovor kann sie ihn jetzt schützen? Jetzt muß sie ihn mit Verboten (und Entzug) strafen, ihn „zur Rede stellen". Und gerade jetzt, in seiner „Kampfzeit", in der etwas verstanden werden müßte, was sich anderswo zeigt (weil er etwas herzeigt), spricht er nicht; schnaubt und knurrt er nur.

Das Ganze sieht jetzt aus wie ein Kampf, der hinter einem Vorhang ausgetragen wird. Der Vorhang hebt sich nicht, um die Szene zur Einsicht freizugeben. Er wird nur gelegentlich gelüftet, um nur eine Einzelheit zu zeigen.

Die Angabe eines Grundes wird man auch von einer psychologischen Diagnose erwarten – wahrscheinlich nun erst recht. Der Psychologe wird sagen sollen, ob in diesem Fall eine ernste sexuelle Problematik – etwa Exhibitionismus – angenommen werden muß. Was er dann schließlich sagen wird, ist wesentlich durch seine Theorie bestimmt – das kann gar nicht anders sein. Deswegen sei wiederholt, daß es nur einen Weg gibt, sich von einer Theorie nicht zu früh dareinreden zu lassen: die Beschreibung! Die Beschreibung dessen, was die Mutter berichtet hat und sie offensichtlich bewegt, legt die Annahme nahe, daß der Junge unter einer generellen Ausdrucksnot leidet. Der Kampf gegen diese Not wird – eben auch entwicklungsbedingt – gegenwärtig im sexuellen Bereich ausgetragen. Die Sexualität stellt wahrscheinlich

„nur" ein Austragungsfeld dar. Die Zunahme der Ausdrucksnot zeichnet sich im Bereich des Sprechens mindestens genauso deutlich ab: der Junge sprach schon früh, heute schnaubt und knurrt er, und die Mutter erreicht es, daß über seine Not nicht direkt mit ihm gesprochen wird.

In diesem Fall sollte man den TAT *nicht* in der Erwartung anwenden, daß er die Entscheidung darüber ermöglicht, ob eine „Erkrankung" im Sinne eines Exhibitionismus vorliegt. Das kann dieser Test nicht leisten. Es brächte aber zweifellos zusätzliche Einsichten, wenn der Junge TAT-Geschichten erzählt und der Diagnostiker herausarbeitet, wie die Lage des Jungen sich aus der Sicht der TAT-Geschichten darstellt. Hier seine Geschichten:

1: Es war einmal ein Junge, der spielte gerne Geige. (Pause. Vl: Und was war dann? Pb zögert, spielt mit Bleistift.) Er saß jeden Tag vor seiner Geige (Pb malt mit Bleistift) und überlegte, was er spielen könnte. (Pause, Pb stöhnt.) Seine Eltern wollten aber nicht, daß er jeden Tag Geige spielte. (Pause. Vl: Und was war dann?) Dann nahmen seine Eltern ihm die Geige ab. Er war traurig und dachte jeden Tag an seine Geige. Deshalb wurde er so traurig, daß er krank wurde. Ja, das wärs ... nach einigen Tagen wurde er wieder gesund und seine Eltern erlaubten ihm das Geige spielen. Das war die Geschichte vom Jungen, der gerne Geige spielt.

2: Hm ... Es war einmal ein Bauernmädchen, das las so gerne Bücher, bis eines Tages ihre Freunde sagten ... hm, daß sie ein Bücherwurm sei. Tja weiter ... (langsam, zögernd) das ließ sie nicht auf sich sitzen und las nicht mehr und half nur noch auf dem Felde. Dann sagten ihre Freunde, sie sei nur eine Bauernmagd. Das wollte sie auch nicht auf sich sitzen lassen und kümmerte sich nicht darum, was andere sagten, bis sie am Lesen (Pb: hört sich nicht an) starb. Das war die traurige Geschichte vom Mädchen, das so gerne Bücher las.

3 BM: Zu der fällt mir nichts ein ... Es war einmal ein Junge, der war stumm. Eines Tages bekam er neue Sandalen. Da ging er raus, um sie den anderen Kindern zu zeigen. Die anderen Kinder verspotteten ihn und ... hm, Moment mal ... er sagte immer „Dalen, Dalen" und dann lief er hinter den Kindern her, weil sie wegliefen. Er hielt ein jüngeres Mädchen fest und zeigte auf seine neuen Sandalen. Das Mädchen schrie, die anderen kamen zurück und traten auf die neuen Sandalen, so daß sie kaputt gingen, voller Kratzer. Dann lief er nach Hause. Er lief auf sein Zimmer und weinte. Das war die traurige Geschichte vom stummen Jungen.

4: Buh, da weiß ich nichts, leider ... nee, nee (schüttelt den Kopf). (Vl fragt: Willst du sie dir gar nicht angucken? Erzähl bitte, was du auf dem Bild siehst.) – (Pb schaukelt hin und her, guckt weg.)

5: Es war einmal eine Frau, die lebte ganz allein in einem großen Haus und war furchtbar schreckhaft. Als sie eines abends ein Geräusch im obersten Stockwerk hörte, erschrak sie. Sie ging nach oben, um zu gucken, was los sei. Sie ging furchtbar langsam, weil sie alt und gebrechlich war. Als sie oben ankam, hörte sie das Geräusch noch deutlicher. Es schien so, als schlüge jemand mit einem Hammer gegen den Fensterrahmen. Sie ging noch langsamer und machte die Tür auf. Sie sah nichts. Sie ging in den nächsten Raum. Dort war auch nichts. Sie ging weiter und dachte, was das wohl sei und in welchem Raum es ist. Sie ging ins oberste Wohnzimmer, dann merkte sie erst, daß das Fenster auf war und es schlug immer gegen den Fensterrahmen. Sie war erleichtert. Sie machte das Fenster zu, doch dann hörte sie wieder das Geräusch. Sie fuhr wieder zusammen. Sie ging ins nächste Zimmer und dann merkte sie erst, daß die Rollade immer gegen die Wand schlug. Das war die Geschichte von der Frau, die Angst hatte.

6 BM: Es war einmal ein Mann, der hatte sehr viele Feinde und er war ständig auf der Hut. Doch eines Tages wurde er getötet. (Pb ist sehr unruhig, fährt mit dem Stuhl rum). Der Kommissar ging zu seiner Mutter und sagte ihr es. Sie wollte es erst nicht glauben. Erst als der Kommissar ihr das Bild zeigte, glaubte sie es. Der Kommissar fragte, ob er Feinde hatte. Sie: Ja, sehr viele. Da wußte der Kommissar schon alles. Er wurde von einem seiner Feinde getötet. Seine Mutter ging zum Begräbnis. Und da sah sie, daß auch einige seiner Feinde dort waren. Der Kommissar war auch dort. Sie sagte dem Kommissar Bescheid. Der Kommissar meinte sofort, daß dies die Mörder sind. Die Vermutung des Kommissars war richtig. Sie wurden verhaftet. Doch sie leugneten, daß sie ihn umgebracht hatten. Schließlich fanden sie auch einen Augenzeugen, der sagte, daß sie die Leute sind, die ihn umgebracht haben. Sie wurden ins Gefängnis gebracht und verurteilt. Das war die Geschichte von dem Mörder, nee von dem Mann, der viele Feinde hatte.

7 BM: Die Bankräuber. – Vor einigen Wochen plante ein Mann mit seinem Sohn einen Banküberfall. Er sollte auf die Commerzbank in ... verübt werden. Sie wollten es in der Nacht von Samstag auf Sonntag machen. Sie mieteten unter falschem Namen die Wohnung über der Commerzbank. Sie hatten auch ein Zimmer genau über dem Tresorraum. Sie bohrten ein Loch in den Boden und kletterten von Samstag auf Sonntagnacht in die Commerzbank. Sie kriegten den Tresor auf und stahlen 3 Mill. Mark. Der Überfall wurde erst am Montag dem 4. 1. 1963 gemerkt. Sie fanden die Verbrecher nicht. Nach einigen Jahren wurden die Verbrecher gefaßt und zwar am 1. 12. 1975. Sie wurden sofort hinter Schloß und Riegel gebracht. Sie hatten schon 1 Mill. ausgegeben. Sie gaben es aber nicht zu, bis sie das Geld fanden, das sie gestohlen hatten, in Kunststoffkissen eingenäht. Puh ... Das war das Abenteuer der Bankräuber. (Stöhnt: noch 4 Stück.)

8 BM: Es war einmal ein Arzt, der machte seine erste Operation. Sie war nicht leicht, aber auch nicht schwer. Er mußte einen Krebsknoten entfernen. Der Krebsknoten war ziemlich weit fortgeschritten, höchste Zeit, ihn zu entfernen. – Hm ... Er war so aufgeregt, daß er ihn beinah an der falschen Stelle aufgeschnitten hätte, dann wäre er vollkommen ruiniert gewesen. Er war während der ganzen Operation aufgeregt. Am Ende stellte sich raus, daß es ein einfaches Blinddarmgeschwür war und so kam es, daß dem Arzt die Operation mißglückte. Der Patient starb noch im OP. Und so beendete er seine Praxis. (Pause. Vl: Was ist aus dem Arzt geworden?) Der Arzt lebte nur noch als kleiner Bürger der Stadt ... Wir haben extra keine Namen genannt, weil sie sonst Kritik an ihm ausüben könnten und das sollte damit verhindert werden. Das war die mißglückte und tödliche Operation.

9 BM: Ein paar Pfadfinder sind ins Zeltlager gefahren. Abends mußten verschiedene Wache schieben. Eines Abends hatten 4 Leute Wache. Sie legten sich ins Gras, daß sie keiner sah. Am nächsten Morgen merkten sie, daß einige Zelte abgerissen waren. Sie wurdem vom höchsten Pfadfinder ausgemeckert. Die Wache sagte: Wir können nichts dafür, wir sind eingeschlafen. So kam es, daß die Zelte kaputt im Wald gefunden wurden und Autospuren von einem Mercedes, weil ein Stern daneben lag, wahrscheinlich vom Auto abgebrochen. So kam es, daß es die 4, die Wache hatten, die Zelte bezahlen mußten. Das war das Ende von den 4 Pfadfindern und der Geschichte.

12 BG: Es war einmal ein alter Baum, er war schön dick, man konnte spielend daraus ein Boot machen. Einige Kinder fällten ihn, machten ein Boot und fuhren auf dem See. Der See war groß, er besaß auch eine Insel. Die Jungen gingen auf die Insel und was fanden sie? – ein Portemonnaie. Es war ziemlich voll: 1000 DM. Da es nur 2 Kinder waren, teilten

sie es auf: jeder 500 DM. Sie dachten nicht daran, soviel Geld zum Fundbüro zu bringen. Und wie sie es dachten, taten sie auch und sie teilten es und brachten es nicht zum Fundbüro. Da sie sehr neugierig waren, fanden sie eine Leiche. Sie waren erschrocken, als sie das sahen und fuhren sofort mit dem Boot wieder ans Land. Sie riefen die Polizei an und dann merkten sie erst, daß sie das Geld nicht behalten konnten. Sonst hätten sie wahrscheinlich das wichtigste Beweisstück entwendet. So kam es, daß die Kinder nichts verdient, sondern nur dazu gelernt haben. Als sie der Polizei alles erzählt hatten, wie es war, kriegten sie auch noch eine Strafe, weil sie den Baum gefällt hatten, obwohl er morsch und alt war.

13 B: Es war ein Junge, der lebte mit seinen Eltern in einer Blockhütte. Da das Holz schon morsch war, kam es, daß sie auszogen. Sie bauten eine neue und machten sie noch größer. So kam es, daß der Junge jeden Tag in der Tür saß, weil er nicht raus konnte. Sie hatten extra die Hütte ins Wasser gebaut, damit keine wilden Tiere dran konnten. Der Junge konnte nicht schwimmen und so saß er jeden Tag auf dem Steg der Hütte und spielte, matschte im Wasser und spielte mit Puppen und angelte sehr viel und fing viel Nahrung für die Familie. Die Eltern sagten: welches Glück, daß wir so ein gescheites Kind haben. Das Kind fühlte sich sehr geehrt und dankte den Eltern. Eines Tages saß er wieder am Steg. Da biß ein großer Fisch an. Er hielt die Angel fest und flog ins Wasser. Da die Mutter nicht schwimmen konnte und der Vater nicht da war, kam es, daß der Junge ertrank und sein Grab war der Sinn. Das war die traurige Geschichte von der Familie in der Blockhütte.

Die Zusammenfassungen (Σ) der Spalten (S. 96) zeigen deutlich, daß die TAT-Geschichten, die der 13;2jährige Junge erzählt hat, in ihrer Gesamtheit ein Schicksal widerspiegeln, das einer geradezu erstaunlichen inneren Folgerichtigkeit gehorcht. Die Klagen sprechen für ein trauriges, einsames, weitgehend beziehungsloses Leben. Die Methoden lassen ahnen, daß eine Beweisführung für das Gegenteil betrieben wird, deren Gelingen erzwungen werden soll, wohl fürchtend, daß sie gerade deswegen mißglückt. Das konkrete Handeln ruht nicht; es verrät aber Einbrüche, weil Zögern und Zwänge an die Stelle von neuen Anpassungen getreten sind. Und es zeichnet sich ein Konstruktionsproblem ab, das in seiner Strenge beinahe einer mathematischen Formel gleicht: Weil es nicht zu einer Entfaltung kam, also Stagnation eingetreten ist, und von einem Dazulernen (der Erwachsenenperspektive) nichts zu erwarten ist, kann eine Veränderung (= Verwandlung) nur eintreten, wenn man noch einmal zum Ausgangspunkt (Ungeborenen) zurück könnte (Erneuerung durch Wiedergeburt).

Dieses Konstruktionsproblem unterscheidet sich in einem wesentlichen Punkt von den Problemen, die aus den TAT-Geschichten der oben vorgestellten Fälle rekonstruiert werden konnten. Während für alle oben vorgestellten Fälle, einschließlich der Fallfragmente, die *Hypothese* aufgestellt werden darf, daß die Lebensgestaltung unter einer spezifischen Verstrickung in ein (familiäres, irgendwie ödipales) Muster „leidet", legt sich in diesem letzten Fall die Annahme nahe, daß es zur hinreichenden Entfaltung eines entsprechenden Musters noch nicht gekommen ist.

In den anderen Fällen ergeben sich die Lebensschwierigkeiten aus unangemes-

Tafel / Klagen	gelebte Methoden	Konstruktionsproblem	konkretes Handeln
1) Geschichte eines Jungen, der etwas gerne tut; Eltern verhindern	Krankheit als Druckmittel (etw. erzwingen); jeden Tag dran denken	Durchsetzungsproblem (keine Anerkennung finden)	nebenher spielen, zögern, überlegen
2) traurige Gesch. v. jmd., der etwas gerne tut; Abwertung erfahren	etwas nicht auf sich sitzen lassen wollen; nur noch etwas anderes tun; sich nicht mehr um andere kümmern	Orientierungsproblem; keine Beachtung finden; Rückzug (Stagnation, keine Entfaltung)	zögern, lesen
3) traurige Gesch. v. stummen Jungen; verspottet werden, weinen	Beachtung erzwingen wollen (mit ungeeigneten Mitteln, am „falschen Objekt")	Artikulationsproblem keine Hilfe, sich ins Unrecht setzen (keine Beachtung f.)	etwas zeigen müssen, hinterher laufen festhalten
4) –	Verweigerung	themat. Valenz: Bindung, Auseinandersetzung zw. Mann/Frau	weg gucken
5) Gesch. v. Frau, die Angst hat, schreckh.; allein, alt, gebrechl., zusammenfahren	sich in etwas (Gefahr, Angst) hineinsteigern, aber Grund suchen (keine Flucht/Panik)	Problem d. Lokalisation (was löst Befürchtungen aus?) harmloser als befürchtet	langsam nachgehen
6) Gesch. v. Mann, d. viele Feinde hat; tödl. Bedrohung	M.: ständig auf d. Hut; Mu.: besteht auf Beweis; Augenzeuge	Problem d. (Auf-)Klärung, Gewißheit; Wechsel: Opfer/Täter	Unruhe nebenher tragen, etwas zeigen
7) Abenteuer, Mann und Sohn	krim. Handlung (als Mittel, Interesse zu erzwingen?) nicht zugeben	Problem: Gemeinsamkeit zw. Männern / Beachtung zu finden	Detailaufzählung (Klischeegeschichte)

Tafel / Klagen	gelebte Methoden	Konstruktionsproblem	konkretes Handeln
8) mißglückte, tödl. Operation; Scheitern einer Bewährung	Aufregung (keine Vorbereitung, Alternative); Scheitern arrangieren? Sich klein machen (Scheitern, um Beachtung zu finden?)	Problem des Scheiterns; Gefährl. erweist sich als harmlos, Scheitern am Einfachen; sich nicht umstellen können (am Verkehrten festhalten = Verkehrtsein)	beinahe etwas Falsches tun
9) Ende, einer Aufgabe nicht gerecht werden (Pfadfinder)	nicht sehen, einschlafen, statt Wachsamkeit; leugnen, Spuren hinterlassen	Scheitern herbeiführen (nicht abwenden)	schlafen (Ersatz leisten müssen)
12) unbekümmertes Kinderspiel mündet ein in Verantwortung, Strafe, erschrecken	etwas heimlich (be-)halten wollen, sehr neugierig sein (als Antrieb?)	Problem der Neugierde (des Überganges): "Altes" als Chance (Aufbruch) – Enttäuschung, nichts verdient, "nur" dazu gelernt (was?)	ein Boot bauen usw.
13) traurige Gesch. d. Fam.: Va. ist nicht da, Mu. kann d. Jungen nicht retten	Isolierung (Einsiedelei) etwas nicht können, festhalten	Problem eines "morschen" Halts; Hoffnung auf völligen Neubeginn (Wiedergeburt); leiden unter Stagnation	neue Hütte bauen, Kinderspiel, matschen, festhalten müssen
Σ Behinderung, Spott, Verlust (d. Sprache) Feinde, Gebrechen, Mißglücken, Strafe, keine Rettung	Erzwingen mit: Krankh., ungeeig. Maßnahmen; Sich Hineinsteigern, auf d. Hut sein, Aufregung, Neugierde; Sich klein, schwach machen; Verschiebung d. Wachsamkeit (etwas verschlafen)	keine Entfaltung = Stagnation; keine Hoffnung auf Übergang bzw. Dazulernen, geg. Stagnation d. ganze Verwandlung setzen (Hoffnung auf Wiedergeburt)	versch. Handlungen (Spielen, Bauen); Unruhe nebenher austragen; Zögern (beinahe); Zeigen-, Festhalten-, Hinterherlaufen-Müssen

senen Lösungen, die in der Weise problematisch bleiben, daß sie eben die Symptombildungen bewirken und leider nicht eine Umorganisation der emotionalen Beziehungen (zu den Eltern) ermöglichen, damit neue Einheiten (allgemein gesagt: ein befriedigendes Leben außerhalb der Familie) gebildet werden können (durch Umbildung der alten). Der 10jährige „wollte" eine auseinanderdriftende Familie durch Hin- und Herschaukeln (notfalls in Form von Abwegigkeiten) zusammenhalten (siehe S. 22); die 18jährige durch Neutralisierung (Kaltstellen) den Ausbruch von Rivalität und Eifersucht (bzw. ein gefährliches Zusammenrotten) verhindern (siehe S. 54); die 10;9jährige einer notwendigen Entzweiung, in die sie jetzt gedrängt wird, vorbeugen, indem sie mit den Kunstgriffen z. B. der Isolierung, Dämpfung, des Etwas-nicht-Anfassens einen Scheinfrieden herzustellen und festzuhalten versucht; und der 16jährige „möchte" mit dem Weg in die Pflegebedürftigkeit sich etwas erhalten, worauf andere auch einen Anspruch erheben, und/oder etwas erwerben, für das andere einen hindernisreichen Weg einschlagen müssen.

Die Notlage des 13;2jährigen besteht hingegen darin, daß er in ein Muster, in dessen Verzweigungen er sich verstricken könnte, noch gar nicht richtig eingefügt ist. Er „meint" das zwar und unternimmt eine Reihe von Anstrengungen, um dafür einen Beweis zu erbringen bzw. zu erhalten; aber er gerät nirgendwo so richtig hinein; am Ende steht (oder sitzt) er allein da. Er findet keinen richtigen Rivalen, dem er etwas abnehmen oder an den er etwas verlieren könnte. Er ist lediglich der stumme Prügelknabe (in den TAT-Geschichten und „früher" im Leben). Die Entfaltung eines Musters, „in" dem er so oder so sich bewegen kann, steht ihm erst noch bevor. Seine Lage ließe sich (als Diagnose) so skizzieren: Die Frage, welchen Weg er zu gehen oder zu meiden hat, stellt sich (noch) nicht. Seine Symptomatik ist deswegen (wahrscheinlich) nicht ein Ausdruck für ein Beschreiten unangemessener (Lösungs-)Wege (oder unerwünschter Anpassungen), sondern dafür, daß er seiner Notlage mit einem Urbild (Archetyp) begegnet. Das heißt: Er „erhofft" sich die Lösung von einer Art magischen Flucht (Rückkehr in den Urzustand), um danach völlig verwandelt wiederzukehren. So gesehen, bietet es sich an, auch den konkreten Anlaß der Untersuchung eigens zu würdigen (bzw. zu deuten) – nämlich das Herzeigen des nackten Po. Einmal könnte diese Handlung an den berühmten Ausruf des Götz von Berlichingen erinnern, mit dem er, im Affekt, eine Verachtung kundtun wollte; zum anderen ließe sich in ihr so etwas wie eine Wiederholung des Geburtsvorganges wiederfinden, jedenfalls so, wie die Mutter ihn beschrieben hat; und schließlich würde es ihr nicht widersprechen, wenn man sie als eine Art Appell läse, nun endlich richtig herum mit ihm das Leben zu beginnen. Es gibt ein Märchen, in dem auch eine solche Notlage behandelt worden ist.

Das Märchen „Daumesdick" beginnt als die *traurige Geschichte* eines Paares, das keine Kinder hat. Dann geschah es, daß die Frau kränkelte und zu früh ein Kind geboren wurde. Es bekam den Namen Daumesdick, weil es, obwohl es ihm an Nahrung nicht fehlte, nicht größer wurde, sondern blieb, „wie es in der ersten Stunde gewesen war" (= Stagnation). Dennoch – es zeigte sich bald „als ein kluges und behendes Ding, dem alles glückte, was es anfing."

Eben diesen Umstand will das Märchen offenbar besonders hervorheben. Denn es berichtet danach über drei Beweisführungen, die dartun sollen, daß das wirklich stimmt. Es muß dabei wohl gegen Zweifel antreten, da doch auch der Mann (Vater?) lachte und sprach: „Wie sollte das zugehen?" Der Kleine kann ein Fuhrwerk lenken, „ganz ordentlich als wie bei einem Meister", so daß es einem Fremden die Bemerkung entlockt: „Das geht nicht mit rechten Dingen zu." Der Kleine entkommt mit List und Schabernack – er schlüpft in ein Mauseloch usw. – jenen Gönnern, die mit ihm nur ihr Glück machen wollen, so daß sie mit Ärger und mit leerem Beutel wieder heimwandern mußten. Der Kleine geht indessen über unwegsames Gelände weiter, zu sich sprechend: „Wie leicht bricht einer Hals und Bein", bis er seine Dienste schließlich Dieben (!) anträgt: „Ich will euch helfen." Die Diebe scheinen ein wenig zweifeln zu wollen, doch Daumesdick erteilt ihnen eine Lektion. Auch die gingen leer aus.

Ab dann war Daumesdick offenbar nicht mehr so auf der Hut. Wie die Pfadfinder in den TAT-Geschichten verschläft er einen wichtigen Augenblick. Von nun an kehrt Schabernack sich gegen ihn. Das Märchen sagt: „Er mußte nun andere Dinge erfahren! ja, es gibt viel Trübsal und Not auf der Welt!" Der Kleine gerät dann auch in eine Walkmühle (das Maul einer Kuh) und rutscht in den Magen (der Kuh) hinab. Das Quartier gefiel ihm schlecht – das schlimmste daran war, es kam immer mehr (Heu) hinzu, „und der Platz ward immer enger." Die Enge wäre wohl die gleiche gewesen, wenn es sich anders herum zugetragen und Daumesdick endlich zu wachsen begonnen hätte (= Ende der Stagnation).

Der Bericht über einen solchen Vorgang klingt natürlich nicht sehr glaubwürdig. Das „weiß" auch das Märchen und es bedient sich einer deutlichen Sprache: Wer das Unsichtbare glaubt, muß verrückt sein. Aber was man nicht sehen kann, muß deswegen noch lange nicht nicht existieren. Es erzeugt Erschrecken. Und der Mensch ist aufgerufen, sich andere Gewißheiten zu verschaffen.

Das Erschrecken anderer kam dem Kleinen zunächst zugute. Er konnte damit beginnen, sich durch etwas hindurchzuarbeiten (etwas dazuzulernen?). Doch ein neues Unglück folgt! Noch einmal wird alles (von einem Wolf) verschlungen (der Kuhmagen samt Daumesdick, der sich noch nicht ganz befreit hatte). Aber der Kleine verliert den Mut nicht – „vielleicht", dachte er, „läßt der Wolf mit sich reden." Daumesdick ist ab jetzt erfolgreich; er kann sich sogar mit einem Verlangen (des Wolfes) verbünden. Und indem er aus allen Kräften (wie ein

Neugeborenes es tut?) schreit, gelingt es ihm, Vater und Mutter wach zu machen. Nachdem der Kleine hervorgezogen ist, *sprechen* Eltern und Kind miteinander. Das Kind berichtet, welchen Weg es nehmen mußte: „Ich war in einem Mauseloch, in einer Kuh Bauch und in eines Wolfes Wanst; nun bleib ich bei euch."

Das ist ein komisches Märchen. Eine Posse ist das nicht; dazu ist es zu gut gelungen und in seiner Quintessenz viel zu ernst. Ein merkwürdiges Schicksal beschreibt es. Jemand bleibt von Anfang an zurück; er beweist, daß ihm trotzdem Unglaubliches glückt; auch schreckt es ihn nicht, daß er das Glück anderer machen soll, das weckt vielmehr seine List. Sein Glück findet er so nicht. Im Gegenteil: Er muß „bezahlen"; er wird durchgewalkt; von der Welt sieht er außer einem höchst unwegsamen Gelände nichts. „Ja, es gibt viel Trübsal und Not auf der Welt!" Einerseits scheint dieses Märchen die bittere Wahrheit auszusprechen, daß man, ohne in neue Not zu geraten, einen Rückstand nicht aufholen kann; andererseits scheint es die Hoffnung wecken zu wollen, daß man seinen Lebensweg noch einmal ganz von vorne beginnen kann (Zeugung, Entfaltung [in der Gebärmutter], Geburt).

Eine sehr ähnliche Figuration geben in ihrer Gesamtheit die TAT-Geschichten des 13;2jährigen zu erkennen. Das wurde bereits gesagt (siehe S. 97). Dazu sei angemerkt, daß die TAT-Geschichten manchmal sogar inhaltlich dem Märchen sehr nahe stehen (z. B. mit dem Motiv der kriminellen Handlung, was freilich nichts über die Stärke der Bereitschaft aussagen muß, diese Handlungen auch im Leben auszuführen). Ob als Märchen oder als Abfolge von TAT-Geschichten erzählt, immer erscheint das *eine* Schicksal, das berührt, weil alle Versuche, sich aus einer bedrückenden Notlage zu befreien, zwar real scheitern, aber zugleich stets eine neue und jedesmal gesteigerte Hoffnung erzeugen (gebären). Die TAT-Geschichten zu Tafel 12 und 13 zeigen das vielleicht noch deutlicher als das Märchen, das mehr mit Analogien und weniger mit Urbildern (Archetypen) arbeitet. Alle Hoffnung wird auf eine Wiedergeburt gesetzt (abstrakt ausgedrückt: auf einen völligen Neubeginn), nachdem auch die bescheidenere Hoffnung (die, anders gesehen, durchaus unbescheiden erscheinen mag) zerstob, nämlich die Hoffnung, ein Aufbruch zu anderen Ufern würde die Lage schon wenden.

Als Diagnose genommen, wird diese Feststellung vielleicht wenig Optimismus verbreiten. Was soll man raten, wenn es aussichtslos erscheint, sein Leben dadurch zu ändern, daß man dazulernt, den Weg des Erwachsenwerdens einschlägt? Eine Wiedergeburt läßt sich nun wirklich nicht bewerkstelligen (jedenfalls nicht in einem direkten Sinne).

Das wird nicht erwähnt, um Selbstverständliches hervorzuheben, sondern um auf eine Schwierigkeit hinzuweisen, mit der Diagnostiker zu Beginn ihrer

Ausbildung häufig zu ringen haben, die aber auch nach einer gewissen Zeit der Routine wiederkehren kann. Kurz bevor eine Diagnose anfängt Konturen anzunehmen, wird die Arbeit plötzlich unterbrochen und darüber diskutiert, was man im jeweiligen Fall machen könne ..., daß man eigentlich nicht viel machen könne ..., man sich daher fragen müsse ... Ja, was müßte man sich fragen? Man muß sich fragen, ob man dabei ist, ein seelisches Konstruktionsproblem zu rekonstruieren, das zwei Seiten hat – das sowohl die Schwierigkeiten verständlich macht, in die jemand gerät, als auch aufzuzeigen erlaubt, welches Können zu dem betreffenden Probanden gehört –, oder ob man sich von den Mängeln und Defiziten, die sich allmählich angesammelt haben, zu einer neuen Geschichtenbildung hinreißen läßt – sehr häufig zu Mitleidgeschichten. So hieß es in einem TAT-Befund zu den Geschichten des 13;2jährigen: „Die Initiative des Jungen verkehrt sich in Resignation, Verzweiflung und Tod."

Eine derartige Feststellung beruht auf einem typischen Kurzschluß. Eine Klage, die dem Hörer nicht gleichgültig ist, wird als Grund genommen und nicht wie eine Produktion behandelt, deren Zustandekommen es erst noch zu analysieren und zu verstehen gilt. Solche Kurzschlüsse sind der Beginn einer neuen Geschichtenbildung, in die dann auch die Motive des Diagnostikers ihren Eingang finden. Das läßt sich nicht völlig verhindern, bzw. wäre erst dann zu vermeiden, wenn die absolute Beobachtungsposition endlich erklommen ist. Man muß aber auf derartige Bewegungen frühzeitig hingewiesen werden, damit man sie kontrollieren kann. Und es ist eine Aufgabe für die Supervision, entsprechende Korrekturen zu ermöglichen.

Im vorliegenden Fall gestattet die TAT-Diagnose es nicht, die weitere Entwicklung des Jungen dem Selbstlauf oder einem günstigen Zufall zu überlassen. Es muß *mit* dem Jungen gearbeitet werden. Ferner erlauben die TAT-Geschichten keinen Zweifel daran, daß der Junge zur *Mit*arbeit sowohl fähig als auch bereit ist. Bereitschaft und Fähigkeit müssen sogar recht hoch eingeschätzt werden. Zwar ist mit Verweigerung (wie bei Tafel 4) und mit Engen (Stereotypien, Zwängen) zu rechnen, trotzdem lassen die TAT-Geschichten ein gutes Spektrum von Möglichkeiten erkennen. Es gibt den Rückgriff auf Klischeegeschichten und originelle Lösungen. Alle Geschichten sind folgerichtig aufgebaut und durchkomponiert.

Das Ergebnis der Intelligenzprüfung, IQ = 109 (HAWIK), gibt von den Möglichkeiten des Jungen ein verzerrtes Bild wieder. Die „geheime" Intelligenz ist höher einzustufen als die, die mit der Anzahl richtiger Lösungen für rational zu bewältigende Aufgaben gemessen wird. Freilich ergab auch diese Intelligenzmessung eine Diskrepanz, die in die gleiche Richtung weist (Verbalteil, IQ = 100; Handlungsteil, IQ = 114).

Es ist eine Absicht dieses Buches, für Zurückhaltung in Sachen Deutung einzutreten. Aber Zurückhaltung heißt nicht Verzicht. Ein genereller Verzicht auf Deutungen würde jeder Literatur das nehmen, „was jenseits ihres expliziten Berichtens liegt" (Wyatt 1970, S. 16). Kein geschriebener oder gesprochener Satz dürfte dann über das „flüchtige Wortbild" hinaus mit „allgemeinen Belangen" verbunden werden. Das wäre kaum weniger falsch, als wenn man jedes Wort für eine Anspielung auf tiefste Bedeutungen hielte. Im Streben nach Objektivität geht man heute tatsächlich sehr weit. Zuverlässig zu beobachten – so ist zu lesen – sei nur die Tatsache, daß Worte gesagt oder geschrieben worden sind; alles weitere sei eben subjektive Interpretation, vielleicht sogar „Wesensschau" (Herrmann 1969). So viel Zurückhaltung erschiene geboten, wenn außerirdische Wesen sie übten, die aus ihrer fernen Welt zum ersten Mal zu uns gekommen sind. Etwas herbeigeholte Vergleiche können durchaus auf ernste Sachverhalte aufmerksam machen.

Rückblickend ist schwer zu leugnen, daß in der Interpretation der TAT-Geschichten des 13;2jährigen jener Satz eine gewisse Schlüsselrolle einnimmt, der berichtet: Ein Junge hielt die Angel fest, an die ein großer Fisch gebissen hatte, so daß er ins Wasser flog. Die Tatsache, daß dieser Satz gesagt worden ist, gehört zu den Belanglosigkeiten unseres Lebens. Wenn wir aber durch den *Gesamtzusammenhang,* in dem er ja schließlich auch steht (immerhin ging ihm die Arbeit voraus, neun nicht beliebige Geschichten zu erfinden), genötigt sind, uns zu fragen, mit welchen allgemeineren Belangen er verbunden sein mag, so riskieren wir freilich eine Deutung. Es mag unverfänglicher erscheinen, sich in lebensfremde Konzepte zurückzuziehen, wenn man unsere – die menschliche – Lebenswirklichkeit erklären und verstehen will. Das methodische Problem der Deutung ist dadurch nicht gelöst. Es bleibt mit einem typischen Mißverständnis belastet.

Wird jener Satz so gedeutet, daß es sehr wohl so weit kommen kann, daß ein junger Mensch auf eine entsprechend bedrückende Notlage nicht nur mit Unterwerfung (Kapitulation) reagiert, sondern in der Weise zu ihr Stellung nimmt, daß er alle Hoffnung auf eine Wiedergeburt setzt, so ist nicht einzusehen, warum das a priori riskanter sein soll als beispielsweise die Aussage: Der Junge verfügt über eine gut durchschnittliche Intelligenz mit Schwergewicht zur praktischen Seite hin (vgl. die IQ-Werte). Jener Deutung sollte man freilich nicht über den Weg trauen, wenn es zur Auflage gemacht wird, zuvor auf experimentellem Wege die Existenz von Archetypen in der Form zu beweisen, wie etwa C. G. Jung sie sehen wollte, als er schrieb: „Die urtümlichen Bilder . . . haben sogar etwas wie ein eigenes, selbständiges Leben, etwa wie das von Partialseelen." Sie würden im kollektiven Unbewußten schlummern und von dort ihre Aktivität entfalten (Jung 1916, S. 76). Im vorliegenden Fall liefe das auf die Gleichung hinaus: großer Fisch usw. = Zurück zum Ungeborenen . Ein derartiges, positivistisches und substanzialistisches Beweisverlangen nimmt nicht zur Kenntnis, daß das seelische Geschehen (wer sonst?) seine eigene Notlage wohl nur aus seinen eigenen Entwicklungen heraus und mit Hilfe seiner eigenen Ausdrucksmittel verstehen kann.

So gesehen, hat der Wunsch nach einer Wiedergeburt nichts Unnatürliches an sich. Er widerspricht nicht einmal den strengen Naturgesetzen, die einen solchen Vorgang ausschließen. Er gibt eindringlich zu erkennen, zu welchem „Arrangement von jetzt aus" die Notlage jenen Jungen zwingt.

6.4. „Dornröschen", das nicht sticht

Auch im nachfolgenden Fall sprechen die TAT-Geschichten dafür, daß eine Notlage besteht, die auf eine unzureichende Entfaltung eines (familiären) Musters trifft. Dieses 12jährige Mädchen wurde in einer ärztlichen Praxis wegen „depressiver Verstimmung" und „Leistungsschwierigkeiten in der Schule" (Wechsel vom Gymnasium zur Realschule) vorgestellt. Vorausgegangen war eine stationäre orthopädische Behandlung wegen Morbus-Scheuermann. Im Krankenhaus habe sie unter dem schlimmen Zustand ihrer Zimmergenossin mit derselben Erkrankung (aber bereits im Endzustand) „schwer gelitten". Sie selbst war nach dem Krankenhausaufenthalt mehrere Wochen auf Krücken angewiesen. Sie mußte auf sportliche Leistungen verzichten und außerdem das Ballett aufgeben, was ihr besonders schwer fiel, weil sie in der Familie die einzige war, die das machte. Die Eltern sind getrennt. Die 12jährige lebt bei der Mutter. Es gibt mehrere Geschwister, ältere und jüngere, die mit Ausnahme einer jüngeren Schwester in einem „Pflegeverhältnis" zur Pb. und Mutter stehen (d. h. sie sind keine leiblichen Geschwister). Ferner wurde von einer „Interaktionsstörung" mit der Mutter gesprochen. Das Mädchen erzählte folgende TAT-Geschichten.

1: Der Junge wollte unbedingt Geige spielen. Und das ging eine ganze Zeit so. Und als er dann einmal etwas üben sollte, was er überhaupt, wo immer etwas schief gegangen ist, da hat er sich hingesetzt und hat sich das ganze Zeug angeschaut. Und dann hat er es immer wieder probiert und dann hat es nicht geklappt und da hat er überhaupt keine Lust mehr dazu gehabt. Dann hat er eine ganze Weile nur seine Violine angeschaut.

2: Da war ein Junge und der hat sich in ein Mädchen verliebt. Und nachdem das Mädchen etwas länger weg war zu einer Ausbildung und dann wieder zurückkam, da ist sie zu ihm hingegangen. Aber er hat inzwischen wieder eine andere gehabt und dann hat er gesagt, jetzt mag ich dich auch nicht mehr, du warst zu lange weg. Und dann ist (sie) zu dem seiner Mutter hingegangen und die hat auch gesagt, ja warum bist du weggegangen und du hättest ihm ja auch ein bißchen schreiben können. Und dann ist das Mädchen ganz ... na ja ... die hat sich halt schon einiges dabei gedacht und hat nicht einmal zurückgeschaut. Nur noch die Mutter angeschaut, die am Baum stand und ihrem Sohn zugeschaut hat. So ist sie weggegangen.

3 GF: Da war ein Mädchen und die war in der Schule ganz schlecht und dann hat sie einmal in der Schule eine 5 bekommen. Das war noch nie da. Und dann ist sie weinend

nach Hause gegangen und hat sich kaum getraut, es ihrem Vater zu sagen. Und da ist sie los und da stand sie plötzlich vor der Tür und hat sich rangelehnt. Und dann hat sie erst noch richtig geheult und dann kam sie rein. Der Vater hat sich schon etwas gedacht, warum die so heult. Und da hat sie es ihm gesagt und dann hat er ziemlich geschimpft, so daß das Mädchen hinausgehen mußte und die Tür zugeschlagen hat und in ihr Zimmer gegangen ist und hat mehr gelernt.

4: Da war ein Junge und der wollte mit einem Mädchen tanzen gehen. Und da hat er dann, wie er auf dem Ball war, ein Mädchen getroffen. Und so haben die zusammengefunden und nach einer Zeit, dann hat das Mädchen halt irgendwas gemacht, und so immer über ihn gesprochen. Und er hat sie auch einmal mit einem anderen Mädchen gesehen und dann, wie sie sich einmal wieder getroffen haben, da wollte der Junge nichts mehr von ihr wissen. Und sie hat sich an ihn geklammert und da hat sich der Junge losgerissen und ist weggegangen. Und dann haben sie sich auch nicht mehr getroffen.

5: Da war eine Mutter und die hat ihrer Tochter irgendwie unrecht getan, dadurch, daß sie sie geschimpft hat. Und dann ist die Tochter weggelaufen, hat in ihrem Zimmer eine Blumenvase mit einem Schild drangesteckt. Und die Mutter – nach einer ganzen Weile hat sie es noch einmal durchgedacht und ist draufgekommen, daß sie eigentlich unrecht hatte. Hat im ganzen Haus herumgerufen, aber die Tochter war nicht zu finden. Und da ist sie in ihr Zimmer gegangen und da hat sie die Blumenvase gesehen mit dem Schild drauf und da stand, daß die Tochter jetzt nicht mehr da ist und weggegangen ist. Und dann wollte sie ihr nachgehen, aber sie hat sie auch nicht mehr gefunden.

6 GF: Da war ein Mädchen und die sollte zu einem bestimmten Mann gehen. Und da hat sie den gesucht und ist in dem sein Haus gekommen. Dort war eine Dienerin und die hat gesagt, ja, setzen sie sich dort mal hin, ich sage dem Herrn Bescheid. Und weil sie eine ganze Zeit warten mußte, hat sie sich überall umgeschaut. Plötzlich kam irgendwie eine Hand von hinten und da erschrak sie. Da stand der Mann, den sie noch nie gesehen hatte, und so richtete sie die Botschaft aus.

7 GF: Da war ein Kind und ihre große Schwester. Und das Kind war noch klein und da hat sie noch mit Puppen gespielt oder mit anderen Sachen. Und eines Tages dann, weil immer die Schwester hat immer gesagt, nein, so geht es nicht, nein. Und eines Tages da hat die Tochter dann, wie ihre Schwester was gesagt hat, wollte sie nichts mehr von ihr wissen. Sie hat immer wieder hinausgeschaut und zum Fenster und die Schwester ist langsam irgendwie ... die Schwester ist komisch geworden. Sie hat gesagt, warum schaust du mich nie an, da hat das Mädchen gesagt, ja warum denn, du sagst mir immer, was ich nicht machen soll, aber nie, was ich machen soll.

8 GF: Da war ein Mädchen und die hatte eine große Schwester und die hat sie immer beneidet. Und dann eines Tages, dann hatte die Schwester Klavierunterricht und da saß ihre Schwester an der Seite auf einem Stuhl und hat sie immer ganz sehr angeschaut. Sie dachte immer dabei, warum bin ich das nicht, warum kann ich nicht auch so sein. Und da am Schluß geht sie zu ihrer Schwester und sagt ihr alles, wie sie so schön ist und alles, und da sagt sie, du bist es doch auch, und da sagt sie, nein, das finde ich nicht. Und dann sagt die andere, auch wo, und wenn du es nicht selber glaubst, dann mach ich eben, dann sage ich es dir eben, wie gut du es kannst. Und dann hat ihre Schwester sich um sie gekümmert und ihr alles beigebracht. Und nach einer ganzen Zeit dann hat sie gesagt, jetzt habe ich das auch gemacht, und jetzt bin ich auch so, das habe ich nur dir zu verdanken.

9 GF: Da waren zwei Mädchen, das waren Geschwister, die sehr schön waren, und die sind eines Tages, die wollten ans Meer, und dann gab es aber plötzlich ... da war es erst ganz ruhig, und sie waren ganz friedlich, sie haben ihre Hefte durchgelesen und haben

Fangen gespielt. Aber dann plötzlich gab es einen großen Streit. Und da ist die größte Schwester von ihnen weggerannt. Die andere wollte nachrennen, aber das ging nicht. Sie war zu schnell und die größere ist dann gestolpert und über einen Stein gefallen. Gott sei dank hatte dieses andere Mädchen noch einen Lappen bei sich und tupfte sie damit ab. Und wie sie dann wieder erwachte, da war der Streit wieder aus, und sie spielten wieder.

10: Da war ein Mann, der einen Sohn hatte und der hatte ihn so lieb, daß sie jeden Abend zusammensaßen und zusammen spielten. Und als der Sohn dann größer geworden war, mußte der Vater einmal weggehen. Und der Sohn war dadurch sehr betrübt und hielt den Vater fest. Dieser aber küßte ihn nur kurz und flüsterte ihm etwas ins Ohr. Dann mußte er aber weggehen. Der Sohn sagte: Ich liebe dich so, Vater, gehe nicht weg. Doch der Vater hörte nicht mehr darauf und war schon weg.

Die *Klagen,* die in den Geschichten geäußert sind, „zeichnen" mit wenigen Strichen und recht konsequent das Bild eines hoffnungslosen Schicksals. Immer geht etwas schief. Man wird nicht geliebt (von Jungen, einem Vater). Unrecht widerfährt einem (auch von einer Mutter). Man findet keinen Beistand (nicht einmal von einer Mutter). Zwar gibt es Schönheit und Können bei anderen (einer Schwester); aber man bekommt immer nur zu hören, was man nicht tun soll (wie kann man teilhaben an den angenehmen Seiten des Lebens?).

Die *gelebten Methoden* sind nicht dazu geeignet, eine Veränderung herbeizuführen. Zwar wird probiert, aber man traut sich nicht so recht. Es bleibt dann doch überwiegend beim Warten, Anschauen – man setzt sich hin. Ist mehr Aktivität erforderlich oder unausweichlich, so vollzieht sie sich „in" dem Gegensatzpaar Sichanklammern-Weggehen. Auch die Steigerungen bleiben in diesem Rahmen: Sichanklammern-Weglaufen.

Konkrete Handlungen, die direkt etwas bewirken, sind in den Geschichten (und wohl auch nebenher; im Protokoll ist darüber nichts vermerkt) ebenfalls nicht zu beobachten. Dem Probieren scheint das ungebrochene Streben zu fehlen, das es zum Erfolg führen würde. Nur kurz kann man direkt etwas tun (küssen). Die Regel scheint zu sein, daß man indirekt etwas unternimmt (durch die Blume spricht) und ansonsten dazu neigt, abzuwarten und anderen die Aktion zu überlassen.

Das *Konstruktionsproblem* ist durch ein Verharren in Anlehnung gekennzeichnet. Man entwickelt kaum Initiative (bzw. verfolgt sie – z. B. Lernen – nicht weiter), denn sie würde die Gefahren, die ohnehin schon drohen, nämlich, daß man abgeschüttelt oder vertrieben wird, nur noch schneller heraufbeschwören. Am liebsten wäre es einem. wenn Differenzierungen nicht nötig wären, wenn man im Unklaren halten könnte, was Menschen miteinander und gegeneinander verhandeln. Doch das verlangt seinen Preis. Plötzlich bricht etwas auf (Streit), das (der) sogar Wunden schlägt. Die Lösung bestünde darin, daß man abwarten „möchte", bis jemand (ein bestimmter Mann) plötzlich (aus dem Hintergrund) auftaucht. Das Erschrecken darüber müßte man in Kauf nehmen.

Tafel / Klagen	gelebte Methoden	Konstruktionsproblem	konkretes Handeln
1) immer geht etwas schief, keine Lust	sich hinsetzen, Zeug anschauen, probieren, anschauen	unbedingt etwas wollen, es klappt dann nicht	immer wieder probieren
2) nicht gemocht (geliebt) werden; Junge (Mann) = untreu; Mu. hilft auch nicht	zu einer Mu. gehen, anschauen, weggehen (Lernen bringt nichts)	bei Rivalität Rückzug, Anlehnung statt Differenzierung; Initiative wird erwartet (von ei. Mu.)	zu jemandem (Mu.) gehen
3) auch ein Vater schimpft; es wird noch schlechter	weinen; sich kaum trauen; hinausgehen (mehr lernen), sich anlehnen	ein Va. „vertreibt"; an wen kann man sich anlehnen?	nach Hause gehen
4) Junge will von Mädchen nichts mehr wissen	Md. klammert sich an, Jg. reißt sich los	Lernen ändert nichts abgeschüttelt werden; Unklarheit üb. Rivalität od. im Unklaren lassen?	irgendetwas machen
5) Mu. tut Tochter unrecht, Schimpfen	weglaufen (als Druckmittel), sich nicht direkt wehren	was soll der Mu. durch die Blume gesagt werden?	ein Schild dran stecken (indir. Mitteilung)
6) einen best. Mann suchen, erschrecken	sich überall umschauen; sitzen u. warten, kein aktives Suchen	warten (müssen) bis der Mann (plötzlich) auftaucht	warten
7) Schw. sagt immer, was man nicht machen soll nichts mehr von jmd. wissen wollen	immer wieder wegschauen	komisch werden, gr. Schw./ Mu. = Mischfigur; wer sagt, was man machen soll?	spielen, aus dem Fenster schauen
8) gr. Schwester beneiden, abseits sitzen	immer anschauen, schmeicheln (?), Hoffnung auf Schwester setzen	warum bin ich anders? – nicht so schön?	daneben sitzen
9) Streit, Entzweiung zw. Geschwistern	wegrennen, nachrennen, stolpern, fallen	plötzlich bricht etwas auf – Streit, Verwundung	stolpern
10) betrübt, Va. hört nicht, geht weg	den Va. festhalten (an Va. u. So. festmachen)	Liebeserklärung wird nicht erhört	zusammen spielen, kurz küssen

Im ganzen ist das ein Entwicklungsstand, der bestimmte Verwicklungen (Differenzierungen und Erweiterungen) noch nicht zu verkraften erlaubt. Jedenfalls kommt es bei aufgezwungenen Verwicklungen (Rivalitäten) zu einem „Rückfall" in beinahe bloße Anlehnung. Allerdings macht sich mehr und mehr auch die Ahnung breit, daß dieses elementare Muster sich entfalten müßte. Man spürt sehr wohl, daß Frauen (Schwestern) gefährliche Rivalinnen, schön und beneidenswert, sind. Einstweilen möchte (oder muß) man seine Hoffnung auf deren (Sinnes-)Wandel setzen, darauf, daß sie schon noch sagen werden, was man tun soll, damit man (wieder) so wird, wie sie sind.

Der Unterschied zum zuvor vorgestellten Fall liegt wohl darin, daß hier die Gefahr besteht, sich ganz der Enttäuschung zu überlassen, die aus der unerfüllten Hoffnung auf die Wandlungsfähigkeit bzw. -bereitschaft der anderen erwächst. Der 13;2jährige, der seine Hoffnung auf eine „Wiedergeburt" setzte, konnte darin auch seine eigene Wandlungsfähigkeit einschließen. Die 12jährige muß demgegenüber real erfahren, daß Wandlung auch die Preisgabe eigener Entwicklungsmöglichkeiten bedeutet. Eine Entwicklungsstörung im eigenen Körper führt zu Bewegungseinschränkungen und je nach Schwere der Beeinträchtigung zu Ermüdung und Schmerzen.

Erst jüngst haben G. und R. Biermann (1982) darauf hingewiesen, daß körperliche Beeinträchtigungen, gerade wenn sie in den Entwicklungsjahren zwischen Kindheit und Erwachsensein offenkundig und behandlungsbedürftig werden, extreme Belastungen auch der psychischen Verfassung mit sich bringen. Der vorgestellte Fall kann das mit seinen TAT-Geschichten nur bestätigen. Diese Geschichten erlauben es nicht auszuschließen, daß eine vielleicht doch schon altersgemäße Entwicklung, deren Differenzierung aber noch nicht tragfähig sein konnte, weil sie sich gerade erst ausbildete, wieder auf ein einfacheres Anlehnungsmuster zurückgefallen ist.

Die Anhaltspunkte dafür, welches Märchen helfen könnte, auch in diesem Fall die wesentlichen Verhältnisse zu veranschaulichen, scheinen zunächst nicht sehr deutlich zu sein. Das Warten darauf, daß der bestimmte, richtige Mann kommt und man (wach-)geküßt wird, läßt zwar an das Dornröschen denken. Es gibt auch das Motiv des Anschauenmüssens. Aber es ist nicht die eigene Schönheit, die bewirkt, daß der Prinz die Augen von einem nicht abwenden kann, so daß er schließlich den erlösenden Kuß geben muß. Die Schönheit ist bei einer anderen (Schwester). Man sitzt daneben und muß irgendwie erreichen, daß jene einem alles beibringt, damit man auch so ist. Erst recht fehlt die Dornenhecke bzw. das, wofür sie steht.

Nimmt man die Schwester als eine Verkörperung der Möglichkeiten, die man sich selbst wünscht, so rückt das Märchen schon näher. TAT-Geschichten und Märchen stimmen auch darin überein, daß Elternfiguren ein Unglück (nicht

geliebt zu werden) von dem Mädchen nicht abwenden (können). Die Geschichten scheinen eher noch eine härtere Version anzubieten als das Märchen. Sie sagen nichts von einer Milderung (durch eine gute Fee).
Es bleibt eine wesentliche Abweichung. Während das Märchen die Dornenhecke höher und dichter wachsen läßt, zeigen die TAT-Geschichten bestenfalls Spuren von Widerborstigkeit. Man braucht dem Märchen nur zu „unterstellen", es wolle u. a. sagen, daß Widerborstigkeit eine sehr wichtige Angelegenheit in der Entwicklung eines Mädchens zur Frau ist, nämlich auch ein Können und nicht nur ein bloßes Unvermögen, so liegt es nahe, eben im Fehlen dieses Könnens das Problem zu vermuten. Sehr unwahrscheinlich kann diese Annahme nicht sein. Dornröschen wurde immerhin von einem Jüngling wachgeküßt, der sich von seiner Widerborstigkeit nicht abschrecken ließ. Andere vor ihm „starben eines jämmerlichen Todes." Hierdurch hat eine Auslese stattgefunden, so daß die Hochzeit in aller Pracht mit dem Richtigen und nicht dem Erstbesten gefeiert werden konnte. Die TAT-Geschichten der 12jährigen erzählen demgegenüber von einem „Dornröschen", das nicht stehen kann.

So paradox, wie sie erscheinen mag, ist die Tatsache nicht, daß ein Mädchen mit Widerborstigkeit schließlich an den richtigen Partner gerät. Andernfalls wäre es willfährig gegen jeden Mann; oder es bliebe ihm, wenn es sich nicht prostituieren will, der Verzicht auf Aktivität (Initiative).

Die TAT-Geschichten, die das 12jährige Mädchen erzählte, lassen kaum einen Zweifel daran, daß eine Aktivität im Sinne des „Sich-an-etwas-Heranmachens" (Erikson 1957, S. 234) nicht erbracht und statt dessen die (bloße) Anlehnung aufgesucht wird. Angriff und Eroberung gehören deswegen nicht zu den bereitstehenden Möglichkeiten. Potentielle Rivalinnen können nicht bezwungen und Übergriffe von Geschwistern kaum abgewehrt werden. Allenfalls könnte man mit Schmeicheln etwas zu erreichen suchen. Es kommt hinzu, daß offenbar keine bevorzugte Stellung bei der Mutter gehalten werden kann. Und die Wünsche, die auf einen Vater zu richten sind, machen sich stark bemerkbar, bedürfen aber einer „Zensur". Autonomie, die durch Lernen abzusichern wäre, wird als eine Überforderung empfunden – man fühlt sich ihr nicht gewachsen. Um sich davor gleichsam selbst zu schützen (weil andere das nicht tun), werden entsprechende Wünsche und Regungen außer Kraft gesetzt.

Zu der merkwürdigen Kombination aus Widerborstigkeit und 100jährigem Schlaf im Märchen ist einmal anzumerken, daß es in unserer Kultur dem Mädchen ja (immer noch) auferlegt wird, das Sich-an-etwas (Jungen)-Heranmachen in der direkten Form möglichst den Jungen zu überlassen. Zum anderen vermag das Motiv des langen Schlafes zu verdeutlichen, in welcher strukturellen Hinsicht die hier vorgestellten Fälle „Dornröschen" und „Frau Holle" sich unterscheiden. Die 10;9jährige ringt mit ausbrechenden Rivalitäten (in der Einheit Familie) und muß erfahren, wie schwer sie zu beherrschen und konstruktiv auszutragen sind. Die 12jährige hätte wohl gerade die Rivalitäten gerne noch schlummern lassen (mit Dornröschen fällt die ganze familiäre Umgebung in den langen Schlaf).

7. Zur Möglichkeit der Differentialdiagnose

In allen bisher vorgestellten Fällen waren Entwicklungsprobleme in dem Sinne zu diagnostizieren, daß die *notwendige Umorganisation* der emotionalen Beziehungen beeinträchtigt ist. Es ist jedenfalls noch kein Entwicklungsstand erreicht, der eine befriedigende Lebensgestaltung ermöglichen wird. In der Mehrzahl der Fälle gelingt es nicht, die Einfügung in das familiäre Muster so umzubilden, daß künftig neue Beziehungen relativ konfliktfrei aufgenommen werden könnten. Der erreichte Entwicklungsstand wird dort sozusagen festgehalten, so daß die Weiterentwicklung (Umbildung) behindert ist. Für die beiden letzten Fälle darf festgestellt werden, daß die Einfügung selbst problematisch ist, weil sehr wahrscheinlich die Entfaltung des Musters nicht weit genug gediehen ist. Zumindest aber hält sie größeren (realen) Belastungen nicht stand, und es kommt zu einem Rückgriff auf einfachere Muster.

Der TAT erlaubt Differentialdiagnosen dieser Art. Auch hierbei werden die Unterscheidungsmerkmale *aus* den Beschreibungen der Fälle gewonnen. Es ist wenig zweckmäßig, sich gleich an festgelegten, nicht mehr beweglichen Systemen von Erscheinungsmerkmalen verschiedener Krankheitsbilder orientieren zu wollen. Man würde dabei die Anschmiegsamkeit des TAT ungenutzt lassen und sich mit einer bloßen Zuordnung der Fälle zu bestimmten, allgemein definierten Krankheitsbildern begnügen. Außerdem widerspricht die Klassifikation dem Ziel individuumzentrierter Diagnosen. Und gerade dafür ist der TAT geeignet. Wie sich zeigen ließ, erlaubt dieser Test es, die Funktionsweise (das innere Getriebe) einer „Krankheit" als jeweils individuellen Fall verständlich zu machen (jedenfalls darf das für die Mehrzahl der Fälle gelten, wenn der Test kunstgerecht durchgeführt worden ist).

Differentialdiagnosen mit Hilfe des TAT sind möglich, wenn auch die Krankheitsformen – gleichgültig aus dem Blickwinkel welcher Theorie – nach Kategorien aufgeschlüsselt werden, die sich *aus* der Beschreibung ihres Funktionierens (inneren Getriebes) ergeben. Deskription darf dann freilich nicht – so etwas geringschätzig – nur als eine Vorform der Datenerhebung angesehen werden. Beschreibung muß dann schon als eine *rekonstruierende Tätigkeit* gelten dürfen und als solche auch praktiziert werden.

Die Individualität des Einzelfalles ist die Crux jeder Systematisierung. Deswegen hätte man es ja so gerne, daß die Individualität sich auf die Summe der Banalitäten reduzieren ließe. Für das rekonstruierende Vorgehen ist die Vielgestaltigkeit der Einzelfälle der Ermöglichungsgrund für strukturelle Entsprechungen. Der Einzelfall behält seine Eigenart auch dann uneingeschränkt, wenn er zusammen mit anderen individuellen Fällen einem Strukturmerkmal zugeordnet wird. Was derart einander entsprechende Fälle voneinander unterscheidet, sind die Ausprägungen, die sie im Rahmen der strukturellen Möglichkeiten anbieten. Fälle, die in struktureller Hinsicht voneinander zu unterscheiden sind, können Ähnlichkeiten in ihrer Erscheinungsweise zeigen.

Im folgenden soll ein Strukturmerkmal vorgestellt werden, das in der Klientel der üblichen psychologischen Praxis und Beratung zwar selten vorkommt, von dem aber für die Lebensgestaltung besondere Konsequenzen zu erwarten sind. Interessanterweise zeigt es sich in den Geschichten, die zu Tafel 1 erzählt werden (vgl. Tafelbeispiel 1) bereits recht deutlich. Die Beispiele stammen von Erwachsenen. Ob eine ähnliche Konstruktion schon bei Kindern vorkommt, bliebe zu überprüfen. Dem TAT-Diagnostiker sollte sie bekannt sein. Die Beispiele werden nach dem methodischen Prinzip der Reihenbildung aufeinander folgen. Damit ist nicht entschieden, ob für sie die gleiche Diagnose gestellt werden muß.

Das erste Beispiel ist die Geschichte eines 24jährigen Mannes:

Der Junge sitzt vor seiner zerbrochenen Geige, oder was immer das ist, an der er sehr gehangen hat und die ihm ermöglicht hat, etwas auszudrücken, was in ihm war.
Ich merke gerade, daß ich mich furchtbar gegen eine dramatische Geschichte wehre!
Er hat das Gefühl, daß die Violine ihn im Stich läßt. Die hat ihm vielleicht die Möglichkeit gegeben, sich irgendwo ... frei zu sein, sich einen Freiraum zu schaffen. Er fühlt sich im Stich gelassen, weil er von Menschen umgeben ist, die ihn nicht verstehen und die ganze Zeit mit irgendwelchen dummen Pflichten bedrängen. Jetzt sitzt er im dunklen Raum und hat eigentlich ohne seine Geige nur noch die Möglichkeit, sich in sich zurückzuziehen, wobei er weiß oder ahnt oder fühlt, daß in ihm etwas ist, was er für besonders kostbar hält, das er aber niemandem zeigen kann, weil niemand da ist, der sich dafür interessiert.

Diese Geschichte scheint das Ende an den Anfang zu stellen – etwas ist bereits zerbrochen. Nun könnte man den Probanden erzählen lassen, wie es dazu gekommen sein mag. Aber der Urheber der Geschichte kommt einer solchen Intervention zuvor. Er bemerkt, daß er sich gegen etwas Dramatisches „furchtbar" wehrt. Der nachfolgende Teil der Geschichte beglaubigt das durchaus. Darin ist zweimal davon die Rede, daß man sich im Stich gelassen fühlt. Auch ein Grund ist dafür genannt. Menschen bedrängen jemanden mit dummen Pflichten und interessieren sich nicht für etwas besonders Kostbares in ihm. Was hat der zerbrochene Gegenstand damit zu tun? Die Frage muß gestellt werden, weil wohl auch mit dem Ansprechen dieses Gegenstandes an etwas gerührt wird, das die furchtbare Gegenwehr herausfordert. Wenn ein wichtiger Gegenstand zerbricht, wird im übertragenen Sinne häufig davon gesprochen, daß er seinen Besitzer im Stich gelassen habe. Dabei muß nichts Ungewöhnliches im Spiel sein.

Der Ablauf der zitierten Geschichte macht es jedoch erforderlich, die gestellte Frage genau auf diesen Punkt zu zentrieren. Wurde hier tatsächlich im übertragenen Sinne gesprochen? Die erzählte Geschichte allein reicht nun freilich nicht aus, um dies abschließend zu entscheiden. Dazu wurde sie auch nicht zitiert. An ihr kann gezeigt werden, welche wichtige Frage sich auf Grund einer genauen Beschreibung nahe legt, ja, sogar aufdrängt.

Jene Geschichte handelt von einem Rückzug auf die eigene Besonderheit bzw. Kostbarkeit. Das schließt den generellen Vorwurf ein, im Stich gelassen zu sein. Die Geschichte selbst trägt ihn zudem ausdrücklich vor. Die gestellte Frage verlangt dann zu prüfen, ob der Vorwurf total, also *gegen alles* gerichtet ist, ohne zwischen Menschen, die einen im Stich lassen können, und Gegenständen, die sich in dieser Hinsicht neutral „verhalten", zu unterscheiden.

Das zweite Beispiel, die TAT-Geschichte zu Tafel 1, die ein 35jähriger Mann erzählte, ist in dieser Hinsicht eindeutig.

Der Junge ist mal ganz abgeschlossen, alleine, beherrscht von einer Problemsituation: Von Ansprüchen, die an ihn gestellt werden, von der Umgebung, im Gegensatz zu seiner kindlichen Welt. Marterinstrument Geige. Die gehört zu den Ansprüchen. (Protokollant: „Ich komme kaum noch mit"). Geigenunterricht! An die Geige muß er sich noch gewöhnen. Eltern machen es ihm klar. Es quält ihn, daß er die Geige nicht lieb haben kann. Er behandelt die Geige schonend, weil er sich von der Vernunft her sagt, es sei ein kostbares Stück. Aber am liebsten würde er sie gar nicht in die Hand nehmen, sie nicht berühren. (Protokollant: „Ich komme nicht mit dem Schreiben mit, bitte ihn, das letzte noch einmal zu wiederholen").
In der Situation hat er kurz vorher große Wut auf dieses Instrument gehabt. In dieser Umgebung fühlt er sich ganz alleine, sicher und unbeobachtet. Seine Wut ist abgeklungen, hat sich gelegt. Er beobachtet die Geige so, als erwarte er, daß die irgendwie reagieren müsse auf seine überschäumende Reaktion, die vorher da war. Er wäre bereit, lange so zu sitzen, die Geige zu beobachten. Wenn sie sich rühren würde, würde er sie angreifen. Hauptsächliche Empfindung ist die, lange so alleine bleiben zu können. Die Entwicklung wird so sein, daß die Geige sich nicht rührt, er sich beruhigt und die Situation sich auflöst. Später wird er Angst haben davor, mit der Geige allein zu sein, weil er sich nicht traut und fürchtet, ihr in ähnlicher Situation etwas anzutun.

Bis zur Unterbrechung durch den Protokollanten bleibt der erste Teil der Geschichte im Rahmen dessen, was Kinder und Erwachsene häufig zu dieser Tafel erzählen. An ein Kind werden von den Eltern Ansprüche gestellt, die den Wünschen des Kindes zuwider laufen. Das Kind gerät dadurch in eine problematische Lage und versucht eine Lösung, indem es den Konflikt auf die Geige verschiebt, um ihn dort (aggressiv) zu bewältigen, statt ihn direkt mit den Eltern auszutragen. Auch diese Lösung gehört zur üblichen Version von Geschichten zu dieser Tafel. Es geht jedoch in eine individuellere Version über, wenn ferner erzählt wird, daß es jemanden quält, wenn er ein als kostbar erkanntes Stück nicht lieb gewinnen kann, weil er irgendein Widerstreben nicht zu überwinden vermag. Eine solche zwickmühlenartige Verwicklung, quasi mit sich selbst, so genau mitzubekommen, ist obendrein eine nicht alltägliche Leistung.

Der zweite Teil der Geschichte ist dann aber ungewöhnlich. Darum gebeten, einen Teil des bis dahin Erzählten zu wiederholen, bringt der Proband nun eine veränderte Version der üblichen Geschichte. Das Wiederholen gerät zu einem Umerzählen (das ist mehr als eine Variation), wobei sich nun eine „andere" Geschichte herauskehrt, die in dem ersten Teil offenbar noch verborgen war. Jetzt steht jemand, der ganz allein ist, einer sehr bedrohlichen Umgebung gegenüber. Sie ist so bedrohlich geworden, weil man selbst überschäumend wütend war. Die Situation ist jetzt so, als würde sich die eigene übermäßige Wut gegen einen selbst kehren und einen dann vernichten. Es geschieht aber nichts. Alles bleibt an seinem Platz. Es ist offenbar gelungen, die zerstörerische Wut zu bannen. Der Wütende befindet sich in einer magischen Welt. Womit er es zu tun hat, das hat auch etwas mit ihm zu tun. Auch Objekte sind belebt. Solange man selbst stillhält, bleibt auch alles andere an seinem Platz. Dies wiederum gibt die Sicherheit, die man braucht, um nicht selbst die Fassung zu verlieren. Die Situation – die Wut – löst sich schließlich auf; aber es bleibt die Angst, daß sie wiederkommt.

In diesem letzten Fall ist ein grundlegender Konsens, der unter Angehörigen unserer Kultur einhellig gilt, nämlich die Anerkennung des doch wohl kategorialen Unterschieds zwischen belebt und unbelebt, zweifellos fragwürdig geworden. Weil die TAT-Geschichte keinerlei Anzeichen dafür enthält, daß hier absichtlich eine merkwürdige Geschichte erzählt worden ist (es sei wiederholt, daß der zweite Teil der Geschichte sich regelrecht hervordrängte), beginge der Diagnostiker einen Kunstfehler, falls er diesen Umstand stillschweigend überginge. Ob in diesem Fall die Verwendung einer Krankheitskategorie, vielleicht sogar im psychiatrischen Sinne, gerechtfertigt ist, kann und braucht an dieser Stelle nicht entschieden zu werden. Um das zu klären, wären Spezialuntersuchungen erforderlich. Daß ein Konstruktionsproblem besonderer Art vorliegt, das in der Lebensgestaltung entsprechende Resultate (Produktionen) hervorbringen müßte, darf jedenfalls angenommen werden.

Um der angeschnittenen Frage nicht ganz auszuweichen, wurde ein messendes Verfahren angewandt, das E-P-I (Eysenck-Persönlichkeits-Inventar, Göttingen 1974). Dieser Persönlichkeitsfragebogen bietet die Möglichkeit, den Probanden mit folgenden „klinischen" Gruppen zu vergleichen: Schizophrenie, Depression, Neurosen, Alkohol-Psychose. Das Ergebnis ist eindeutig so ausgefallen, daß der Proband weder seiner „normalen" Altersgruppe noch einer „klinischen" Gruppe zuzuordnen ist.

Aus dem Leben des 35jährigen ist zu berichten: Von „dienstlicher Seite" sei ihm „psychische Auffälligkeit" vorgehalten worden. Für ihn sei das zwar nicht von „tragender Bedeutung", aber für die Personalakte sei das wichtig. Seine Versetzung sei zurückgestellt worden; gegen ihn liefe ein „disziplinarisches Vorermittlungsverfahren". Der Amtsarzt sei an ihn herangetreten, habe ihn mit dem Vorliegenden bekannt gemacht und an einen Psychiater überweisen wollen. Der Proband hat das abgelehnt. Aus einem Schreiben des Vorgesetzten geht hervor, daß Zweifel an der Diensttauglichkeit wegen aufgefallener psychischer Störungen bestehen. Die Störungen sind nicht spezifiziert; es ist nur davon die Rede, daß Pb. „verworrene" und „unverständliche" Briefe geschrieben habe. Die Kopie eines solchen Briefe hat Pb. mitgebracht. Schließlich wird im Schreiben des Vorgesetzten mit vorsichtigen Formulierungen angedeutet, daß man einen Verdacht auf Schizophrenie hege.

Der Pb. berichtet, wogegen er sich gewehrt habe, u. a. gegen eine stationäre Untersuchung. Seinen Ausführungen ist nicht leicht zu folgen. Man erhält als Zuhörer kein sehr klares Bild von den Vorkommnissen. Auch die Ausführungen über den beruflichen Werdegang, die Dienstjahre, die privaten Lebensverhältnisse ermöglichen es nicht, eine klare Übersicht zu gewinnen. Streckenweise stellt er die Abwicklung dienstlicher Angelegenheiten nicht anders dar, als der Zuhörer es auch tun würde. Das ist alles sehr vernünftig gesehen; es ist sogar ein gewisser Scharfblick für die Grauzonen der Beamtentätigkeit zu diagnostizieren. Gerade die Verwicklungen von privaten und dienstlichen Dingen werden recht realistisch geschildert. Es ist aber dennoch nicht herauszufinden, was man nun genau gegen den Pb. hat. Der erwähnte Brief ist weder verworren noch unverständlich (im Sinne dieser Worte), allenfalls etwas ungewöhnlich in seiner Form. Der Antwort auf die Frage, warum er den Brief gerade so abgefaßt habe, ist zu entnehmen, daß er genau weiß, was auf dem Dienstweg üblich ist, er wolle es aber so machen, wie er es getan hat.

Alles in allem leuchtet ein, daß man – vor allem, wenn man die Art seiner dienstlichen Aufgaben nicht aus dem Blickfeld verliert – Vorbehalte gegen ihn hat, daß man, bevor Entscheidungen gefällt werden, die neue Fakten schaffen, möglichst genau abklären möchte, womit man bei dem Pb. tatsächlich zu rechnen hat. Die offenbar vorsichtige Behandlung seines Falles erscheint nicht inkonsequent. Andererseits erweckt der Pb. eine gewisse Sympathie, so daß man geneigt ist, an Behördenstarrsinn oder gar -willkür zu denken. Aber man kann sich nicht festlegen, denn es gelingt nicht, gerade an den Stellen Klarheit zu gewinnen, wo die verschiedenen dienstlichen und privaten Dinge sich überschneiden, oder wo sie ineinander laufen. Das größte Rätsel war, daß Pb. von alldem, was gegen ihn in Gang gekommen war, nicht sehr betroffen zu sein schien, so daß man sich fragen mußte: Kann dieser Mann überhaupt wütend werden?

Auf der Grundlage der zitierten TAT-Geschichte (und des ganzen TAT) ist hierzu folgendes zu sagen: Der Pb. beobachtet genau. Er ist sensibel für seelische Zusammenhänge. Mit gängigen zeitgenössischen Klischees für soziale oder zwischenmenschliche Situationen (z. B. der Formulierung „Eltern-Kind-Beziehung") ist er vertraut. Aber sein Interesse zielt auf die Verwicklungen, die mit solchen Klischees gewöhnlich verdeckt werden. Für sie muß er sich interessieren, weil er selbst seine Gefühle und die ihn umgebende Realität nicht gut miteinander in Einklang bringen kann. Besonders die auf Destruktion gerichteten Gefühle ängstigen ihn in ungewöhnlich hohem Maße. Gegen sie muß er sich wirksam sichern. Am besten wäre es für ihn, Gefühle gäbe es nicht. Aber die Gefühle sind da. Vorgänge in der Realität provozieren sie und man braucht sie, um in der Realität durchzukommen. Was die Vernunft sagt, ist oftmals richtig; es kann aber die Gefühle nicht widerlegen. Die wirksamste Maßnahme gegen die Ausbreitung von Gefühlen – sie jedenfalls macht verständlich, warum der Pb. gerade an den Stellen so auffallend leidenschaftslos reagiert, wo ihn etwas betroffen machen müßte – ist die Auflösung gefährlicher Situationen durch Stillhalten. Insgeheim mag er sogar „denken", die Dinge wären so wütend, wie er es sein kann; sie würden ihn zerstören „wollen", und deswegen sei es besser, durch Stillhalten sie nicht noch wütender zu machen.

Dieser Fall wurde ausführlicher dargestellt, um damit einmal mehr zu unterstreichen, daß die Stärke des TAT darin liegt, auf dem Wege der Beschreibung gerade auch in schwierigen Fällen Rekonstruktionen zu ermöglichen. Ob er darüber hinaus als ein zuverlässiges Verfahren gelten darf, wenn die sichere Zuordnung zu feststehenden Krankheitsbezeichnungen verlangt ist, kann nur auf der Grundlage von Untersuchungen an entsprechend großen Populationen ermittelt werden. Die Absicht dieses Buches kann nur sein, exemplarisch seine Möglichkeiten im Bereich des rekonstruierenden Vorgehens aufzuzeigen.

Die TAT-Geschichten anderer Patienten, bei denen die Diagnose „Schizophrenie" als gesichert gilt, sind dadurch gekennzeichnet, daß Zusammenhänge, die für uns ganz selbstverständlich sind, in den Geschichten nicht durchgehalten werden. Abläufe zerbrechen plötzlich. An den Bruchstellen fehlen dann Verbindungen oder Verzweigungen, aber die „Geschichte" wird so fortgesetzt, als fehlte nichts; oder es beginnen unvermittelt ganz andere Abläufe. Zum Beispiel: Von einem Augenblick zum anderen sind reale Gegenstände einfach weg; aber das Verschwinden ist weder eine Konsequenz der Dramaturgie, noch ist Zauberei angedeutet. Trotzdem bleiben die Geschichten nachvollziehbar. Es ist jedoch nicht sicher, ob der Nachvollzug echt ist, oder ob er durch die grammatische Struktur der aufeinander folgenden Sätze lediglich vorgetäuscht wird.

Es sei unterstrichen, daß die Reihenbildung hier ein methodisches Prinzip ist, das der Lokalisation von Unterschieden dient. Seine Anwendung bedeutet *nicht,* daß ein kontinuierlich verlaufender „Krankheitsprozeß" angenommen werden muß. Aus dem Blickwinkel des TAT ist das eine offene Frage.

8. Zur Wirksamkeit diagnostizierter Bilder

8.1. Vorbemerkung

Im nun folgenden Kapitel wird von „Bildern" bzw. phantastischen Motiven die Rede sein, die mit Hilfe des TAT zu diagnostizieren sind. Bisher sollte gezeigt werden, daß derartige Motive, die vorwiegend Märchen entstammen, im biographischen Material *wiederzuerkennen* sind und zwar als „Muster, die verbinden", was in der Lebensgestaltung Bedeutung erlangt. Insofern dieses Ziel als erreicht gelten darf, ist nun die Aufgabe gestellt, eigens den Nachweis zu versuchen, daß solche Muster im Leben tatsächlich *wirken,* bzw. zu zeigen, was sie zumindest bewirken können. Je plausibler die Interpretationen der vorgestellten Fälle erscheinen, je mehr fordern sie zur expliziten Beweisführung heraus.

Eine entsprechende Beweisführung ist nicht leicht zu bewerkstelligen. Neben einer Reihe praktischer Hindernisse sind es vor allem prinzipielle Schwierigkeiten, die sich einem solchen Vorhaben entgegenstellen. Wie oben dargelegt, führt es nicht viel weiter, wenn man direkt danach fragt, ob die Muster (Strukturen), die sich mit Hilfe des TAT rekonstruieren lassen, „richtig" (wahr) sind, bzw. mit welcher Irrtumswahrscheinlichkeit zu rechnen ist, wenn man sie für gültig hält. Die Gültigkeit der TAT-Befunde wäre ja bereits erwiesen, wenn sich zeigen ließe, daß Konstruktionen, die dieser Test mit seinem Material (den erzählten Geschichten) ermöglicht, sich bewähren, wenn man sie anderswo, nämlich „in" den alltäglichen Lebensvollzügen, auf die Probe stellt.

Eine Eins-zu-Eins-Übersetzung, d. h. die Erwartung, daß im Leben, wenn auch mit gewissen Einschränkungen, das stattfindet, was in TAT-Geschichten erzählt wird, ginge an der Eigenart und den Möglichkeiten des TAT vorbei. Die Literaturthese, die diesem Buch zu Grunde liegt, besagt, daß die TAT-Geschichten bestenfalls als Ausläufer oder Fragmente einer umgreifenderen „gelebten" Literatur aufgefaßt werden dürfen. Deswegen kann das TAT-Material „nur" dazu dienen, die Rekonstruktion der Muster der Lebensgestaltung *einzuleiten.* Die Arbeit muß an und mit anderem Material – dem Material des konkreten Lebensvollzugs – notwendigerweise *weitergeführt* werden. Wenn dabei Akzentverschiebungen oder sogar Umbrüche erforderlich werden, so kann das nicht gegen die Gültigkeit des TAT sprechen. Denn die Forderung nach Erfassung tatsächlich vorhandener Merkmale kann an ihn sinnvollerweise nicht gestellt werden. Von ihm ist zu erwarten, daß er Einsicht in die Funktionsweise der Lebensgestaltung – genauer: ihrer Muster – vermitteln hilft. Und diese Erwartung verlangt nach einer Sondierungsarbeit eigener Art.

Ein Test wie der TAT muß erst recht dann als valide angesehen werden, wenn er es erlaubt, Muster zu erfassen, die im Leben *latent* vorhanden sind. D. h., es ist nicht erforderlich, daß die diagnostizierten Muster dort bereits in Erscheinung getreten sind.

Unter Fachpsychologen stößt dieser Gesichtspunkt regelmäßig auf Ablehnung, weil man die psychoanalytische Konzeption des Unbewußten usw. nicht übernehmen möchte. Es ist einzuräumen, daß diese Konzeption Probleme bereitet, wenn man das Unbewußte als eine Art Partialseele versteht, die ihr eigenes Unwesen treibt. Aber es geht gewiß auch anders. Unfruchtbare Kontroversen über die „richtige" Konzeption vom seelischen Geschehen brechen meistens nicht deswegen aus, weil geforderte Beweise nicht erbracht würden. Sie resultieren daraus, daß – oftmals unbemerkt – Quantität gegen Muster ausgespielt werden. Zweifellos ist das ein Erbe des Reduktionismus.

Was Quantität und Muster miteinander zu tun haben, ist tatsächlich nicht leicht zu sagen, weil uns dafür zum Teil die angemessenen Worte fehlen. Unlängst hat G. Bateson (1979, S. 71) darauf hingewiesen, daß sie in ein und demselben Denken eigentlich nicht zusammen passen. Er gibt ein einfaches, aber überzeugendes Beispiel, an dem sich die Beziehung zwischen Quantität und Muster klarlegen läßt.

„Stellen Sie sich eine Insel mit zwei Bergen vor. Eine quantitative Veränderung, ein Anstieg des Meeresspiegels, kann diese einzelne Insel in zwei Inseln verwandeln. Das wird in dem Augenblick geschehen, wo der Meeresspiegel über den Sattel zwischen den beiden Bergen hinaus steigt. (Dort) war das qualitative Muster bereits latent, bevor die Quantität Einfluß darauf hatte; und als sich das Muster veränderte, geschah die Veränderung plötzlich und diskontinuierlich" (S. 71).

In ähnlicher Weise wird man sich vorstellen können, was eine Struktur, die auf Grund von TAT-Geschichten rekonstruiert worden ist, mit der Struktur der Lebensgestaltung zu tun hat. Insbesondere klärt sich auf diese Weise die Feststellung, daß in Geschichten etwas ausgeführt werden kann, das sich im Leben als eine Keimform ausbildet, und es von Lebensumständen und Zufällen abhängt, *was weiter daraus wird*. Freilich ist zu ergänzen, daß nach der TAT-Diagnose – um im Bild des Vergleichs zu bleiben – noch Bodenformationen entdeckt werden können, bis zu denen die Sonden des TAT noch nicht vordrangen (und welche wieder ein anderes Muster ergeben, falls der Meeresspiegel sinkt).

Jener Vergleich macht außerdem verständlich, weshalb unzureichend ausgebildete, latente Muster erst bei zunehmender Belastung durch die realen Lebensumstände offenkundig werden. Er läßt ebenfalls deutlicher erkennen, daß die Lage anders einzuschätzen ist, wenn Muster zwar differenziert ausgebildet sind, aber für bestimmte neue Anforderungen nicht umgebildet werden (können). (Es ließe sich vorstellen, daß gegen die neuen Fluten ein Deichsystem errichtet worden ist, das zwar unter größeren Druck gerät, aber die alte Form wahrt.)

Eine Gelegenheit zu tieferen Sondierungen, d. h. zu detaillierten Überprüfungen von TAT-Befunden, bietet zweifellos eine psychologische Behandlung (Therapie). Mit Prognosemodellen, die auf reduzierte, experimentelle Situationen gut anwendbar sind, wird man in dieser Überprüfungsfrage kaum weiter kommen.

Die Vielfalt der natürlichen Lebenssituationen müßte dann sogar als eine „Ursache für Prognosefehler" (Rotter, Hochreich 1975, S. 195) angesehen werden. Es ist jedoch erstrebenswert, die Wirksamkeit diagnostizierter Bilder gerade in *unreduzierten* und zudem konflikträchtigen realen Lebenssituationen nachzuweisen. Es könnte dann versucht werden, die Wirksamkeit der Bilder daran zu erweisen, daß man beobachtbare Lebensschwierigkeiten auf die Entwicklungsmöglichkeiten zurückführt, die im jeweiligen Bild enthalten sind, und die Veränderung (Behebung der Schwierigkeiten) von einer Wiederbelebung jener Möglichkeiten erwartet, die das Bild ausschließt.

Die Gelegenheit dazu könnte sich bieten, wenn entsprechende Bilder in einer tiefenpsychologisch fundierten Behandlung (Therapie) aufträten und als veranschaulichte Gestaltungsprinzipien ausdrücklich aufgegriffen und als solche „gedeutet" würden. Man hätte dann die Möglichkeit zu prüfen, ob sie möglicherweise gar therapieresistent sind, oder ob mit einer erkennbaren Verhaltensänderung auch eine Umbildung der Bilder einhergeht bzw. ob gezielte Eingriffe in die Bilder einen therapeutischen Erfolg bewirken.

Da die bisher vorgestellten Fälle entweder nicht therapeutisch behandelt wurden oder die Behandlung anderswo stattfand (und vom Verf. nicht beobachtet werden konnte), wird ein weiterer Fall vorgestellt, bei dessen Behandlung die Arbeit mit einem entsprechenden Bild einen breiten Raum einnahm.

8.2. „Hexenkind"

Die 30jährige Frau, ledig, Lehrerin, kommt in die psychologische Beratung, weil es schon seit längerem Schwierigkeiten in der Partnerschaft gebe. Sie sei bisher immer an Männer geraten, die nicht ihrer Mentalität entsprächen, die ein Leben führten, wie sie es sich für ihre Zukunft nicht wünsche. Im Beruf gebe es zwar Überforderungen und Streß, aber dafür sind auch reale Gründe zu nennen.

Über die Männer bzw. ihre „Freundschaften" berichtet die Frau ferner: Sie hätten sich nicht binden wollen, seien nicht bereit gewesen, Kompromisse einzugehen und Verantwortung zu übernehmen. Die Kompromisse habe immer sie (die Frau) geschlossen.

Für die Männer sei sie immer eine angenehme Erscheinung, ein Ausgleich neben deren Beruf gewesen. Sie wüßte, daß Männer sie für gut aussehend und sehr selbstbewußt hielten, aber eben auch für sehr oberflächlich, für dumm. Untreue würde sie sehr treffen. Denn Verständnis und Treue in der Partnerschaft seien für sie sehr wichtig. Sie habe noch nicht betrogen, sei aber oft betrogen worden. Sich selbst charakterisiert sie als anhänglich und besitzergreifend. Leider habe sie wohl ein „Händchen für den Falschen" (Mann).

Während ihrer „Freundschaften" habe es zwischendurch immer Auseinandersetzungen gegeben. Sie habe sich getrennt; die Männer seien wieder zurückgekommen. Sie habe die Männer dann wieder aufgenommen, obwohl ihr Verstand sagte, daß das falsch sei. Das endgültige Ende sei meist mit einer *Riesenszene* verbunden gewesen. Sexuelle Schwierigkeiten gebe es keine; auch die Männer hätten das bestätigt.

Über Kindheit und Eltern wird berichtet, daß sie als Kind nie ein richtiges Zuhause gehabt habe. Nach dem Tod der Mutter ist sie mit 11 Jahren in ein Internat gekommen. Davor habe sie sich sehr viel bei den Großeltern aufhalten müssen, weil die Mutter lange sehr krank gewesen war und der Vater seiner Arbeit auswärts nachging. Wie die Frau sich erinnert, war auch die Großmutter eine kranke Frau. Sie sei 30 Jahre lang gelähmt gewesen.

Im Internat sei sie ungerecht behandelt worden. Sie hätte sich dort zwar immer in den Vordergrund gespielt, sei die Anführerin gewesen, habe ihre Taten aber immer ehrlich zugegeben. Trotzdem sei die Strafe oft unmenschlich gewesen. Zudem sei sie für die Vergehen anderer bestraft worden. Einmal habe sie einen „hysterischen Anfall" gehabt, sehr laut geweint; später nur noch leise. Sie sei dann sehr eifersüchtig geworden, habe einen Menschen ausschließlich für sich beansprucht. Sie hätte zwar viele Freundinnen gehabt, sei aber schnell verärgert gewesen, wenn diese sich mit anderen Mädchen beschäftigten. Als sie mit 17 das Internat verlassen konnte, sei sie sehr naiv gewesen. Sie habe sich mit anderen Leuten nicht unterhalten können.

Ihr Vater, der im Alter von 75 Jahren starb, sei ein cholerischer Mann gewesen. Er habe sie „wesentlich lieber" gehabt als die ältere Schwester, sei stolz auf ihr gutes Aussehen gewesen und habe ihr materiell alles gegeben. Sie verstünde aber bis heute nicht sein Verhalten. Sie könne nicht begreifen, weshalb er so selten zuhause war, sich auch später nicht um sie gekümmert habe.

Er hätte sogar einmal gesagt, die Gespräche einer 16jährigen interessierten ihn nicht. Auch heftige Handgreiflichkeiten sind um diese Zeit vorgefallen. Der Vater sei alkoholsüchtig gewesen.

Nach seinem Tode, als es um die Erbschaft ging, habe sie von „gewissen Unstimmigkeiten" erfahren, aus denen sie den Schluß ziehen müsse, daß ihr Vater nicht ihr leiblicher Vater gewesen ist. Sie meint, darunter müsse er wohl sehr gelitten haben; und sie belaste es, daß sie mit ihm nicht mehr darüber habe reden können.

Zu ihrer Selbstcharakterisierung fügt die Frau hinzu, daß sie unmöglich, wahnsinnig spontan, undiplomatisch und arrogant sei. Sie möchte nun lernen, mit ihrem Leben besser fertig zu werden. Deswegen möchte sie sich in eine Therapie begeben.

Es gibt ein ausreichend deutliches Bild, wenn von den TAT-Geschichten zwei im vollen Wortlaut wiedergegeben werden (vgl. dazu Tafelbeispiel 1 u. 6 GF). Sie sind in jeder Hinsicht, die für die TAT-Diagnose bedeutsam ist, für alle Geschichten repräsentativ. Es sollte geprüft werden, ob eine Behandlung (Therapie) anzuraten war oder nicht.

1: Äh, dieser Junge wird von seinen Eltern gezwungen, Geigespielen zu erlernen und – hm – ist sehr deprimiert über diese Tatsache. Seine Eltern haben ihm diese Geige zu irgendeiner Festlichkeit geschenkt, und er sinniert nun, wie er's anstellen kann, sich nicht dem Geigenunterricht unterziehen zu müssen.

Indem er sich das Instrument sehr genau ansieht und sich der Ausweglosigkeit seiner Situation bewußt wird ..., nimmt er sich vor, zur Geigenstunde zu gehen, aber sich seinem Lehrer mitzuteilen, daß er keine Lust hat, dieses Instrument zu spielen.

Der Lehrer wendet sich daraufhin zu seinen Eltern, um denen klarzumachen, daß sie ihr Kind nicht zwingen können, das Geigenspielen zu erlernen, wenn der Junge keine Ambitionen dazu verspürt. Die Eltern sind darüber sehr entsetzt und bestrafen ihn mit Stubenarrest, wobei sie erhoffen, daß ihr Sohn sich nochmals Gedanken über das Erlernen des Geigenspiels macht.

Der Junge sitzt nun völlig desolat in seinem Zimmer, starrt seine Geige an und weiß sich keinen Ausweg mehr und fühlt sich durch seine Eltern bedroht. Nachdem er Stunden und Stunden in seinem Zimmer sitzt und zu keinem Ergebnis gelangt, schauen seine Eltern nach ihm und können die ständige Depression ihres Sohnes nicht verstehen.

(Vl: Wie geht die Geschichte zu Ende?) Die Eltern, den Eltern gelingt es nicht, ruhig mit dem Jungen über dieses Problem zu sprechen, weil sie die Enttäuschung nicht verkraften können, was der Sohn spürt, woraufhin er sehr krank wird. (VL: ... Krankheit?) Für mich eine psychische Krankheit; er konnte die seelische Belastung nicht mehr allein verarbeiten, flüchtet sich in die Krankheit hinein, um von seinen Eltern anerkannt zu werden.

6 GF: ... Pause. Hier sehe ich eine Tochter mit ihrem Vater. Die Tochter sitzt aber sehr deprimiert zu Hause und wird sich immer mehr über die Ausweglosigkeit ihrer Situation klar und weiß nicht, wem sie sich anvertrauen kann und wie sie ihr Problem angehen soll. (VL: ... Problem?) Allgemeine Probleme: Sie fühlt sich beruflich überfordert, Schwierigkeiten mit ihrem Freund, dadurch bedingt Schwierigkeiten mit der Außenwelt. (VL: Wie

äußert sich die Schwierigkeit mit der Außenwelt?) Wie meinen Sie das? (VL: Wie äußert sich die Schwierigkeit mit der Außenwelt?) Daß sie das Gefühl hat, sie würde von ihrem Freundeskreis nicht mehr verstanden. In dieser Situation trifft sie ihr Vater, der wohlgelaunt nach Hause kommt, in ihrem Zimmer an und ist völlig überrascht, seine Frau – seine Tochter in einem derartigen Zustand vorzufinden. In dem Moment legt er ganz spontan den Arm um ihre Schulter und versucht herauszufinden, was seine Tochter so depressiv stimmt und bemüht sich, durch ein Gespräch der Tochter bei ihren Problemen zu helfen.

Sie bricht die Diskussion abrupt ab, da ihr plötzlich bewußt geworden ist, daß ihr Vater das erstemal in ihrem Leben auf sie zutritt, um ihr Problem zu erfahren, und sie meint, daß die Zeit oder ein solches Gespräch bereits wesentlich eher hätte erfolgen müssen.

Nachdem ihr das bewußt wird, wird sie plötzlich sehr aggressiv und stößt den Vater durch diese völlig unerwartete Situation völlig vor den Kopf. Er reagiert sehr gekränkt darauf und verläßt ohne ein weiteres Wort das Zimmer. Sie fühlt sich durch ihre aggressive Reaktion schuldig und geht ihrem Vater nach und sagt ihm, daß es erst einmal wichtiger sei, über das Vater-Tochter-Problem sich auseinanderzusetzen, bevor überhaupt irgendwelche Probleme der Tochter, die der Vater bisher nie gesehen hat, gelöst werden können. Der Vater wird sich plötzlich bewußt, daß er sich zu seiner Tochter all die Jahre falsch verhalten hat und bittet sie erst mal um Findung seiner Person ihr gegenüber. Sie ist damit einverstanden, und einige Tage später ist es beiden möglich, das Problem oder die Probleme gemeinsam anzugehen.

Schematische Auswertung:

Klagen: Gezwungen-, Bestraft-, Bedroht-, Nichtverstanden-, Überfordert-, Krankwerden; Deprimiertsein, Ausweglosigkeit; überall Schwierigkeiten, verwickeltes Problem (Freund/Vater).

Gelebte Methode: Allein-Durchhaltenmüssen; keine Entwicklung (anstarren, Stunde um Stunde sitzen), Zuspitzung (sehr, völlig), Abbrechen, abrupter Wechsel (plötzlich), Kippen (Hilfsbedürftigkeit – Angriff); Liebe erpressen, Flucht in die Krankheit.

Konstruktionsproblem: Kein Ergebnis; wem kann man sich anvertrauen?; ambivalente Beziehung (Vater/Freund); Auf-sich-allein-Gestelltsein;

Ausbreitung eines Konflikts (von Verwicklungen), Anlocken und Zurückstoßen (vor den Kopf stoßen), Wechsel nach Art einer Kippfigur (Vexierbild – Tochter/Frau).

Konkretes Handeln (Bewerkstelligen): Dasitzen, Sinnieren, Bedrängendes anstarren, Fehlleistung, jemandem Nachgehen könnte die Wende bringen.

Wie gesagt, können diese beiden TAT-Geschichten auch für die übrigen stehen. Verschiedene Diagnostiker, die die Geschichten unabhängig voneinander ausgewertet haben, stimmen darin überein, daß die gelebten Methoden in diesem Fall besonders auffällig sind. Einer von ihnen schreibt: „In den Geschichten ... fallen eigentümliche Lücken, Risse und Verdichtungen auf. Kleine Wörter stehen für große Ereignisse, ein Extremzustand wird von einem anderen abgelöst, die verschiedenen Situationen scheinen durch keine Kontinuität verbunden. Diese Qualität des Zerrissenen findet eine tiefere Begründung in der offensichtlichen Unfähigkeit, unterschiedliche Ansprüche, zufällige Veränderungen und fremde Einwirkungen aufeinander und auf die eigene Position abzustimmen. In den meisten Geschichten findet keine weiterführende Auseinandersetzung statt. Veränderungen erscheinen wie Gespenster in der Geisterbahn ... Es gelingt nicht, ein glaubwürdiges seelisches Nacheinander in den Geschichten durchzuhalten; das Leben erscheint fast geschichtslos. ... Vorherrschend ist eine Tendenz zu infantilen Direktlösungen" (Blothner).

In diesem Fall erschien eine Behandlung angezeigt. Denn auf Grund der Untersuchungsergebnisse mußte angenommen werden: Die Frau litt unter einer selbst hergestellten (produzierten) Geschichtslosigkeit (mehrere „Freundschaften" folgten aufeinander, ohne daß sich etwas veränderte); die Methoden schlossen die Möglichkeit aus, sich selbst zu helfen (relativ unabhängig von der jeweiligen Situation blieb die Frau „unmöglich", „wahnsinnig spontan" usw.); gewisse Verwicklungen (Eifersucht, Rivalität) kehrten (zwanghaft) wieder, neue Abstimmungen und Regulationen mißlangen; der Handlungsspielraum war durch den Wiederholungscharakter der „Inszenierungen" eingeschränkt.

Es sei unterstrichen, daß die zitierte bildliche Veranschaulichung, die der TAT anbot (Funktionsweise einer Gespensterbahn), ein Gestaltungsprinzip verdeutlicht, von dem angenommen werden durfte, daß es auch in der Lebensgestaltung angewendet wird. Die Bedeutung dieses Prinzips liegt darin, daß es verständlich macht, warum gerade die notwendigen Umbildungen (neue Abstimmungen und Regulationen = Weiterentwicklung) mißlingen müssen. Die Komplettierung und Zuspitzung des Bildes wurde dem Behandlungsprozeß anheimgestellt.

Durchgeführt wurde eine tiefenpsychologisch fundierte Intensivberatung, die von vornherein auf 20 Einzelsitzungen, wöchentlich eine, festgelegt ist. Ziel dieser Beratung ist die Veränderung von Mustern und Methoden der Lebensgestaltung. Der Klient soll es so weit bringen, daß er mit alten Gestaltungsprinzipien brechen kann. Während der Beratung wird versucht, dem Klienten seinen „Charakter" als ein Werk verständlich zu machen, an dessen „Herstellung" er mit seinen Methoden sehr wesentlich beteiligt ist. Dieses Verstehen wird „Konstruktionserfahrung" (Salber 1977) genannt. Damit der Klient sein Werk schließlich verändern (umgestalten), seine Methoden wechseln kann, muß es gelingen, aus seinen alltäglichen Produktionen (Geschichten, gelebter Literatur) ein „Bild" herauszurücken, das ein geheim angewendetes Gestaltungsprinzip veranschaulicht. Die Konstruktionserfahrung ist also mit dem Aufzeigen von Umgestaltungsmöglichkeiten zu ergänzen.

Aus der Sicht des Beraters läßt die geforderte Arbeit sich so charakterisieren: Es muß ihm gelingen, in die spezifische Literatur seines Klienten hineinzukommen. Er wird darin zwar nicht aufgehen; sie sich nicht zu eigen machen, weil er nicht so sein will wie sein Klient. Er wird aber doch so weit darin heimisch werden wollen, daß die wichtigsten Kunstfertigkeiten dieser Literatur allmählich auch ihm vertraut werden. Denn er möchte für eine Weile beim Gestalten der Wirklichkeit seines Klienten dabeisein – also dabeisein, wenn der Klient, mit M. Heidegger (1935) gesprochen, die Wahrheit seines Lebens ins Werk setzt, und zwar in das Lebens-Werk, welches zeigt, „was da (im Leben des Klienten) passiert, was gemacht, erfahren, erlitten wird" (Salber 1976, S. 33).

8.3. Beratungsverlauf

Die Wiedergabe eines Beratungsverlaufs wirft Darstellungsprobleme auf. Der oft gewählte Weg, ein möglichst wortgetreues Protokoll abzudrucken, wird hier nicht gewählt, weil damit dem Leser die ganze Arbeit der Gliederung und der Interpretation überlassen bleibt. Wie soll er die aber leisten, wenn ihm ein „neues" Konzept vorgestellt werden soll? Der Verlauf der Beratung wird hier in der Gliederung wiedergegeben, die für eine Intensivberatung typisch ist. Lieblingsformulierungen der Frau werden in Anführungszeichen gesetzt.

Nach der Darstellung des Verlaufs wird eine Stelle *gedehnt* wiedergegeben. Es ist die Stelle, an der das herausgerückte Bild an der banalen Alltagsrealität auf die Probe gestellt wird (Inszenierung des Bildes). Zur Wirksamkeit der Bilder gehört nämlich, daß sie „in" die Alltagsrealität gleichsam eine phantastische Realität implantieren. Dadurch bekommen reale Vorgänge eine *Qualität,* die sie bei einer nur rationalen Bewältigung des Lebens niemals annehmen könnten. Man darf auch sagen: Bilder verleihen den banalen Realitäten ein Gesicht (eine Ausdrucksqualität); Doppelbilder (Bild und Gegenbild) geben ihnen eine abstoßende und eine verlockende Seite. Oder anders herum: Erst durch Bilder werden diese erlebten Seiten der Realität für uns greifbar. Es wird insbesondere zu zeigen sein, daß der plötzliche Wechsel nach Art einer Kippfigur (Vexierbild) damit zu tun hat, daß Bild und Gegenbild nur um Haaresbreite voneinander entfernt sind (Entweder-Oder), ein Übergangsbereich, in dem Anspielungen und Keimformen sich entwickeln könnten, regelrecht fehlt.

Leiden: Die Klientin kann vieles an sich nicht leiden; kann das Nicht-Gelittene aber auch nicht abstellen. Sie findet sich in vielem, was sie tut, „unmöglich", „unglaublich", „unverschämt". Sie gesteht „unglaubliche Haßgefühle" und berichtet über „Irrsinnsauseinandersetzungen", in die sie regelmäßig gerät. Es entsteht der Eindruck: Sie will manches auch gar nicht abstellen. Sobald es um sie herum harmonisch „läuft", findet sie Anlässe zur Provokation und setzt ihre „Tollheiten" ein. Sie findet sich „ungeheuerlich gut", wenn sie wütend ist.

Sie weiß genau, wie sie aussieht, nämlich „ästhetisch". Tut entsprechend viel für ihre körperliche Erscheinung. Kleidet sich den Kompositionsregeln der aktuellen Mode gemäß und zudem so, daß irgend etwas noch ein wenig mehr auffällt. Ungeschminkt – dies ist etwas, das sie wieder „unheimlich schlimm" findet – kann sie nicht auf die Straße gehen. Sie treibt Sport, aber auch Dinge, die dem Körper schaden. Sie wäre gerne ein „Traumbild von Frau", möchte aber ebenso eine Frau des Alltags sein. Regelmäßig klagt sie darüber, daß sie nicht ausruhen, sich nicht erholen, nicht „relaxen" kann.

Wenn es um Männer geht, wird stets von sehr überdeterminierten „Spielen" berichtet. Männerrunden ziehen sie an. Sie verabscheut „Sexmäuschen", die die Männer genüßlich vernaschen, reizt aber selbst mit dirnenhaftem Gebaren. Sie möchte die Männer gerne an der Nase herumführen, wird aber, je nach deren Launen, „betatscht", „angepflaumt", „bewundert", „beachtet". Sie empört sich über die „Geilheit" der Männer, weiß, daß sie von ihnen als , „Vorzeigefrau" mitgeführt wird, lebt aber von und für ihre „Freundschaften". Obwohl es sie zunehmend mehr bekümmert, daß sie noch ledig ist, ist die Zahl der Heiratsanträge, die sie bekam, nicht niedrig. Sie versichert mehrfach ihre Treue, spürt aber bei anderen Frauen die Untreue auf. Generell gilt, daß sie bei anderen bewundert, was sie selbst nicht kann, und daß sie an ihnen haßt, was sie selbst tut.

Methoden: Sich-im-Kreise-drehen, Wirbel-machen, Durchdrehen, enge Grenzen-haben, in den Grenzen sehr beweglich sein.

Konstruktionszüge: Obwohl die Klientin bisweilen sehr engagiert ist, hält sie im ganzen einen betont sachlichen Redestil durch. Affekte und Gefühlsbewegungen sind zugleich an ein „traumhaftes" und an ein „armes Kind" gebunden. Von diesen „Kindern" geht eine außerordentliche Wirkung aus – so, daß sich dem Zuhörer durchaus die Haare zu Berge richten – und sie machen rückwirkend einige Ungereimtheiten verständlich. Denn von Anfang an begegnete dem Beobachter (Berater) eine *Mischfigur,* die sich aus einem kleinen schutzbedürftigen (Bild) und einem kleinen koketten, aufreizenden Mädchen (Gegenbild) zu einem Wesen mit eindeutig vorhandener, aber undefinierbarer Erotik zusammensetzt, also zu einer *schillernden* Mischfigur, die harmlos tut und mit dem Feuer spielt.

Ins-Bild-Rücken: Als Kind war sie ein „Satansbraten", der zum Entsetzen der Erwachsenen seine Scherze treibt (z. B.: „Wenn das Essen mir schmeckte, habe ich es trotzdem einfach in den Ofen geworfen – und fühlte mich großartig"); als Erwachsene ist sie wie ein *Hexenkind,* das zuweilen im Gewand einer „niedlichen Bestie" mit hexerischer Beweglichkeit andere aus der Fassung zu bringen trachtet.

8.4. Zur Überprüfung des TAT

Es ist angebracht, die Skizze des Behandlungsverlaufs jetzt nicht weiterzuführen, da bereits genügend Material vorliegt, um eine detailliertere Überprüfung des TAT vorzunehmen. Dabei bietet sich die Gelegenheit, die grundsätzliche Frage der Überprüfung genauer als bisher zu beleuchten.

Vergleicht man zunächst die Klagen, die den zitierten TAT-Geschichten zu entnehmen waren, mit dem, was die Klinentin alles nicht leiden aber auch nicht abstellen kann, so sind direkte Übereinstimmungen festzustellen: Überforderungen (eigene und von anderen gestellte Ansprüche können nicht erfüllt werden), Krankwerden (psychisch und physisch), Schwierigkeiten so gut wie von allen Seiten, verwickelte Probleme mit einem Mann (bzw. mit Männern).

Wichtiger und interessanter als diese Übereinstimmungen sind die *Unterschiede,* die ebenfalls vorliegen, am deutlichsten, wenn man in den TAT-Geschichten jene Methoden vermißt, die im Leben die Szene beherrschen: Durchdrehen, Wirbel-machen, Sich-im-Kreise-drehen. Die entscheidende Frage ist, ob die Unterschiede gegen den Test sprechen, wenn die „Fakten" der Lebensführung „richtig" erfaßt worden sind.

Nach dem, was oben (Kap. 3) über die beiden Seiten ausgeführt worden ist, von denen aus die Lebensgestaltung sich beschreiben läßt, nämlich vom Ablauf der definitiven Ereignisse *und* von den verbindenden, in Geschichten (Fiktionen) abgebildeten Mustern her, wäre es nicht gerechtfertigt, die Unterschiede nur als Indizien für eine Invalidität des Tests zu werten. Denn insofern die beiden Seiten *unterschiedliche* Informationen über *einen* Sachverhalt geben, ist die Methode der doppelten Beschreibung bzw. des doppelten Vergleichs anwendbar. Die Anwendung dieser Methode erbringt *mehr* als eine Summierung der Informationen. Sie erlaubt eine *Kombination.* Die Kombination von Informationen aus unterschiedlichen Quellen, die ihrer Natur nach einer Multiplikation entspricht, enthüllt eine zusätzliche Dimension (Bateson 1979, S. 110f.). Sie schafft damit eine wichtige Voraussetzung für die Möglichkeit der Rekonstruktion.

Die Summe der Bestandteile einer komplexen Funktionsganzheit ist nicht hinreichend, um zu einem Verständnis der Funktionsweise zu gelangen. Erst die spezifische Anordnung (Organisation) der wesentlichen Teile, wie sie etwa ein Bauplan vorschreibt, ermöglicht das gewünschte Verständnis. Die „Anordnung" bleibt – das ist unmittelbar einzusehen – solange unbekannt, wie man sich damit begnügt, die Bestandteile vollständig zusammenzutragen. Sie muß schon als eine zusätzliche „Dimension" hinzugezogen bzw. entdeckt werden. Diese Dimension zu entdecken, darin besteht die eigentliche Aufgabe der Rekonstruktion.

Das vielleicht einfachste Beispiel für eine Kombination von Informationen ist das binokulare Sehen, das uns die Dimension der Tiefe enthüllt (Bateson 1979). Jedes Auge für sich gibt uns eine monokulare Sicht der Gegenstände. Werden diese Sichtweisen voneinander getrennt, so wird ein direkter Vergleich notwendigerweise Abweichungen ergeben, die Anlaß bieten könnten zu fragen, welche Sicht denn nun „richtig" ist. Außerdem verhindert ein solcher Vergleich die Erkenntnis, daß die Tiefe einer Kombination der unterschiedlichen Sichtweisen entstammt und nicht etwa einer direkten, objektiven Beobachtung.

In diesem Zusammenhang muß die Frage gestattet sein, welche Methode der Informationsverarbeitung dem traditionellen Verständnis von Testvalidität zu Grunde liegt. Die Methode des doppelten Vergleichs ließe es jedenfalls nicht zu, *nur* die direkte Bestätigung der Testergebnisse in den realen Lebensvollzügen gelten zu lassen. Sie würde die Aufgabe stellen, über eine *wechselseitige Auslegung* von Testergebnissen und Beobachtungen, die die Lebensführung gestattet, die Validierung vorzunehmen. Zweifellos wird so in der Praxis verfahren. Einmal führt das zu einer „tieferen" Einsicht in die Problematik des jeweiligen Falles, zum anderen auch zu der beunruhigenden Erfahrung, daß mit dem TAT eine überraschende Treffsicherheit zu erreichen ist, für die der exakte Nachweis aber nicht gelingt (Revers 1958, S. 183). Einschlägige Theorien haben sich dieser Lage nur noch nicht angepaßt.

Das rekonstruierende Vorgehen, das hier für die TAT-Auswertung vorgeschlagen wurde, genügt selbst den Forderungen einer mehrfachen Beschreibung, falls *Klagen, gelebte Methoden* usw. als *unterschiedliche* Sichtweisen aufgefaßt werden, die *einem* Erzählwerk gegenüber eingenommen werden können. Sofern das gelingt, ist das Resultat eine *Konstruktionseinsicht*.

Es handelt sich um einen *zusätzlichen* Versuch einer doppelten Beschreibung, wenn zur Verdeutlichung und Veranschaulichung der Konstruktionsprobleme eines Falles Märchen bzw. Märchenmotive herangezogen werden. Darauf ist schon hingewiesen worden (Kap. 6.1.). Von den Märchen wird dabei erwartet, daß sie Vorgaben für Kombinationsmuster anbieten, die sich im Fallmaterial zu bewähren haben, wobei freilich stets die Vorgabe des Märchens, aber niemals das Material des Falles zur Disposition steht. Deswegen sind die Auslegungen eines bestimmten Märchens von Fall zu Fall zu modifizieren, d. h. der Fall hat vorzuschreiben, was ein Märchen jeweils bedeuten kann. Mit anderen Worten: Das Märchen liefert nicht die Erklärung des Falles; es bietet eine Sichtweise, die eine zusätzliche Dimension des Falles zu enthüllen hilft.

Nicht immer ist die doppelte Beschreibung mit Hilfe eines Märchens so leicht zu bewerkstelligen und im Ergebnis so überzeugend wie im Fall „Das Wasser des Lebens". In der Regel darf man leider nicht darauf hoffen, daß die TAT-Geschichten und ein Märchen jeweils schon eine komplette Sichtweise des

Falles geben, die nur ergänzt zu werden brauchen. Wesentlich häufiger steht man vor der Aufgabe, aus einem Märchen ein passendes Motiv erst extrahieren zu müssen, um die zweite Sichtweise für den Fall zu gewinnen (gleichsam so, als müsse man beim binokularen Sehen jeweils erst das zweite Auge richtig postieren). So wurde mit den Fällen „Frau Holle" („verhinderte Goldmarie") und „Dornröschen, das nicht stechen kann", verfahren. Im Fall „Daumesdick" waren die Verhältnisse wieder anders gelagert. Dort bestand die Aufgabe darin, mit der Kombination der beiden Sichtweisen – der TAT-Geschichten und dem Märchen – erst einmal das verbindende Muster hervorzubringen (gleichsam wie in einem aktualgenetischen Prozeß, in dem die Muster, Gestalten, erst über Zwischenformen ihre Deutlichkeit, Prägnanz, gewinnen), um dann sozusagen beim zweiten Hinsehen die innere (tiefere) Problematik des Falles (seine „traurige" Notlage) zu enthüllen.

Ob die doppelte Beschreibung mit Hilfe eines Märchens schon bei der TAT-Auswertung geleistet wird oder nicht, das ist keine grundsätzliche Frage. In der Beratungspraxis wird sie oftmals aus Zeitmangel unterbleiben. Wenn ohnehin eine Beratung über einen längeren Zeitraum vorgesehen ist (in der Intensivberatung sind es mindestens ca. 20 Stunden), wird man sowieso erst abwarten wollen, mit welchen Veranschaulichungen (Bildern) der Fall selbst arbeitet und prüfen, ob es zweckmäßig ist, sie zu übernehmen, oder ob sie korrigiert werden müssen. Die Anhaltspunkte, die der TAT für ein Muster und seine Verbildlichung bietet, wird man aufmerksam registrieren, es aber dem Gang des Behandlungsprozesses anheimstellen, wann und welche Präzisierungen oder Korrekturen vorzunehmen sind. In dieser Weise ist auch in dem Fall verfahren worden, dessen Skizzierung für diese Erläuterungen unterbrochen wurde.

Es steht noch aus, für diesen Fall die Unterschiede zwischen TAT-Geschichten und skizzierter Behandlungssequenz zu würdigen. Da sie unterschiedlichen Sichtweisen dieses *einen* Falles entsprechen, bietet sich folgende Verbindung an.

Wer darüber zu klagen hat, daß er in aussichtslose Lagen gerät und Zwang, Strafe, Unverständnis und Depression befürchtet, der tut gar nicht schlecht daran, unglaubliche und unverschämte Auftritte zu inszenieren. Die strapazierenden Auseinandersetzungen, zu denen es dabei regelmäßig kommt, hätten dann den Charakter einer Flucht nach vorne. Damit sie nicht zum Stillstand kommt und einen Mangel an Wertschätzung und Liebe offenbart, muß die eine oder andere Tollheit noch dazu kommen. Gewisse Inszenierungen geraten zu zweideutigen Spielen, weil es ganz angenehm ist, sich dafür zu rächen, daß man mit dem vorlieb nehmen muß, was andere übrig lassen.

Betrachtet man die unterschiedlichen Methoden, so springt die Ganzheitlichkeit ins Auge, sobald man überlegt, wie sich eine einigermaßen kontinuierliche Bewegung im Alltag aufrechterhalten läßt, wenn die unwillkürlich angewandten

Methoden aus Abbrechen, Kippen, plötzlichem Wechsel oder Verharren bestehen. Es ist dann eine ausgesprochen gute Idee, sich im Kreise zu drehen, Wirbel zu machen oder einfach durchzudrehen.

Beim Vergleich der Konstruktionszüge deutet sich ein Spektrum von Vexierbildern (Kippfiguren) an: traumhaftes und zugleich armes Kind, schutzbedürftiges und zugleich kokettes Mädchen, Tochter und zugleich Frau (Geliebte). Ähnlich wird man sich für diesen Charakter das Gestaltungsprinzip vorstellen dürfen, das in der Lebensführung wirksam ist.

Da es in den TAT-Geschichten nicht ausdrücklich zu einer Verbildlichung gekommen ist, bleibt nur die Anmerkung zu machen, daß einem Satansbraten/ Hexenkind kaum wesentlich andere Möglichkeiten zur Verfügung stehen als Gespenstern in der Geisterbahn. Auf das konkrete Handeln und die Präzisierung des Bildes ist später zurückzukommen.

8.5. „Hexenkind" – Fortsetzung

„Satansbraten" ist ein Ausdruck, den die Mutter oft gebraucht hatte. Unschwer ist zu erkennen, daß hier das Motiv des Dämonenkindes (Dettmering 1974) anklingt, über dem ein bestimmtes Verhängnis liegt, welches sich im Leben der Klientin dann auch erfüllte: Nicht ehelich gezeugt (der Vater ist vielleicht nicht der leibliche Vater); von den „richtigen" Eltern ausgesetzt (zur Oma, später ins Internat gegeben); ambivalente Beziehung zu Personen, die das kirchliche Leben verkörpern (zwiespältige Beziehung zu den Nonnen im Internat); die Situation des an- bzw. aufgenommenen Kindes, das sein Verhalten so ausrichten muß, damit es nicht wieder weggeschickt wird (und wieder ganz allein ist).

Konstruktionsproblem: Es mangelt der Klientin nicht an Bewunderung; denn ihre hexerische Beweglichkeit macht sie überlegen, ja mächtig. Sie ist geschickt im Verwirrung-Stiften und kann das Verwirrung-Stiften genießen. Ihrer Beweglichkeit kann eine bestimmte Sorte Männer nicht entkommen. Aber ganz nahe bei ihrer Macht lauert eine Ohnmacht; die hexerische Beweglichkeit kehrt sich rasch gegen sie. Ihre Macht und Ohnmacht liegen haarscharf nebeneinander; der Drehpunkt ihres Durchdrehens und Wirbel-Machens liegt ganz genau dazwischen. Deswegen können sich Macht und Ohnmacht in einer konkreten Handlung zugleich auswirken.

Paradoxe Verhältnisse: Sie hext und muß sich Hexen beugen. Ihre Anziehung und Macht entfalteten sich nach dem Verlust der Eltern (vgl. Anamnese: die Mutter starb früh nach langer Krankheit, der Vater war wenig anwesend und schien am Ende, nach dessen Tod, gar nicht ihr Vater zu sein). Auf dem Höhepunkt ihrer Macht und Beweglichkeit waren alle Männer Väter und alle Väter Männer, aber deren Frauen hatten es in der Hand, diesen Spuk zu beenden, sie sozusagen von der Bildfläche zu wischen. Konkret: Das kleine, „arme", „schutzbedürftige" Mädchen aus dem Internat kommt leicht, weil es ein spezifisches Mitleid erregt, auf den Schoß sehr vieler Männer, nämlich der Väter ihrer vielen Freundinnen. Das kleine, „kokette", „aufreizende" Mädchen kann dieser „lieb gemeinten" Geste noch ein wenig mehr abgewinnen – es tut ganz harmlos, entfacht aber hier und dort schon ein kleines Feuer. Das „Spiel" geht gut – auch die Männer wollen und können den Reizen der Kleinen (dem Hexenkind) nicht entkommen – aber doch nur solange, wie eine ganz bestimmte Grenze gewahrt bleibt. Aber wo genau ist die Grenze? Entweder können die Männer noch selbst das Spiel – bis zum nächsten Mal – beenden, oder deren Frauen, die Mütter der vielen Freundinnen, schieben die Kleine wie ein „Pipimädchen" einfach beiseite, aus dem Spielfeld heraus. An zwei Bedingungen also bleibt dieses „Spiel" um Macht und Ohnmacht, um Genuß und Versagung geknüpft: an Kunstfertigkeit im Locken und Reizen (denn es wird auf „Objekte" gezielt, die anderen gehören) und an Geschicklichkeit im Unverständlich-Machen vor sich selbst und anderen (denn Toleranzgrenzen werden überzogen, etwas zu viel an „Perversionsfreiheit" wird beansprucht). Das Motiv des Aufsich-allein-gestellt-Seins ist damit für diesen Charakter aufgeklärt; es ist zugleich die gefürchtete Folge und eine notwendige Bedingung seiner Lebensführung.

Bewerkstelligen: Wer mit Wirbel-Machen, Durchdrehen usw. seine Alltagsziele erreicht, hat gewöhnliche Arbeiten kaum nötig. Diese Einsicht galt es während der Beratung zu vermitteln. Das bedeutet keinesfalls, die Klientin zu überreden, ihr Glück hinfort in der Arbeit zu suchen. Es ging vielmehr darum, das Augenmerk wieder auf die ohnehin schon immer nebenher verrichteten banalen Arbeiten zu richten, um auch in ihnen Gestaltungsmöglichkeiten zu entdecken. Statt Wirbel zu machen und durchzudrehen, etwa zur Seite gehen, abwarten, andere etwas erledigen lassen; statt Ortswechsel nach Art der Gespenster auch einmal wandern; statt hochzugehen („HB-Männchen" als säkularisierter Satansbraten) schlicht auf- und abgehen. Dieses Bewerkstelligen wurde eingeübt, indem die Bewegungsmuster konkreter Alltagssituationen modifiziert (z. B. langsamer drehen als bisher) oder auch ausgetauscht wurden (z. B. hin und her gehen statt Wirbel machen).

Die „neuen" Methoden, die ein Klient allmählich übernehmen sollte, brauchen nicht erst erfunden zu werden. Ganz neu erfundene Methoden blieben sehr wahrscheinlich unwirksam. Und wer könnte sie erfinden? Die Aufgabe des Beraters besteht darin, gemeinsam mit dem Klienten die Methoden aufzuspüren, die vorhanden, aber sozusagen an den Rand der Haupt- und Staatsaktionen geraten sind. So gab ja bereits eine TAT-Geschichte der 30jährigen Frau den Hinweis, daß ein Nachgehen (nicht gleich durchdrehen oder in die Luft gehen!) die Wende einleiten könnte (vgl. konkretes Handeln).

8.6. Inszenierung des „Bildes"

In der 10. Sitzung berichtet die Klientin über ein Fest, das sie mit ihrem Freund besucht hatte.

Mit unglaublich guter Laune sei sie von zuhause aufgebrochen. Aber je näher sie dem Ort des Festes kam, je schlechter wurde die Laune. Ganz am Anfang habe sie sich noch „unheimlich gut" gefunden, weil sie dachte: „Du gibst dich jetzt nicht verkrampft." Die Lockerheit sei jedoch vorbei gewesen, als jemand neu hinzu kam, der sie nicht begrüßte. „Da war ich schon sauer und krampfte mich völlig zusammen." Wenig später sei dann noch einmal die Klappe bei ihr runtergefallen, weil ihr Freund sie einer jüngeren Frau ungeschickt vorgestellt habe. Als sie dann noch Leute über sich lachen hörte, habe sie angefangen zu trinken, „unglaublich viel" (5 Gläser Wein, wie sie sich zu erinnern glaubt). Im weiteren Verlauf des Festes habe sie plötzlich tanzen gekonnt, erst locker und nicht verkrampft. Dann habe sie aber übertrieben, auf dem *Schoß* des Freundes rumgehopst. Der Freund hätte dabei „unglaublich" gelacht. Als sie wieder mit anderen tanzte, unterhielt ihr Freund sich mit einer älteren Frau: „Da brach alles bei mir zusammen." Als ihr Freund sie später darauf ansprach, sei sie bockig geworden, „um so bockiger, je öfter er davon anfing". Nach dem Ende des Festes sei sie in „unheimliche Wut" geraten, weil ihr jemand die Taxe vor der Nase weggeschnappt habe. Ihr Kommentar zu dem Ganzen: „Da blickt im Grunde genommen niemand durch, außer ich eben, ja."

Während der Stunde, in der die Klientin dies erzählte, kam es noch zu einem Ausfall gegen „Muttertypen", die sie (die Klientin) nicht für voll nähmen, denen gegenüber sie sich daher wie ein dummes „Pipimädchen" vorkomme. Überhaupt Frauen, die es schaffen, die Männer um den Finger zu wickeln, die Männer zu fangen, finde sie „zum Kotzen". Gegen Ende der Stunde sagt sie, sie bekäme manchmal Angst vor sich, daß sie sich völlig vergessen könnte und keine Gewalt mehr über sich habe usw.

Man bemerkt sogleich den Erzählstil der Klientin, wie er dem Leser/Hörer von den TAT-Geschichten vertraut ist, und erkennt dieselbe Dramatik. Man sieht außerdem, wie etwas ins Kippen gerät (die Laune, die Lockerheit, das Tanzen) und wird obendrein Zeuge eines Durchdrehens (übertrieben, rumhopsen). Man spürt im ganzen sogar die fatale Nähe von Macht und Ohnmacht. Und deutlich ist die Wiederholung einer alten Szene zu erkennen: den Schoß eines Mannes erobern und sich von einer älteren Frau verdrängt fühlen.

Natürlich reicht diese Schilderung für die Klientin nicht aus, um wirklich durchzublicken. Wohl ist ihr zuzugestehen, daß sie Wirksamkeiten und Unwirksamkeiten erlebte, wie Kinder, die eifrig einen großen Auftritt probieren und nachher, wenn die Generalprobe fällig ist, verlegen und ungelenk dastehen. Um durchzublicken, ist die ganze Angelegenheit für sie noch zu lückenhaft. Was ihr daran jedoch deutlich gezeigt werden konnte, ist die Aneinanderreihung von Zuspitzungen und der Umstand, daß es keine eigentlichen Bewegungen, eben nur das Kippen, gibt (Kap. 8.4.).

Man möchte aber gerne wissen, wie es dazu kommt, warum die gutaussehende Frau von 30 Jahren nur Pannen erleidet, über die sie sich selbst am meisten ärgert, über die die anderen, wie wir hörten, allenfalls lachen. Warum hat diese Frau solche Auftritte nötig? Was ist da eigentlich am Werke? Das sind die Fragen, auf die wir in der Beratung eine Antwort suchen. Welches Bild macht hier den verwirrenden Sachverhalt übersichtlich?

Nun, das Bild „Hexenkind" und seine (paradoxe) Logik, hexen und sich Hexen beugen müssen, ist bereits genannt. Es kommt nun weiter darauf an, die *Funktionsweise* der Lebensgestaltung, die auch der Klientin mit Hilfe dieses Bildes an jenem Fest exemplarisch verdeutlicht werden mußte, hier im einzelnen vorzustellen. Die Frage dazu lautet kurz: Wo steckt in jenem Fest das Hexenbild? Die Antwort lautet ebenso kurz: Das *Wirkungsgefüge* des Bildes war auf das Fest „übertragen" worden. Um diese Übertragung nachvollziehbar zu machen, wurde die Frau in der nächsten Sitzung gebeten, den Ablauf des Festes, wie sie ihn erlebte, noch einmal und ausführlicher, genau Schritt für Schritt (gedehnt) zu schildern.

Die zweite (wiederholte) Fassung des Festes: Sie habe sich auf das Fest sehr gefreut, wie ein Kind sich freue, wenn es Geburtstag hat. Sie wollte gesehen werden. Es mache sie stolz, wenn man sie sieht. Sie achte darauf, daß sie wirkt. Wenn sie dann aber gesehen wird, würde es wieder unangenehm. Sie sei stolz, daß wenigstens das Hübsche (an ihr) gesehen wird. Entsprechend habe sie sich vorbereitet. Das Hübsche sei eine Augenweide: alles ist sehr stimmig, ästhetisch, äußerlich makellos, aber nicht langweilig, sondern apart, adrett, sauber, präzise in der Kleidung, genau in den Farben abgestimmt. Berater: „Wie eine Göttin." . Klientin: „Ja!"

Je näher sie dem Fest kam, je mehr habe sie sich verkrampft. Schon auf dem Hinweg, noch nicht in Begleitung ihres Freundes, sei sie auf zwei Bekannte gestoßen, die sie „lapidar" begrüßten: „Ach, guten Abend." „Da schlug die Laune um." Sie fühlte sich nicht anerkannt, wie ein „dummes Pipimädchen", unwichtig, am Rande. Pipimädchen seien hübsch und dumm, mit denen würde man nur schlafen, nicht reden. Ihr Gang sei von nun an anders geworden. Sie ging verkrampft, mußte aufpassen, daß sie nicht stolpert. Sie sei das kleine dumme Mädchen gewesen. Als sie dann ihren Freund traf, habe sie ihn nicht mehr mit einem „Küßchen" begrüßen können. Sie habe dann sogar auch ihren Freund beschimpft: „Was bildet Ihr euch eigentlich ein!" Die anderen hätten behauptet, sie sei bei der Begrüßung schon so komisch gewesen, sie (die anderen) hätten nicht gewußt, ob sie sie begrüßen dürften. Da fühlte sie sich klein wie ein „Repräsentiermäuschen". Eigentlich sei es so, daß der Freund in solchen Momenten nicht mehr vorhanden sei. Sie sähe in dem Moment niemand außer sich; denke nur daran, was ihr widerfahren ist: Ablehnung, Geringschätzung, oberflächliche Behandlung.

Der Freund habe sie dann vor der Haustür des Gastgebers in seinen Arm genommen. Doch sie sei steif gewesen, habe sich nicht gerührt, wie eine Schaufensterpuppe, die man überall hinstellen kann. Sie suche dann nicht Halt bei anderen, sie fände dort ja doch nichts (Halt durch Auf-sich-allein-gestellt-Sein = eine Konstellation, die immer da ist). Sie gehe dann automatisch weiter, als sei sie mit einem Schlüssel aufgedreht wie eine Spielzeugpuppe.

Inzwischen war die Wohnung des Gastgebers erreicht. Die Leute seien mit Hallo auf sie zugekommen, albern, wenig einfühlsam, oberflächlich, irrsinnig, als hätten sie Hasch genommen; sie hätten so bunt wie Marionetten ausgesehen. In dem Moment habe sie nichts gehört, nur die lachenden, kreischenden, furchtbar albernen Gesichter gesehen, die sie dann nicht ernst nehmen konnte. Sie sei froh gewesen, eine Geste machen zu können; habe ihr Geschenk lasch abgegeben, poltrig, wie eine ungelenke Puppe mit starren Bewegungen. Sie hätte es den Leuten am liebsten vor die Füße geknallt, als sollten sie den Boden damit wischen. Freundlichkeit ließe sie in solchen Momenten nicht zu.

Sie sei sich wie ein Poltergeist vorgekommen, glaubte zu stolpern, fühlte sich beobachtet. Die Leute habe sie mit einem Unterton in der Stimme begrüßt: hart, kalt, arrogant.

Sie sei sogleich in die Küche gegangen, aus der man sich das Essen selber holen mußte. Sie habe dann das Gefühl gehabt, der Suppenteller würde ihr aus der Hand fallen, die Suppe würde überlaufen; es (das Suppe-Essen) würde nicht gehen, ohne daß etwas passiert, ohne daß den anderen etwas ins Auge fiele. Beim Essen sei denn auch die Hälfte des Suppenlöffels stets wieder in den Teller zurückgeflossen. Sie habe dessen ungeachtet dann noch einen zweiten Teller Suppe gegessen, weil sie nicht fähig gewesen sei, in ein anderes Zimmer zu gehen. Und was sollte man in einer Küche sonst tun.

Ins andere Zimmer wurde sie schließlich von ihrem Freund geschoben. Sie habe überhaupt keine Leute gesehen, nur einen freien Sessel an der Wand habe sie gesucht. Im Raum hätte „absolutes Stillschweigen" geherrscht. Sie habe dann ihr erstes Glas schnell ausgetrunken und sich dabei ganz auf ihr Glas konzentriert. Sie habe sich selbst noch ein zweites Glas geholt und währenddessen das Gefühl gehabt, über Beine zu steigen – über Wolken zu gehen, als sei sie in dem Moment nicht in jenem Raum. Sie sei so leicht gegangen wie ein Geist. Sie existierte erst wieder, als sie in den Sessel zurückgekehrt war, erst dort habe sie wieder ihren Körper angenommen.

Was weiter geschah, ist in der ersten Fassung angedeutet. Sie geriet in Zorn über einen „Muttertyp", mußte sich hüten, die etwa 20jährige Gastgeberin nicht „mit Kuhaugen (zu) umschwärmen", und fand „Freude und Vergnügen", als sie „wie ein wild gewordener Handfeger herumhopste".

Die Schilderung kann an dieser Stelle beendet werden. Die wesentlichen Details des Bildes sind mitgeteilt. Bestätigt ist die Veranschaulichung, die bereits der TAT erlaubte (wie ein Poltergeist = wie Gespenster ...). Außerdem hat das Bild durch eine neue Verkörperung eine Präzisierung erfahren (aufgezogene Puppe).

Hier möchte jemand mit Schönheit wirken, so sehr, daß ein Traumbild von Frau, nämlich Göttin-Sein, zur Bewährungsprobe gemacht wird. Aber die Göttin läßt sich nicht (direkt) bewerkstelligen. Schon bei der allerersten Gelegenheit wird erfahren, daß eine solche Probe nicht zu bestehen ist, ja, daß sie sich nicht lohnt. Schönheit erweist sich leider als unwirksam! Bewirkt wird hingegen eine Verkehrung in zweifacher Hinsicht. Die Heldin dieser *gelebten* Geschichte erscheint den anderen anders, als sie es will, und auch die anderen erscheinen ihr nicht so, wie sie sie gerne hätte. Dadurch, daß alles mit nichtmenschlichem Maß gemessen wird, läßt sich aber wenigstens am überhöhten Anspruch festhalten. Es ist dann die wohl oder übel ins Werk gesetzte Verkehrung, die die Wirklichkeit als verhext erscheinen läßt. Deswegen ist schließlich auch eine Gegenwirkung, nämlich die Macht der Dinge, zu erleiden. Auch die anderen Akteure sind nun „Hexen". An die Stelle von Entwicklung (und

Umbildung) treten Spielarten des Verhextseins. Eine aufgezogene (automatische) Puppe geht ungelenk und poltrig zwischen bunten, albernen, irrsinnigen Marionetten umher. Verhexte Dinge sind im Spiel. Suppe läuft in den Teller zurück, der Löffel gehorcht nicht mehr, etwas könnte anderen ins Auge gehen. Es gibt die Wirkung von Hexensalben (Zaubermittel): Geschoben-Werden, Niemanden mehr sehen, durch den Raum und über Wolken schweben, den Körper am anderen Ort wieder annehmen. Es gibt ferner das Rivalisieren ohne Maß und ohne Variation, nur durch eine Gegenmacht gebannt. Es läuft schließlich auf die gleichen definitiven Ergebnisse hinaus, gleichgültig, ob man die Hexe als eine „verkehrte" Göttin oder die Göttin als eine „verkehrte" Hexe mehr schätzt. Bild und Gegenbild sind nach Belieben austauschbar.

Stellt man nun nochmals die Frage, warum diese Frau derartige Auftritte nötig hat, was dabei eigentlich am Werke ist, d. h. warum sie Göttin, Hexe, Puppe „ist", so dürfte inzwischen offenkundig geworden sein, daß eine große, ja man ist versucht zu sagen: unmögliche, unglaubliche, unheimliche, unverschämte Gefahr durch derartige Arrangements sowohl entfacht als auch zugleich gebannt werden soll.

Während des Festes ist, aus der ganz persönlichen Perspektive der Klientin – aus ihrer Lebenspraxis – gesehen (und miterlebt), der konkrete Logos (die innere Wahrscheinlichkeit) eines Hexen-Werkes anschaulich geworden; und zwar der Logos eines „bösen Spiels", in dem der Spieler (paradoxerweise) dasselbe Schicksal erleidet wie sein „liebstes Spielzeug". Ein alter, ausgekosteter Machtanspruch lebt weiter (dauert an) und ist unverwandelt auf den Umgang mit neuen Männern „übertragen" worden. „Welch eine Wonne! welch ein Leiden!"

8.7. Gelebte Literatur

Was ist die Schönheit eigentlich für ein unheimliches Werk? Warum sind himmlischer Liebreiz und das starre Wachsgesicht einer Puppe so verdammt nahe beieinander? Warum gilt die Regelmäßigkeit in der äußeren Erscheinung dem einen als makellos schön; warum erscheint sie anderen unheimlich, sogar grauenvoll?

Eine jedermann befriedigende Antwort ist darauf wohl schwer zu geben. Soviel scheint nun auch vor dem Hintergrund des analysierten Falles, sicher: Schönheit offenbart Kehrseiten, sobald sie zur Bewährungsprobe erhoben wird. Das liegt an der „Konstruktion" (oder Struktur) einer Probe. Mit der Kraft eines Vorsatzes soll etwas Stärkeres, Schöneres (die Natur, Gott oder eine Göttin) bezwungen werden (Bergengruen 1933). Die Handlungen des Menschen vollziehen sich nicht mehr kraft der Notwendigkeiten des (natürlich) Gegebenen. Je mehr der Vorsatz endlich zu obsiegen scheint, desto mehr gerät der Mensch paradoxerweise in die Versuchung, wieder einmal der Schwächere, Häßlichere sein zu wollen. Und wie endet der Versuch, Schönheit zu bewerkstelligen, sie in der „Materie" und im „Funktionieren" eines Werkes sichtbar und greifbar zu machen? Puppen jedenfalls sind (als solche sogar geschichtslose) Werke! Wer sich zu einer Puppe macht, möchte vielleicht als sein eigenes Werk von Schönheit geliebt werden. Wer sich in eine Puppe verliebt, kann vielleicht nur sein Werk von Schönheit lieben, kein anderes.

Die Festepisode aus dem vorgestellten Beratungsfall kann die These dieses Buches, daß wir in und aus Geschichten leben, weil wir in ihnen Erfahrung abbilden, nur bestätigen. Sie belegt recht eindringlich, daß die Explikation der Logik von Geschichten, die zunächst wie beliebige Phantasieerzeugnisse anmuten, komplexe literarische Formen mit Handlungsbezug offenkundig werden lassen. Nicht allein der Zusammenhang von Erleben und Verhalten, sondern eben auch die Zusammenhangsbildung bzw. Bedeutungsentwicklung im Strom der definitiven Ereignisse läßt sich als literarisch verstehen. Es gibt eine gelebte Literatur in unseren Handlungsvollzügen (Salber 1972). Daß die Zusammenhangsbildung literarisch sei – diese Feststellung soll unterstreichen, daß die Ereignis- und Wirkungszusammenhänge im seelischen Geschehen nicht hinreichend aus der Abfolge der (objektiven) Zeit zu erklären sind. Sie ergeben sich als „Folgen" aus den Problemen der Gestaltbildung (der verbindenden Zeit) – „aus" Erweiterungen und Entfaltungen oder Einengungen und Verarmungen.

Weitere (tiefere) Einsichten in den Fall wären zu erwarten, wenn es eine literarische Vorlage gäbe, die sich für eine erneute doppelte Beschreibung eignete. Eine solche Vorlage für die gelebte Literatur gibt es: Der Sandmann von E. T. A. Hoffmann (1816).

Um eine Puppe geht es auch in der gar nicht spaßigen Geschichte des jungen Studenten Nathanael. Er liebte zuerst „das gemütvolle, verständige, kindliche Mädchen" Klara. „Für schön konnte Klara keineswegs gelten; das meinten alle, die sich von Amts wegen auf Schönheit verstehen." Doch gab es viel Ansehnliches an ihr zu loben, was Künstler und Phantasten allerlei zu „faseln" Anlaß gab. Hervorzuheben ist ihr gar heller, scharf richtender Verstand. „Die Nebler und Schwebler hatten bei ihr böses Spiel; denn ohne viel zu reden ..., sagte ihnen der helle Blick und jenes feine ironische Lächeln: ‚Liebe Freunde! wie möget ihr mir denn zumuten, daß ich eure verfließenden Schattengebilde für wahre Gestalten ansehen soll mit Leben und Regung?'" Über die wahren Gestalten in Nathanaels kurzem Leben ist schwer zu urteilen, sicher ist jedenfalls, daß ihn früh ein „böses Prinzip" erfaßte und eine „dunkle, düstere, (wohl nur für andere) langweilige Mystik" ihn tief bewegte.

Es ergab sich, daß Nathanael eines Tages in einem Zimmer ihm gegenüber die Puppe Olimpia entdeckte. Offenbar unverwandten Blickes schaute sie nach ihm herüber. „Er mußte sich auch selbst gestehen, daß er nie einen schöneren Wuchs gesehen; indessen, Klara im Herzen, blieb ihm die steife, starre Olimpia höchst gleichgültig, und nur zuweilen sah er flüchtig über sein Kompendium herüber nach der schönen Bildsäule, das war alles." Sei es durch Zufall, sei es durch Fügung, Nathanael erstand ein Fernrohr. Von da an konnte er auch Olimpias wunderschön geformtes Gesicht erschauen. „Nur die Augen schienen ihm gar seltsam starr und tot. Doch wie er immer schärfer und schärfer durch das Glas hinschaute, war es, als gingen in Olimpias Augen feuchte Mondesstrahlen auf. Es schien, als wenn nun erst die Sehkraft entzündet würde; immer lebendiger und lebendiger flammten die Blicke. Nathanael lag wie verzaubert im Fenster, immer fort und fort die himmlisch-schöne Olimpia betrachtend."

Für ein großes Fest, auf dem Olimpia zum ersten Mal erscheinen sollte, bekam auch Nathanael eine Einladung. Er ging „mit hochklopfendem Herzen zur bestimmten Stunde, als schon die Wagen rollten und die Lichter in den geschmückten Sälen schimmerten ... Die Gesellschaft war zahlreich und glänzend. Olimpia erschien sehr reich und geschmackvoll gekleidet. Man mußte ihr schön geformtes Gesicht, ihren Wuchs bewundern. Der etwas seltsam eingebogene Rücken, die wespenartige Dünne des Leibes schien von zu starkem Einschnüren bewirkt zu sein. In Schritt und Stellung hatte sie etwas Abgemessenes und Steifes, das manchem unangenehm auffiel; man schrieb es dem Zwange zu, den ihr die Gesellschaft auflegte. Das Konzert begann. Olimpia spielte den Flügel mit großer Fertigkeit und trug ebenso eine Bravour-Arie mit heller, beinahe schneidender Glasglokkenstimme vor. Nathanael war ganz entzückt." Er meinte auch gewahr zu werden, „wie sie voll Sehnsucht nach ihm herübersah, wie jeder Ton erst deutlich anfing in dem Liebesblick, der zündend sein Inneres durchdrang ... er mußte vor Schmerz und Entzücken laut aufschreien: ‚Olimpia!' – Alle sahen sich um nach ihm, manche lachten ... der Ball fing an. ... aber wie sich erheben auf dem Mut, sie, die Königin des Festes, aufzufordern? Doch! – er selbst wußte nicht, wie es geschah, daß er, als schon der Tanz angefangen, dicht neben Olimpia stand ... und daß er, ... ihre Hand ergriff. Eiskalt war Olimpias Hand, ... er starrte Olimpia ins Auge, das strahlte ihm ... entgegen, ... er umschlang die schöne Olimpia und durchflog mit ihr die Reihen. – ... an der ganz eigenen rhythmischen Festigkeit, womit Olimpia tanzte und die ihn oft ordentlich aus der Haltung brachte, merkte er bald, wie sehr ihm der Takt gemangelt. Er wollte jedoch mit keinem anderen Frauenzimmer mehr tanzen und hätte jeden, der sich Olimpia näherte, um sie aufzufordern, nur gleich ermorden mögen."

Es braucht nicht detailliert mitgeteilt zu werden, wie Nathanaels merkwürdige Leidenschaft sich noch steigerte, so daß er die auf ihn gerichteten „ganz kuriosen Blicke" der anderen nicht mehr bemerkte, und wie es kam, daß er sich einmal doch von einem „inneren Grausen erfaßt" fühlte, und was ihm dabei durch den Sinn ging. Schließlich hat er, so könnte man es lapidar sagen, den Verstand verloren. Kurze Zeit schien es, als fände er zu Klara zurück. Aber dann stürzte er sich von einem Turm – und lag mit zerschmettertem Kopf auf dem Steinpflaster. Davor hatte er noch versucht, Klara in die Tiefe herabzuschleudern. Seine Verfassung war mehr als furchterregend: „... gräßlich brüllte er auf wie ein gehetztes Tier; dann sprang er hoch in die Lüfte, und grausig dazwischen lachend, schrie er in schneidendem Ton: ‚Holzpüppchen dreh dich – Holzpüppchen dreh dich' ... ‚Feuerkreis, dreh dich – Feuerkreis, dreh dich'."

Diese Geschichte ist zwar aus dem Blickwinkel eines Mannes erzählt. Nimmt man das Ganze aber als die zum Ausdruck kommende Entwicklung eines kompletten Handlungssystems, so ist der spezielle Blickwinkel ziemlich belanglos. Die Struktur der ganzen Wirkungs- und Ereigniseinheit zählt. Die Parallelen zum Fest der Klientin sind für den Leser leicht zu entdecken. Bleibt hinzuzufügen, ohne daß Einzelheiten vertieft werden müssen, daß in der Erzählung von E. T. A. Hoffmann Motive anklingen, die ebenfalls im Material des Falles enthalten sind und in anderen Sitzungen als den hier besprochenen eine Rolle spielten, z. B. ein durch Verletzungen übermäßig angeschwollener Kopf.

Aus dem „Sandmann" wurden Fragmente zitiert, die eine seelische Konstruktion versinnbildlichen, welche Freud (1919) als die „Weltauffassung des Animismus" beschrieben hat, zu der die „Allmacht der Gedanken", Erfüllung der Welt mit Geistern, Überschätzung der eigenen seelischen Vorgänge, die Technik der Magie, die Zuteilung von sorgfältig abgestuften Zauberkräften an fremde Personen und Dinge (Mana), sowie ein Sich-zur-Wehr-Setzen gegen unverkennbare Einsprüche der (materiellen) Realität gehören. Bleibt ergänzend zu sagen, wie das zusammen funktioniert. Im hier vorgestellten Fall verkehrt sich die Allmacht des Anspruchs in Ohnmacht, wodurch erst die Gegenwirkungen der anderen Menschen und der Dinge übermächtig werden.

In einem Punkt sollte Freud aber korrigiert werden. Seine Feststellung, „daß in der Dichtung viele Möglichkeiten bestehen, unheimliche Wirkungen zu erzielen, die fürs Leben wegfallen" (Freud 1919, S. 264), trifft, jedenfalls soweit es das Fest angeht, von dem der Fall berichtet hat, nicht zu. Auch im Leben sind diese unheimlichen Wirkungen zu erfahren. Und eben diese Einsicht will die Intensivberatung ihren Klienten mit Hilfe des gewählten Bildes vermitteln. Der Klient soll dahin gebracht werden, zu begreifen und zu verstehen, daß bei ihm solche Konstruktionen noch andauern, daß sie weder Umbildungen noch tiefgreifende Neuorganisationen durchgemacht haben.

Bei seinem Bemühen, die unheimliche Wirkung der Erzählung „Der Sandmann" zu erklären, rückt Freud, anders als es hier geschah, die Augen- bzw. Kastrationsangst in den Mittelpunkt der Betrachtung. Und er warnt ausdrücklich davor, dieses Motiv unbeachtet zu lassen. Die Olimpia-Episode sei vom Dichter zum Spott auf die Liebesüberschätzung von seiten des jungen Mannes gebraucht worden. Dennoch muß die Frage nochmals gestellt werden, was mit Kastrationsangst gemeint ist, auch wenn den meisten Zeitgenossen heute eine solche Frage überflüssig erscheint. Nicht ganz uninteressant ist zudem, was unter der weiblichen Entsprechung dazu (dem Peniswunsch?) zu verstehen ist – etwa die Versteifung des Körpers (bis zur Puppe)? Das Vertrackte an allen direkten Antworten hierauf ist doch wohl, daß entweder die Sortiererei in eine Männer- und in eine Frauenpsyche begänne oder man sich dem Vorwurf aussetzt, die Bedeutung der infantilen Sexualität vor lauter Abwehr nicht würdigen zu können.

Weder letzteres ist hier beabsichtigt – von frühen Verführungsstrategien, die auf Männer zielen, wurde auch im Fall gesprochen –, noch sollte die Psyche des

Nathanael analysiert werden. Immerhin sind mit Blick auf die Freud-Interpretation des Sandmann noch andere Momente erwähnenswert, wenn die Konstruktion einer zwar phantastisch anmutenden, aber dennoch realen und handlungsrelevanten seelischen Wirklichkeit „transparent" gemacht werden soll. Nicht zuletzt dürfte, wenn man mit Freud'scher Gründlichkeit an die seelischen Verhältnisse herangeht, die Frage interessieren, warum das Puppenmotiv sich zu offenbar wirksamem Spott über Lieben und Geliebtwerden eignet. Nebenbei sei vermerkt, daß Olimpia ihre Existenz dem gewiß irgendwie maßlosen Anspruch ihres Erzeugers verdankt, wer immer das gewesen sein mag.

Von Nathanael wurde erwähnt, daß er schon früh unter einem „bösen Prinzip" stand. Für orthodoxe Freudianer gäbe es keinen Zweifel darüber, welches das ist (der Kastrationskomplex). Zu diesem Prinzip gehört aber, daß Nathanael selbst schon früh eine Puppe war (!). Sein Vater hatte sich bei einem Bösewicht verwendet, damit er seine Augen behalte. „,Meister! Meister! laß meinem Nathanael die Augen – laß sie ihm!'" Darauf der Bösewicht (oder das böse Prinzip): „,Mag denn der Junge die Augen behalten und sein Pensum flennen in der Welt; aber nun wollen wir doch den Mechanismus der Hände und der Füße recht observieren.' Und damit faßt er mich (Nathanael) gewaltig, daß die Gelenke knackten, und schrob mir die Hände ab und die Füße und setzt sie bald hier, bald dort wieder ein. 's steht doch überall nicht recht! 's gut, so wie es war! ... alles um mich her wurde schwarz und finster (!), ein jäher Krampf durchzuckte Nerv und Gebein – ich fühlte nichts mehr."

Um die Bitte des Vaters, sein Sohn möge die Augen behalten, als eine Abwehr der Angst des Jungen, der Vater wolle sie ihm nehmen, hinzustellen, also als eine Projektion und Verkehrung ins Gegenteil, ist alles, was auf diese Bitte hin folgt, viel zu spezifisch. Erst in dem, was folgt, kommt die wirksame Gestalt so recht zum Ausdruck. Man müßte sich freilich ihrer Transponierbarkeit bedienen, um sie in ihrer Prägnanz zu erkennen.

Die Eltern wohl überall auf der Welt kennen die hier poetisch (literarisch) dargestellte Situation aus eigener, viel besser aber aus ihrer Erfahrung im Umgang mit ihren noch kleinen Kindern. Die Kleinen haben, ehe sie groß sind, alle ihr Pensum zu flennen, wer wüßte das nicht. Dazwischen passiert aber das, was ihre Eltern, zumal in Gegenwart anderer, vielleicht mehr fürchten als die Kleinen selbst. Ob sie selbst es fürchten, ist noch ungeklärt; es kann gut sein, daß sie oft keine Zeit mehr dazu haben; denn so plötzlich überkommt sie manchmal so ein echter Trotzanfall. Er beginnt damit, daß sie strampelnd auf dem Boden herum trampeln. Dazu schreien sie sehr bald mit heller, beinahe schneidender Stimme, so daß es wenigstens den Erwachsenen durch Mark und Bein dringt; oder daß leicht Glas zerspringen könnte; und endlich versteift sich ihr ganzer Körper so sehr, durchaus wie in einem jähen Krampf, daß die Gelenke wirklich knacken müßten, wollte man die Gliedmaßen mit Gewalt bewegen. Daß es den Kleinen dabei schwarz und finster vor Augen wird, ist leicht zu verstehen – man versuche nur, das einmal richtig nachzumachen. Bevor sie bei einem solchen „Anfall" die Augen verlören, hätten sie sich längst die Stimme aus dem Leib geschrien.

Wer wüßte nicht, daß diese Situation die Eltern vor höchste Geduldproben stellt. Nicht selten setzt es Hiebe. Was die Kleinen dabei genau fühlen, wissen wir nicht. Es scheint aber plausibel, daß es ein Machtgefühl allein kaum sein kann, dafür ist die Ohnmacht in dem Moment zu offenkundig. Das Kind will zwar unbedingt und mit seiner ganzen Kraft etwas bewegen, ja bezwingen, aber in seiner Erstarrung kann es genau das nicht; dann ist es selbst bezwungen.

Auch wer Zauberei in der Wissenschaft gar nicht mag, wird dennoch verstehen, daß man in der Erstarrung alles andere, sogar Dinge, als mächtig erfahren kann, ja sie sogar so erleben muß.

Daß das Kind nach einem solchen totalen körperlichen Kraftaufwand wie aus einem „Todesschlaf" erwacht, ist einfühlbar. Aber was hat dies alles mit Puppen zu tun? Nun, diese Situation hat eine Seite, die dem Kind schon von woanders her vertraut sein dürfte. Vielleicht bekommen die Kinder tatsächlich irgendwie mit, daß sie in ihrer trotzigen Erstarrung ihren Puppen, mit denen sie alles machen, die sie sogar wegwerfen können, ähnlicher sind als einem Lebewesen. Jedenfalls scheint dies mindestens genauso wahrscheinlich zu sein wie das Bemerken von Kastrationsdrohungen. Ohne jeden Zweifel dürften die Kleinen ihren eigenen, gelegentlich rasenden Übermut kennen, in dem sie einer Puppe Arme, Beine, auch mitunter den Kopf abreißen. Und auch sie lachen dann schrecklich albern, wenn sie die Gliedmaßen bald hier, bald dort wieder ansetzen. Beim Umgang mit ihren Puppen können die Kinder genau das, was ihnen im Trotz bei aller übermäßigen Anstrengung eben nicht gelingt, nämlich mit einem anderen „Wesen" alles machen.

Die Paradoxie, die beiden Situationen inhärent ist, läge darin, daß dasselbe, was dem Kind bei seinen Puppen gelingt, es bei lebendigen Menschen selbst zur Puppe macht. Und in beiden Situationen wird das Kind nicht selten als „bös" bezeichnet.

Wahrscheinlich fürchten die Kinder im Trotz eben doch, daß die Eltern mit ihnen so ruchlos umgehen könnten, wie sie es gelegentlich mit ihren Puppen tun, daß sie ihren Eltern ähnlich auf Gedeih und Verderb ausgeliefert sind wie ihre Puppen ihnen. Fügt man nun endlich hinzu, daß Puppen eben auch ausgezeichnete Liebesobjekte (im Vollsinne des Wortes) sind, dann wird man verstehen, daß eine „Übertragung" dieser Liebes- und Haßverhältnisse auf lebendige Menschen tragisch enden wird. Als Kompromiß bleiben „Partner", die Puppen gleichen, denn unter „wirklichen" Menschen würde man selbst allzu rasch zur

Puppe. Aber dieser Kompromiß löst nicht das Kernproblem: Puppe sein oder Puppen haben, das bleibt nach wie vor die leidvolle Frage. Es schmerzt dann eben sehr, daß sich Puppen leichter lieben und wegwerfen lassen als Menschen. Es bleibt, dem Schicksal vorzubeugen, daß man selbst weggeworfen wird. Ein „Händchen für den Falschen" vermag durchaus zu beweisen, daß man wirft, aber nicht geworfen wird. Jedoch ist damit nur bewiesen, was sein soll – nicht das, was ist. Das Puppenmotiv im vorgestellten Beratungsfall kann mit dieser Interpretation als aufgeklärt, ja als erklärt gelten.

Die Beschreibung der Hoffmann'schen Spukgeschichte war ein nützlicher Umweg. Für den vorgestellten Fall hat sie gezeigt, daß TAT-Geschichten – die Literatur eines Menschen wie du und ich – und Werke der Literatur eine gemeinsame Wurzel in der gelebten Literatur haben. In der Regel ist jede erzählte Literatur, für sich betrachtet, schwer zu entschlüsseln. Die gelebte Literatur ist ohnehin zunächst verborgen. Durch wechselseitige Auslegungen ist jedoch eine gemeinsame Struktur mit *einem* Konstruktionsproblem herauszuarbeiten.

8.8. Behandlungsergebnis

Veränderungen sind zu erwarten, sobald der Klient fähig ist, „die tendenziöse Beschränkung seiner Apperzeption" (Sperber 1970, S. 223) zu durchschauen; sobald es ihm – einmal sogar richtig körperlich spürbar – klar geworden ist, „daß (er) bisher die Welt und sich selbst nie anders als mit Scheuklappen angesehen hat" (S. 224). Aber die neue Sicht alleine genügt nicht. Es gilt ab dann, „die Lebenskunst der kleinen und der großen Schritte" (S. 226) zu erlernen; sie im alltäglichen Verhalten ins Werk zu setzen. Auch für die materiellen und zufälligen Gegebenheiten der jeweiligen Situation wird dann wieder einmal etwas Liebe übrig sein.

Sieben Monate nach Abschluß der Intensivberatung wurde im vorgestellten Fall die Katamnese durchgeführt.

Aus dem Katamneseberacht der Klientin ist folgendes zu berichten: Zuerst habe sie während einer recht langen Zeit (mehrere Monate dauernd) für körperliche Erholung gesorgt, sich sozusagen erst einmal „ein Nest gebaut", in dem sie zwar allein war, sich aber wohlgefühlt habe. Die Möglichkeit, allein zu leben, würde sie zwar nicht in Begeisterung versetzen können, aber sie hätte erfahren, daß sie auch alleine sehr gut zurecht käme. Auch die Art, sich zu kleiden, hatte sich geändert. Nach wie vor kleidete sich die Frau der Mode und ihren finanziellen Möglichkeiten entsprechend, aber nicht mehr mit jener spezifischen Übertreibung, die früher zu Anspielungen und falschen Auslegungen (leichtes Mädchen) Anlaß gab. Sie hatte die alte Art, sich auffällig zu kleiden, nach der Behandlung freilich noch einmal auf die Spitze getrieben; hatte sich das aber von einem Mann „in Ruhe" sagen lassen, ohne wie früher, nur „Unverschämtheit" witternd, „Wirbel" zu machen, „egal was daraus wurde". Mehrfach hob sie hervor, daß sie sich nun selbst besser einschätzen könne als vor der Behandlung. Es gelänge ihr jetzt, ruhig zu bleiben, auch mal den Mund zu halten und diplomatisch zu reagieren, statt gleich zu platzen. Am wichtigsten erschiene es ihr, daß sie jetzt auf alltägliche Widrigkeiten unmittelbar reagieren könne, ohne erst, wie früher, in einer kurzen Phase der Erstarrung „auftanken" zu müssen. Das alte „Durchdrehen" sei manchmal noch da, aber es käme nicht mehr so raus. Sie könne heute einlenken und stünde nicht mehr so unter dem Zwang, aufzubrausen und dabei kein Ende zu finden. Das Sich-Zusammenreißen würde sie aber doch als schmerzhaft erleben.

Es ist zu erkennen, daß die Frau damit begonnen hatte, eine andere „Lebenskunst" zu erlernen. Unübersehbar sind die kleinen Schritte, die sie nun tut, statt wie früher gleich durchzudrehen (Wirbel zu machen). Zwar suchte sie auch nach der Beratung hin und wieder gezielt und mit Geschick Situationen auf, in denen sie früher gleich „losgebrüllt" hätte und von niemanden zu besänftigen gewesen wäre; aber jetzt geht sie zur Seite, *entfernt* sich einige Schritte vom Zentrum des Geschehens und läßt eine Angelegenheit auch einmal von jemand anders erledigen. Keineswegs hatte sie sogleich jene Handlungsweisen unterlassen, die ihr früher „unverschämte" Anspielungen einbrachten. Sie wiederholte einige davon nicht nur recht gezielt, sondern spitzte sie (z. B. die Art, sich zu kleiden) sogar noch zu. Aber derartige „Experimente" führen nun zu deutlich anderen Ergebnissen. Die Zwangsläufigkeit bestimmter Handlungen war nun doch gebrochen, Variation wieder möglich geworden.

Überdies ist zu erkennen, daß auch „größere Schritte" hinzukamen. Vor der Beratung entfachte die Frau am liebsten eine hektische Betriebsamkeit um sich (oder sie suchte eine solche auf), um dem Alleinsein zu entfliehen. Statt sich weiterhin ständig mit „oberflächlichen" Bekannten zu umgeben, blieb sie nun für eine ungewöhnlich lange Zeit (gemessen an ihren Lebensgewohnheiten) allein. Das empfand sie offenbar selbst als einen Methodenwechsel. Und sie selbst rückte die neue Methode sogar in ein Bild (ein Nest gebaut – vielleicht ein erster Schritt, irgendwo seßhaft zu werden?).

Aber ist die Methode so neu, wie es scheint? Darf dieser Wechsel als eine echte Veränderung gelten; oder wird jetzt nur das Gegenteil von dem praktiziert, was die Frau früher, damals eben nur anders herum, ohnehin schon tat, nämlich allein sein? Eine ganz sichere Antwort ließe sich erst geben, wenn der Lebensweg dieser Klientin auch weiterhin verfolgt werden könnte. Aber soviel ist sicher: Wenn nicht „mehr" geschieht, als daß eine bestimmte Methode umgedreht wird, ist eine echte Änderung nicht eingetreten.

Falls die Anzeichen nicht trügen, ist bei der Klientin mehr geschehen. Während sie vor der Beratung wegen der „Scheuklappen" nur die erschreckende Seite des Alleinseins zu sehen vermochte und daher permanent zur „panischen" Flucht oder zum „unüberlegten" bzw. „undiplomatischen" Angriff tendierte, sieht sie jetzt – da die Scheuklappen vorübergehend abgelegt werden können – tatsächlich *mehr*. Sie ist jetzt imstande, zwischen dem konkreten Alleinsein (wenn kein Mensch leibhaftig in ihrer Nähe ist) und dem Alleinsein als existentieller Befindlichkeit zu unterscheiden. Als die Frau es vertragen konnte, nicht ständig jemanden neben oder um sich zu haben, konnte sie erfahren, welche Möglichkeiten das Alleinsein auch enthält. Eine entsprechende Situation versetzte sie nach wie vor nicht in Begeisterung. Sie hat jedoch erfahren, daß auch sie sich recht gut darin einrichten, erholen und sogar wohlfühlen kann. Ja, man darf sagen, erst nach der Beratung begann die Frau zu spüren, was sie am Alleinsein *nicht leiden* kann (daran nicht mag) und was sie daran sehr wohl leiden, bis zu einem gewissen Grade sogar genießen kann. Weil nun etwas ertragen, also gelitten werden kann, was vormals nur erschreckte, ist sie auf den alten Gewinn nicht mehr so angewiesen, den sie zum Teil daraus bezog, daß sie, die Flucht nach vorne antretend, selbst erschreckte (hexte). Es waren die Voraussetzungen dafür geschaffen, daß die „Flucht- und Angriffsbereitschaft" zu einem Anachronismus im Leben jener Frau werden könnte.

Die kleinen Schritte haben deutliche Ähnlichkeiten mit einem verhaltenstherapeutischen Training. Es gibt aber Unterschiede. Dieses Bewerkstelligen (oder diese Verhaltensmodifikation) ist nicht symptomspezifisch, sondern stilspezifisch, und der Klient sucht sich aus seinem Alltag selbst die Situationen aus, in denen er bisher unangemessen (oder neurotisch) reagierte, und er entwickelt selbst eine adäquate systematische „Desensibilisierungsstrategie". Der Vorteil dieser Variante ist offenkundig. Es wird nicht nur ein spezifisches Leiden, z. B. Platzangst, behandelt, sondern ein Bewältigungsstil, der in verschiedenen Situationen Leiden bewirkt. Und nicht zuletzt ist der Klient, weil er selbst sein Bild handhabt, auch in intimen Situationen nicht ohne Hilfe.

Die Eigenaktivität des Klienten schließt, wie dargelegt, Zuspitzungen auch nach der Behandlung nicht aus. Ja, es entstünde ein schiefes Bild über die Nachwirkungen der Intensivberatung, wenn unerwähnt bliebe, daß es im vorgestellten Fall auch Krisen gab. Vor allem das Alleinsein sei so schwer zu verkraften gewesen. Die Frau mußte sich mehrfach die Frage stellen: „Was hast du von deinem Leben?" Sie hätte sich schon eigens Mut machen müssen, um die Zeit, in der sie allein in „ihrem Nest" war, durchzustehen. In der Schwebe hing noch (das ist bei den Zeiträumen, über die hier zu berichten ist, wohl auch nicht anders möglich), wie die Frau fortan ihre Beziehungen zu Männern gestalten würde. Erkennbar war, daß sie jetzt, ohne immer wieder einmal „hochzugehen", einen Mann erträgt, der ihr offen sagt, was ihn stört.

Daß die Frau allmählich eine Umschichtung in ihrem Freundeskreis vornimmt, überrascht nicht, wenn das bisher Gesagte nicht reine Dichtung ist. Überraschend ist eine andere Entwicklung. Während der Supervision war auch über den Beruf der Klientin gesprochen worden, mit dem Ergebnis, daß er der

„Hexerei" quasi übergestülpt worden sei, um einem „Bersten" der Lebenskonstruktion vorzubeugen. In der Beratung wurde dieses Thema mehr am Rande behandelt, um nicht zusätzliche Beunruhigungen zu wecken. Überraschend ist daher, daß die Frau dann später damit begonnen hat, ausgedehnt und differenziert – ja, es ist angebracht zu sagen: kritisch – über ihren Beruf nachzudenken. Alles in allem darf gesagt werden, daß sich in diesem Fall eine Erweiterung des Wendekreises anzubahnen begann.

Geschichten der Klienten hatten das erste Wort; sie sollen hier auch das letzte haben. Denn wenn tatsächlich eine Um- oder Neuorganisation in der Lebensführung des Klienten eintritt, müßte sich das, nach allem, was behauptet, gesagt und hoffentlich genügend begründet worden ist, auch wieder in Geschichten niederschlagen.

Der vorgestellte Fall soll daher mit zwei TAT-Geschichten aus einer Testaufnahme abgeschlossen werden, die vor der Katamnese durchgeführt werden konnte. „Thema" und „Kontext" der neuen Geschichte zu Tafel 1 sind im wesentlichen dieselben geblieben, verändert hat sich aber die „Lösung". Die neue Geschichte zur Tafel 6 GF hat mit jener aus der ersten Testaufnahme nur dann etwas gemeinsam, wenn man ihr „Thema" so auffaßt, daß es darum geht, ob eine Frau in einer bestimmten Lebenslage weiterkommt oder ob sie darin stecken bleibt. Diese neue Geschichte handelt von einem Fest!

Um eine knappe Interpretation vorweg zu geben: Das Dramatisieren mit sprachlichen Superlativen gibt es nun nicht mehr. Die Geschichten bzw. deren Konstruktionen sind im ganzen entschiedener geworden. In der zweiten Fassung zur Tafel 1 ist der Konflikt dort geblieben, wo er entstanden ist, wogegen in der ersten Fassung eine weitere Person darin verwickelt wurde. Zur neuen Lösung gehört sehr wesentlich ein Sich-Unterwerfen-Können unter eine keineswegs eindeutige Konstellation. Die zweite Geschichte zu Tafel 6 GF greift noch einmal das hier so ausführlich besprochene Thema „Fest" der 10. und 11. Beratungsstunde auf. Es scheint so, als bekäme man mit dieser TAT-Geschichte nun endlich eine nüchterne Darstellung dessen, was „wirklich" auf und nach jenem Fest geschah. Diese Geschichte ist nun zwar wieder eine Erfindung, aber sie ist so erfunden, daß der realistische Hintergrund der Vorkommnisse auf jenem Fest erkennbar wird. Jedenfalls gelingt auch in dieser Geschichte eine präzisere Lokalisation des Problems gegenüber der mehr inflationären Ausweitung, die bei der ersten Testaufnahme so deutlich anklingt. Das ist zumindest ein Fortschritt in der (Selbst)Diagnose. Schlicht und einfach wird jetzt mitgeteilt, daß eine Frau etwas beanspruchen möchte, was der beteiligte Mann nicht einlösen kann. Nun dürfte man beispielsweise immer noch von übertriebener Eifersucht reden; oder, wenn man günstige Entwicklungen gar nicht sehen möchte, auch sagen, die Frau ringe jetzt mit der „Unverschämtheit", den anderen zuerst mit aus dem Feld zu nehmen, wogegen früher der Wirbel an Ort und Stelle gleich losgegangen sei; oder man mag auch einfach eine „Projektion" entdecken. Dennoch sollte man nicht verkennen, daß die zweite Geschichte zu Tafel 6 GF sehr wahrscheinlich auf eine beginnende Umbildung bestimmter Erwartungs- und Zubilligungsmuster verweist. Während in der ersten Geschichte letztlich der „Vater" für alle Schwierigkeiten mit der Außen- und wohl auch Innenwelt verantwortlich gemacht und von ihm auch die Einleitung der Veränderung erwartet wird, signalisiert die zweite Geschichte, daß man selbst tätig werden kann, auch wenn man wegen verspürter Unsicherheit noch nicht das zu erreichen vermag, was man erreichen möchte. Nicht zu überhören ist jedenfalls in den neuen Geschichten zu beiden Tafeln, daß die Erzählerin nicht nur „denkt" (rational konstruiert), sondern sich auch vom „Gefühl" („glauben") leiten läßt.

Tafel 1, zweite Fassung: Ein Junge, der zum Geburtstag eine Geige geschenkt bekommen hat und davor sitzt und noch nicht weiß, was er mit diesem Musikinstrument anfangen soll. Und ich habe einfach das Gefühl, daß er enttäuscht ist, 'ne Geige geschenkt bekommen zu haben, weil er effektiv mit dieser Art Musikinstrument nichts anzufangen weiß. Und irgendwie habe ich das Gefühl, daß er durch dieses Geschenk von irgendwelchen anderen Freizeitangeboten abgelenkt wird. Er ist zwiegespalten, ob die Entscheidung für den Geigenunterricht fallen sollte oder ob es ihm nicht lieber wäre, seine Freizeit mit Freunden zu verbringen. Schwer zu sagen (wie das endet), bedingt durch die Tatsache, daß die Eltern ihm dieses Geschenk gemacht haben, möchte er sich nicht gegen deren Wunsch stellen und muß sich, oder läßt sich das oktroyieren, für den Geigenunterricht entscheiden.

Zweite Geschichte zu Tafel 6 GF: Hm, schwierig. Hier sieht es so aus, als ob dieses Paar vorher auf einem Fest gewesen ist und daß auf diesem Fest irgendwas vorgefallen ist, was sie veranlaßt hat, nach Hause zu gehen. Und zwar, daß der Mann auf dem Fest sich zu sehr anderen Frauen zugewandt hat und seine eigene Frau oder Freundin nicht gesehen hat, und deshalb wollte sie nach hause. Und er ist dann mitgegangen, um mit ihr 'ne Aussprache zu führen. Zuhause versucht er ihr zu erklären, daß das nichts auf sich hatte, daß er sich auf dem Fest anderen Frauen zugewandt hatte. Sie versucht, ihm klar zu machen, daß sie nichts dagegen hat, wenn er mit anderen Frauen irgendwelche Gespräche oder Diskussionen führt, aber daß sie irgendwo das Gefühl haben wollte, eh, zu ihm zu gehören und daß er es einfach nicht zeigen konnte, daß die beiden zusammen gehören. Das Gespräch endet für mich so, daß beide auf einen Nenner kommen und, allerdings glaube ich, daß der Mann sein Verhalten auf der nächsten Einladung nicht einhalten kann. Er macht den Eindruck des aufgeschlossenen, legeren und, ja, 'ne Art Mann von Welt, wie man so schön sagt, der glaubt, jede Frau liege ihm zu Füßen, während sie in der Beziehung 'ne unsichere Position einnimmt.

Es ist offensichtlich, daß nach einer Intensivberatung, die mit der Wirksamkeit phantastischer Bilder zu arbeiten versucht, im Fall der 30jährigen Frau Veränderungen sowohl in der Lebensgestaltung als auch in den TAT-Geschichten eingetreten sind. Bleibt zu prüfen, ob TAT-Geschichten sich auch dann verändern, wenn es zu keiner Beratung kam bzw. keine deutliche Veränderung in der Lebensgestaltung eingetreten ist.

Es ist nicht leicht, ein geeignetes Vergleichsmaterial zu erhalten. Wer, der Probleme verspürt, läßt sich im Abstand von mehreren Monaten testen, um zwischendurch auf Beratung bzw. Behandlung zu verzichten? Die nachfolgenden TAT-Geschichten – ebenfalls zu Tafel 6 GF – stammen von einer 21jährigen Frau, die sich im Abstand von 10 Monaten testen ließ. Im Anschluß an die erste Testaufnahme wurde keine Beratung (nicht einmal eine Auswertung des TAT) durchgeführt. Nach Einschätzung der Probandin hatte es auch keine Änderungen in der Lebensführung gegeben.

Tafel 6 GF, erste Fassung: Schon lange hatte sie den Verdacht, daß der Geschäftspartner ihres Vaters sie so unverschämt ansehen würde, sie belästigen wolle. Sie dachte aber, das würde sie sich nur einreden, weil seriöse Männer solche Gedanken nicht haben. Eines Tages, ihr Vater war noch nicht zu Hause, kam er und wollte warten. Sie sortierte gerade Briefe. Sie bot ihm einen Drink an und sagte, er könne sich Zeitschriften ansehen bis ihr Vater käme. Sie sortierte eifrig die Briefe, als sie auf einmal eine widerlich kalte Hand auf dem Rücken merkte. Sie drehte sich um und sah, daß er hinter ihr stand und sie mit unverschämten Augen ansah. Er sagte: „Ja, Kleine, heute wäre eine Gelegenheit für uns beide." Das hätte sie ihm nicht zugetraut. Es passierte aber nichts. Ihre Eltern kamen. Sie hörte das Türschloß und ging erleichtert auf ihr Zimmer. Wenn er zu Gast bei ihren Eltern war, floh sie. Sie ging nur mit zu gesellschaftlichen Veranstaltungen, wenn er da war. Die Eltern wunderten sich, weil sie nicht mit ihm sprach. Später wurde sie Journalistin für eine Frauenzeitschrift und veröffentlichte einen Artikel, in dem sie seinen Namen erwähnte. Ihre Eltern jagten sie daraufhin aus dem Haus, was ihr wenig ausmachte, weil sie die ständige Anwesenheit des Geschäftspartners nicht mehr ertragen konnte. Sie rächte sich durch Artikel weiter an ihm.

Zweite Geschichte zu Tafel 6 GF: Nachdem ihre Vorlesung beendet war, hatte sie Lust, in ein Cafe zu gehen, um nachzudenken. Wenn sie alleine in ihrer Wohnung war, war es trist und öde. Sie sehnte sich dann nach dem Kaffeehaus. Nun erschrak sie, als ein älterer Mann sie ansprach und seine Hand auf ihre Schulter legte. Der Mann erfüllte das Vorurteil vom fiesen, alten, geilen Mann. Er schaute sie ekelhaft herausfordernd an. Sie drehte sich um. Die schöne Atmosphäre war vorbei. Es war eine Bedrohung. In ihren Gedanken blieb der Mann; er hatte alles kaputt gemacht. Sie ging in ihre Wohnung, räumte auf, und war nicht mehr der Bedrohung ausgesetzt. Der Mann tauchte nicht mehr auf. Über seine Absichten ist nichts bekannt.

Hier hat sich in den TAT-Geschichten über 10 Monate kaum etwas geändert. Beide Geschichten handeln von einer ambivalenten Einstellung einem (älteren) Mann gegenüber. Eine Frau hält sich in seiner Nähe auf oder sehnt sich nach dem Ort, an dem er auftaucht, qualifiziert seine Annäherung aber als einen unverschämten Antrag bzw. eine ekelhafte Herausforderung. In beiden Geschichten wächst bei der Frau der Widerwille mit zunehmender Annäherung des Mannes, und es geschieht dann eigentlich nichts. Die zweite Geschichte verzichtet auf Rahmenhandlungen drumherum; sie kommt schneller zum Thema und schildert das „Vorurteil" über den Mann prägnanter. Auch die „Lösung" ist in beiden Geschichten insofern gleich, als die Frau verjagt wird, oder der gewisse Mann nicht mehr auftaucht.

Ein Unterschied liegt jedoch darin, daß die erste Geschichte vom Andauern einer Rachebeziehung erzählt, während die zweite Unklarheit darüber herstellen möchte, welches die Absicht des Mannes ist. Beide Varianten dürften aber wohl wenig geeignet sein, die Beziehung zwischen Mann und Frau so zu verändern, daß sie in befriedigender Weise entweder zusammen bleiben oder jeder seinen eigenen Weg gehen kann. Insbesondere hat sich an der Einstellung der Frau nichts geändert (eher ist eine Verhärtung anzunehmen). Im Falle der 30jährigen gab es eben gerade eine solche Veränderung. Eine Frau war zuerst in einer ausweglosen Lage, in der nur etwas kippte, sich aber nichts bewegte, später aber imstande, eine unsichere Position einzunehmen und zu verkraften (das wäre eine Voraussetzung dafür, daß man Entwicklungen abwarten kann).

9. Schlußbetrachtung

Im derzeit gültigen Antragsformular „auf Feststellung der Leistungspflicht für Psychotherapie" ist unter Punkt 6 die „Psychodynamik der neurotischen Erkrankung" *ausführlich* darzustellen. Ferner sind die Klagen, die der Patient vorbringt (Punkt 3), eine hinreichend ausführliche Anamnese (Punkt 4) sowie die Ergebnisse ärztlicher und psychologischer Untersuchungen (Punkt 5) aufzuführen. Außerdem ist eine Prognose u. a. über die „Entwicklungsmöglichkeit" zu geben (Punkt 9). Das Auswertungsverfahren, das für den TAT hier vorgeschlagen wurde, erspart dem Gutachter umweghafte Übersetzungsarbeiten, weil seine Gliederung weitgehend den Schwerpunkten dieses Begutachtungsverfahrens entspricht. Allerdings darf eines nicht getan werden: die einfache Übertragung der TAT-Befunde in das Antragsformular!

Mit den Ergebnissen der TAT-Auswertung muß differenzierter und „komplizierter" umgegangen werden. Es ist nicht zu erwarten, daß die „Klagen" und „konkreten Handlungen", die den TAT-Geschichten entnommen werden können, vollständig deckungsgleich sind mit den Klagen und Symptombildungen, die der Patient direkt (aus seinem Leben) angibt, aber gewisse Entsprechungen und Ergänzungen wird man finden müssen, wenn der Test kunstgerecht durchgeführt worden ist. Während diese Auswertungsgesichtspunkte also eine Kontrollfunktion zu übernehmen haben, erlauben die „gelebten Methoden" und die „Konstruktionsprobleme", die mit dem TAT zu ermitteln sind, *Hypothesen* darüber zu bilden, welche „neurotische Entwicklung" und welcher „intrapsychische Konflikt" im jeweiligen Fall angenommen werden müssen (Punkt 6).

In den ausführlich vorgestellten Fällen waren Entwicklungsprobleme zu diagnostizieren. Die Kinder und Jugendlichen, deren TAT-Geschichten ausgewertet wurden, waren den neuen Herausforderungen, insbesondere den aufbrechenden neuen Gefühlen der Zuneigung und Rivalität nicht gewachsen. Sie alle hatten noch nicht den Entwicklungsstand erreicht, der ihnen eine ausgewogene Lebensgestaltung ermöglichen würde. Mit Hilfe des TAT war deutlich zu erkennen, daß die Integration widerstreitender Neigungen mißlang. Die „Lösungen", die zu beobachten waren, lassen keine andere Wahl, als die Diagnose einer „neurotischen Entwicklung" zu stellen. Im einzelnen waren zu erkennen: Der Rückgriff auf eine Spukmechanik, um einem Auseinandertreiben zu begegnen; der Versuch der Isolierung und Rationalisierung, um gefährliche Zusammenstöße abzuwenden; die Abtrennung und Konversion, um mit „verbotenen" Neigungen fertig zu werden; der Rückgriff auf Methoden einer früheren Entwicklungsstufe, z. B. auf die Pflegebedürftigkeit, auf Anklammerung und Unterwerfung, um sich erfahrenere Nebenbuhler vom Halse zu halten und Rivalitäten nicht austragen zu müssen; schließlich das Ringen mit einer alten Verzweiflung in Form des Versuches, auf eine Wiedergeburt zu setzen, um so einen glücklichen Ausgang der aufbrechenden Konflikte erhoffen zu können.

Es mußte also angenommen werden, daß die notwendige Umorganisation der emotionalen Beziehungen beeinträchtigt, wenn nicht sogar behindert ist, weil Verwicklungen bzw. Verstrickungen in ein familiäres (ödipales) Muster nicht angemessen überwunden (bzw. aufgelöst) werden können – sei es, daß die Entwicklung sozusagen stehen geblieben ist, oder neue „Verführungen" den erreichten Entwicklungsstand überfordern. Es war ferner nicht auszuschließen, daß ein derartiges Muster gar nicht erst die hinreichende Belastungsfähigkeit und Entfaltung erreicht hatte, so daß bei aktuellen Schwierigkeiten frühere Bewältigungsformen aufgesucht werden müssen. Außerdem ließ sich zeigen, daß mit Hilfe des TAT sogar eine „Störung" zu diagnostizieren ist, die einen Konsens betrifft, dem für unsere Kultur eine geradezu fundamentale Bedeutung zukommt: die Sicherheit der Unterscheidung zwischen Belebtem und Unbelebtem.

Mehrfach wurde der Versuch unternommen, die Entwicklungs*defizite* mit Hilfe von Märchen zu veranschaulichen und die jeweilige Struktur so zu verdeutlichen, daß sich die Wege abzeichneten, auf denen die Weiterentwicklung zu erreichen wäre. Und für das „Hexenkind" (bzw. für das „Püppchen Olimpia") konnte bereits ein solcher Weg vorgestellt werden. Die phantastischen Motive und Bilder haben also nichts damit zu tun, daß es zwischen Himmel und Erde vielleicht doch etwas geben könnte, wovon unsere Schulweisheit nichts weiß. Allerdings haben sie sich vielfach bewährt, wenn es darum ging, die Logik seelischer Verhältnisse angemessen zu erfassen und den Klienten mitzuteilen.

Die Veranschaulichung der jeweiligen Konfliktlage mit Hilfe eines Märchens erfordert einen zusätzlichen Arbeitsaufwand. Ihn nicht zu scheuen, dafür spricht noch ein Gesichtspunkt, der hier bislang nicht angesprochen wurde. Märchen führen dem Heranwachsenden die Möglichkeit der positiven Lösung für Konflikte vor Augen. B. Bettelheim (1975) meint, sie geben sogar die Versicherung „des glücklichen Ausgangs" (S. 49). Märchen seien wesensmäßig optimistisch, „wie tödlich und ernst auch einzelne Züge sein mögen" (S. 46f.). Sie könnten dem Kind Mut machen, sich zuversichtlich abzumühen, um sich aus seinen Notlagen zu lösen. Außerdem verlangten Märchen nicht, daß wir Übermenschen sein müßten, um unsere entwicklungsbedingten Krisen zu bewältigen. Menschen wie du und ich stellen sie ein glückliches, wenn auch ganz normales Leben als Krönung der Prüfungen und Nöte in Aussicht (S. 49).

Eine Geschichte sei furchtbar traurig – so führt Bettelheim weiter aus –, wenn sie keinen Trost mehr vermittelt, nicht die Zuversicht gibt, daß eine positive Lösung zu erreichen sein wird. Vor diesem Hintergrund ist es vielleicht kein Zufall, daß der 13;2jährige drei seiner TAT-Geschichten als traurig bezeichnete, nämlich jene, die davon erzählen, daß man nichts recht machen kann, worauf (bzw. auf wen) man auch hört; daß ein stummer Junge mit dem Bemühen, sich verständlich zu machen, nur Spott erntet; die Mutter nicht helfen kann und der Vater nicht da ist. Ebensowenig erschiene es dann beliebig, welche Geschichten diese Kennzeichnung nicht erhalten haben, jene, die von Angst, vielen Feinden, Mißerfolg sogar mit tödlichem Ausgang erzählen. Falls „nur" so etwas die Notlage bestimmte – diese Schlußfolgerung legt sich dann nahe –, wäre die Hoffnung auf einen guten Ausgang noch nicht wirklich erschüttert. Erst die traurigen Geschichten nötigten dazu, nur noch von einer Wiedergeburt, dem völligen Neubeginn, die Wende zum Besseren zu erwarten. Das Märchen „Daumesdick" scheint ja wohl gerade diesen Optimismus vermitteln zu wollen.

Die Veranschaulichung mit Hilfe von Märchen würde sich ganz gewiß lohnen, falls sich etwas von ihrem Optimismus auf die psychologische Behandlung übertrüge. Daß dieser Optimismus nur ein „ganz normales Leben" verspricht, kann kein Nachteil sein. Er verspricht dasselbe, das S. Freud nach dem Abschluß seiner ersten psychoanalytisch behandelten Fälle in Aussicht stellen konnte, nämlich hysterisches, d. h. neurotisches Elend in gemeines Unglück zu verwandeln (1895, S. 312). Eine Verwandlung dieser Art beschließt auch die „Geschichte" des Nathanael. Zwar verliert er selbst den Verstand und stürzt sich zu Tode. Aber für Klara, das kindliche Mädchen, das er einst liebte, war wegen gewisser Beobachtungen zu schließen, daß sie „das ruhige häusliche Glück noch fand, das ihrem heiteren lebenslustigen Sinn zusagte und das ihr der im Inneren zerrissene Nathanael niemals hatte gewähren können."

Je genauer ein Konstruktionsproblem erkannt ist, je leichter fällt die Prognose. Wie der vorgestellte Beratungsfall erkennen läßt, führt bei hinreichend entfaltetem (ödipalen) Muster ein Methodenwechsel zu wünschenswerten Ergebnissen. Dort deutete sich sogar schon in einer TAT-Geschichte an, von welcher Art die „neuen" Methoden sein müßten. In anderen Fällen wird man mit einer angemessenen Behandlungsform zunächst die Entfaltung des Musters zu fördern haben. Es leuchtet auch ein, daß im Falle der fundamentaleren „Störung" nicht sicher sein kann, ob eine Zusammenarbeit auf der Grundlage der üblichen Einsichtsfähigkeit und Verläßlichkeit überhaupt schon möglich ist.

Bei Kindern und Jugendlichen muß natürlich auf der Grundlage einer breiten Erfahrung sorgfältig abgewogen werden, ob der jeweils diagnostizierte Entwicklungsstand dem jeweiligen Alter angemessen ist oder ob er als problematisch in dem Sinne eingeschätzt werden muß, daß eine „neurotische" Entwicklung nicht sicher genug ausgeschlossen werden kann. Sofern eine deutliche und teilweise recht auffällige Symptomatik vorliegt, wird die Entscheidung nicht sehr schwer fallen. Es ist aber zu betonen, daß die Auffälligkeit der Symptomatik nicht das ausschlaggebende Kriterium sein darf. Stille und „verstimmte" Kinder und Jugendliche haben eine therapeutische Hilfe nicht weniger nötig als die mit lärmender und aufdringlicher Symptomatik.

Die Tiefenpsychologie hat seit ihren Anfängen behauptet, daß Erwachsene unter den Versäumnissen leiden, die während der Entwicklung in der Kindheit eingetreten sind. Ob man dann lieber von Lerndefiziten spricht, das macht in der Sache keinen Unterschied. Mit dem TAT – das sollte in diesem Buch gezeigt und vorgemacht werden – lassen sich solche „Versäumnisse" *rekonstruieren*. Der vorgestellte Beratungsverlauf sollte darüber hinaus die Wirksamkeit entsprechender Versäumnisse im Leben einer Erwachsenen beglaubigen.

Wenn also die These dieses Buches gilt, daß aus Geschichten – Erzählwerken – zu erschließen ist, wie jemand Erfahrung organisiert, damit sie auszuhalten ist, so möchte man zum Abschluß vielleicht auch hören, wie eine TAT-Geschichte gestaltet sein müßte, damit von einer Beratung/Behandlung abzuraten ist. Weil die TAT-Geschichten dramatisch sein sollen, und ein „gemeines Unglück" ohnehin zum „normalen" Leben gehört, werden Probleme immer zu erschließen sein. Sollte trotz kunstgerechter Durchführung des Tests die Dramatik fehlen, so läge darin das Problem. Bleibt nachzutragen, daß nicht das Problem an sich, sondern der Umgang mit ihm der psychologisch relevante Tatbestand ist. Dazu das letzte Beispiel dieses Buches:

Geschichte zu Tafel 6 GF, Erzählerin ist 25 Jahre alt: Die Frau arbeitet bei ihrem Onkel, dem Bruder des Vaters. Das spielt in früherer Zeit, wegen der Kleidung. Sie hat an dem Tag gerade einen Brief bekommen von dem Mann, den sie liebt. Sie muß ihn immer wieder lesen – in den Pausen während der Arbeit. Sie hat jetzt nicht bemerkt, daß der Onkel hinter sie getreten ist. Sie dreht sich erschreckt um, ist aber erleichtert, daß der Onkel verständnisvoll lächelt, nicht böse ist, daß sie in der Arbeitszeit etwas anderes macht ... macht ihr verständlich, daß er sich in ihre Lage reinversetzen kann.

(Wie geht es weiter?) Sie ist froh, daß es keinen Ärger gegeben hat. Sie träumt weiter, muß sich aber zusammennehmen, daß sie nicht ganz in ihren Träumen versinkt, und die Arbeit fortsetzen kann.

Auch in diesem Fall gibt es ein Problem. Erfahrungen mit der ersten Liebe und dem Tod des Vaters sind hier abgebildet. Eine junge Frau flüchtet sich „in die Liebe als Brief". Solange diese Flucht anhält, wird der reale (neue) Geliebte beiseite gelassen. Es ist gewiß die Frage zu stellen, ob die „unmittelbare Liebe" altersgemäß geleistet werden kann. In einer Weise, die die Frau ganz zufrieden gestimmt hätte, gelang ihr das gegenwärtig nicht. So deutete die Erzählerin auch selbst ihre Lage.

Eine intensive Beratung bzw. Behandlung schien hier nicht angezeigt, weil die „gelebten Methoden" die Schlußfolgerung erlaubten, daß die Probandin sich selbst helfen könnte. In der zitierten Geschichte wird einem Mann Verständnis zugebilligt, und die Verliebte kann sich soweit „zusammennnehmen", daß reale Forderungen wieder erfüllt werden können. Die nicht zitierten TAT-Geschichten enthalten zudem weitere Methoden, die eine Selbsthilfe ermöglichen. In diesem Fall kann man darauf setzen, daß schon eine einmalige Aufklärung über die eigene Lage genügend Impulse freisetzt, die Arbeit der Veränderung allein in Angriff zu nehmen.

Um den TAT so anwenden zu können, daß seine Möglichkeiten sich ausschöpfen lassen, bedarf es einer angemessenen Einübung in seine Handhabung und der Beschäftigung mit seinen psychologischen Voraussetzungen. Am Anfang mag man da einen langen und mühsamen Weg vor sich sehen. Ist man unterwegs, wird sich manche Aufgabe dann doch leichter und selbstverständlicher lösen lassen, als man zunächst annahm. Durch unser Interesse an, ja unsere Liebe zur Literatur sind wir mit vielem bereits vertrauter und in vielem bereits geübter, als es uns vorher bewußt ist. Ein optimaler Ausbildungsgang würde sich dadurch auszeichnen, daß nach der Vermittlung von Grundkenntnissen ein besonderes Augenmerk auf die sensible Phase des Übergangs zu eigenen Auswertungen gerichtet wird. Im Rahmen einer Supervision lassen sich dazu die nötigen Kontrollen und Hilfestellungen geben.

Literatur

Adler, A. (1912): Über den nervösen Charakter. München 1928[4] (Bergmann)
- (1928): Individualpsychologie. In: Saupe, E.: Einführung in die neuere Psychologie. Osterwieck/Harz, S. 394–402 (Zickfeldt)

Andreski, St. (1974): Die Hexenmeister der Sozialwissenschaften. München 1977 (dtv/List)

Bateson, G. (1979): Geist und Natur. Frankfurt/M. 1982 (Suhrkamp)

Bergengruen, W. (1933): Die Feuerprobe. Stuttgart 1956 (Reclam)

Bettelheim, B. (1975): Kinder brauchen Märchen. München 1982[5] (dtv)

Biermann, G. u. R. (1982): Das kranke Kind und seine Umwelt. München (Reinhardt)

Bloch, E. (1930): Spuren. Frankfurt/M. 1975 (Suhrkamp)

Blothner, D. (Mitt. 1978): Bericht über ein Praktikum. Köln unveröffentl.

Dettmering, P. (1974): Dichtung und Psychoanalyse II. München (Nymphenburger)

Erikson, E. H. (1957): Kindheit und Gesellschaft. Zürich/Stuttgart (Pan)

Eysenk-Persönlichkeits-Inventar, EPI (1974), übersetzt u. bearbeitet von D. Eggert. Göttingen (Hogrefe)

Freud, S. (1895): Studien über Hysterie, GW I
- (1900): Traumdeutung, GW II/III
- (1919): Das Unheimliche, GW XII
- (1932): Neue Folge der Vorlesungen zur Einführung in die Psychoanalyse, GW XV. London, Franfurt/M. (Fischer)

Frisch, M. (1965 u. 1972): Stich-Worte, ausgesucht von Johnson, U., Frankfurt/M. 1975 (Suhrkamp)

Grimm, Brüder (1857): Kinder- und Hausmärchen. Berlin/Weimar 1977 (Aufbau-Verl.)

Heidegger, M. (1935): Der Ursprung des Kunstwerkes. Stuttgart 1970 (Reclam)

Heisenberg, W. (1934): Wandlungen in den Grundlagen der Naturwissenschaft. Leipzig 1936[2] (Hirzel)
- (1969): Der Teil und das Ganze. München 1975 (dtv)

Herrmann, Th. (1969): Lehrbuch der empirischen Persönlichkeitsforschung. Göttingen 1972[2] (Hogrefe)

Hönigswald, R. (1926): Vom Problem des Rhythmus; Eine analytische Betrachtung über den Begriff der Psychologie. Leipzig/Berlin (Teubner)

Hoffmann, E. T. A. (1816): Der Sandmann. Zürich 1946 (Atlantis)

Jung, C. G. (1916): Über die Psychologie des Unbewußten. Zürich/Stuttgart 1969[8] (Rascher)

Kant, I. (1781): Kritik der reinen Vernunft. Wiesbaden 1956 (Suhrkamp)

Krämer, T. (1979): Macht mal Theater – Ideen im Wettbewerb. Recklinghausen (LAG Spiel- u. Amateurtheater NRW)

Lessing, G. E. (1767–69): Hamburgische Dramaturgie. Stuttgart 1963[2] (Kröner)

Murray, H. A., Morgan, C. D. (1935): Method for Investigating Phantasies: The Thematic Apperception Test. Arch. Neurol. Psychiatry 34, p. 289 ff.

Popper, K. R. (1934): Logik der Forschung. Tübingen 1969[3] (Mohr/Siebeck)

Prigogine, I., Strengers, I. (1980): Dialog mit der Natur; Neue Wege naturwissenschaftlichen Denkens. München/Zürich 1981 (Piper)

Rauchfleisch, U. (1980): Testpsychologie, Eine Einführung in die Psychodiagnostik. Göttingen (Vandenhoeck)

Revers, W. J. (1958): Der thematische Apperzeptionstest. Bern/Stuttgart (Huber)
- Taeuber, K. (1968): Der thematische Apperzeptionstest, 2. Aufl. (Huber)
Rombach, H. (1965/66): Substanz, System, Struktur I, II. Freiburg/München (Alber)
Rosenkötter, R. M. (1980): Das Märchen – eine vorwissenschaftliche Entwicklungspsychologie. In: Psyche, 34. Jahrg., S. 168–207
Rothacker, E. (1954): Die dogmatischen Denkformen in den Geisteswissenschaften und das Problem des Historismus. Wiesbaden (Akademie d. Wissenschaften u. d. Literatur)
Rotter, J. B., Hochreich, D. J. (1975): Persönlichkeit, Theorien, Messung, Forschung, Berlin/Heidelberg/New York 1979 (Springer)
Rubinstein, S. L. (1946): Grundlagen der Allgemeinen Psychologie. Berlin 1962 (Volk und Wissen)
Salber, W. (1959): Der psychische Gegenstand. Bonn (Bouvier)
- (1969 a): Charakterentwicklung. Wuppertal/Ratingen/Düsseldorf (Henn)
- (1969 b): Wirkungseinheiten – Psychologie von Werbung und Erziehung. Wuppertal/Ratingen/Düsseldorf (Henn)
- (1972): Literaturpsychologie, gelebte und erlebte Literatur. Bonn (Bouvier)
- (1973): Entwicklungen der Psychologie Sigmund Freuds. Bonn (Bouvier)
- (1976): Werke sind Definitionen. In: Schuh-Werke, Aspekte zum Menschenbild. Hrsg. Heigl, C., Nürnberg, S. 33–37 (Kunsthalle)
- (1977): Kunst – Psychologie – Behandlung. Bonn (Bouvier)
Schapp, W. (1953): In Geschichten verstrickt, zum Sein von Mensch und Ding. Wiesbaden 1976² (Heymann)
Schmidt, L. R., Keßler, B. H. (1976): Anamnese, Methodische Probleme, Erhebungsstrategien und Schemata. Weinheim/Basel (Beltz)
Seifert, W. (1983): Phantastische Geschichten – eine Methode der Persönlichkeitsdiagnostik am Beispiel des TAT. In: Zwischenschritte. Köln, S. 27–43
Sperber, M. (1970): Alfred Adler oder das Elend der Psychologie. Wien/München/Zürich (Molden)
Thematic Appercetion Test, Harvard University Press, Cambridge – Massachusetts, 1943
Traxel, W. (1978): Über den Aberglauben in der Psychologie. In: Erkennen, Wollen, Handeln, Festschrift für H. Düker. Göttingen/Toronto/Zürich 1981, S. 547–560 (Hogrefe)
Weizsäcker, V. v. (1942): Gestalt und Zeit. Göttingen 1960 (Vandenhoeck)
Wittgenstein, O. Graf (1965): Märchen, Träume, Schicksale. München 1973 (Kindler)
Wyatt, F. (1970): Das Psychologische in der Literatur. In: Psychologie in der Literaturwissenschaft. Hrsg. Paulsen, W. Heidelberg 1971 (Stiehm)

Sachverzeichnis

Abstraktion, 12, 61
Abwehr 71, 135
-mechanismen 58
Affekt(e), 38, 71, 97, 122
aggressiv, 53, 70, 72, 110
agieren, 49, 71, 78
Aktualität des Erlebens, 36
Allmacht der Gedanken, 134
ambivalent, 71, 81, 142
Ambivalenz, 62
Analogien, 99
Anamnese, 14, 19, 21f., 72, 79, 89, 143
Angst, 40, 76f., 111, 135, 145
Anpassung, 70, 78, 81
anschmiegsam 14, 32, 50, 53, 108
Anspielung, 71, 73, 77, 88, 101, 121
Anspruch, 40, 78, 120, 130, 135
Archetypen 97, 99, 101
Arrangement, geheimes, 78
–, von jetzt aus 36, 102
Augenblick, 29, 34, 98
–, gerade gelebter, 29
Ausbildung 32, 44, 100, 147
Ausdruck, 29, 33
-smittel, 102
Auslegung, subjektive, 30f.
–, wechselseitige, 124
Auswertung (TAT), 16, 19, 24, 40f., 55f., 60, 69, 81f., 89, 124f., 147
–, schematische, 40, 55, 62
–, nach Revers, 56f., 59

Banalität, 42f., 109
Bearbeitung, theoretische, 70
bedeutsam, 36, 40
Bedeutung(en), 32, 34f., 41, 53, 79, 101, 144
Beeinträchtigung, körperliche, 106
Befriedigung, 71
–, direkte 69
Behandlung (psychologische), 13, 80, 116, 120, 139, 142, 145, 147
– mit Worten, 34
– stationäre 102

– von Literatur 46
Beliebigkeit, 15, 24
belletristisch, 39
belohnt 70
Beobachter 31f.
Beobachtung, 32, 45, 124
Beobachtungsposition, absolute, 30, 55, 100
Beratung, psychologische, 57, 125, 142
Bericht, 16, 33
Beschreibung, 13, 32, 35, 40, 43ff., 49, 55f., 62, 91, 108, 110, 113, 137
– als Methode 60
– doppelte, 123f., 132
– reine, 32, 44
Beweisführung (im Märchen), 98
Bild(er), 29, 53f., 59, 72f., 114, 120f., 126, 129f., 134, 139
– als Bild 13
–, diagnostizierte, 114, 116
– in ein B. bringen, rücken, 38f., 43, 61, 80, 122, 138
–, phantastische, 38, 141, 144
-Tafeln 16f., 24ff.
– und Gegenbild 52, 121, 131
Bühne des Theaters 34, 52

Chaos der Eindrücke, 33
Charakter, 13, 61, 76, 127
Charaktere, geschilderte, 46f., 55
consensus omnium, 11, 30

Dämonenkind, 126
Darstellungsproblem, 121
Daten, 15, 32, 89, 108
Definitive, das D. unseres Lebens 29
definitives Leben, 34
Defizit, 80, 100
Denkmöglichkeiten 31
Depression, 111, 126
depressive Verstimmung, 102
Desensibilisierungsstrategie, 139
Destruktion, 40, 52, 113
deuten, 73, 116

Deutung, 16, 28, 34f., 62, 74f., 100f.
–, schnelle, 32, 68
Diagnose, 24ff., 60, 70ff., 78, 80, 99f., 109
–, ärztliche, 60
–, individuumzentrierte, 108
–, psychologische 91
– und Behandlung 80
Diagnostik, psychologische 31
Diagnostiker, 11f., 16, 19, 24ff., 33, 55, 60, 62, 72ff., 81, 111, 119
Dichtung, 28, 49, 134
Differentialdiagnose, 108
Differenzierung, 40, 104
Differenzierungsgeschehen, 52
Dimension, 123f.
– der Tiefe, 124
Ding(e), 43, 55, 134, 136
– an sich, 56
Dingmodell, 41, 43
Dingwelt, 23
Dramaturgie, 39, 53, 113
– Hamburgische, 46
Dunkel des Augenblicks, 29

Eifersucht, 40, 49ff., 54, 68, 71, 77, 97, 140
Eigengesetzlichkeit, 34
Eigenlogik, 45, 49
Eigenrecht, 45, 47
Eigenschaften, 56f.
Einbildungskraft, 31, 34, 37ff., 53, 61, 73
–, produktive 38
–, schöpferische, 39
Einfachheit, 42f., 59
–, unerwartete 55
Einfall, 30
Eingriff, 39, 50, 116
–, methodischer 32
Einheit(en), 23, 35, 40, 57f., 68, 76, 97
– der Familie, 22, 108
– der Person, 13, 23
– im Psychischen, 38
Einsicht, 44, 81, 115, 134
–, tiefere, 124
Einzigartigkeit, 41f., 54f.
–, Definition der, 42
eklektisches Vorgehen (Eklektizismus), 58, 72
Eltern, 40, 52, 72, 77, 117, 126, 135f.
– figuren, 107

emotionale Beziehung, 40, 97, 108, 144
Empirie, 30f., 44
–, strenge, 15, 41
entfalten, 36, 106
Entfaltung, 40, 50, 94, 97, 102, 108, 132, 144f.
Entscheidungen, 35, 37
Enttäuschung, 106
Entwicklung, biographische, 57
–, gesunde, 80
–, neurotische, 71, 143f., 146
–, psychologische (seelische), 36, 45
-sdefizit, 144
-smöglichkeit, Preisgabe von, 106
-snotwendigkeiten, 88
-sprobleme, 73, 108, 143
-spsychologie, 73
-sstörung, körperliche, 106
-sstufe, 144
-szüge, 35
Ereignisse, 35, 49
–, Abfolge beliebiger, 37
–, definitive, 34, 36, 123, 131f.
– in Raum und Zeit, 31
–, traumatische, 14
–, wahre
Erfahrung(en), 15f., 27, 29f., 36, 38f., 58, 124, 132, 146
erfinden, 25
Erfindung, 20, 30, 37, 40
ergänzen, 88
Erinnerung, 30, 68
Erkenntnis, tiefere, 49
Erkenntniskonzeption, 31
Erklärung, aus dem Fall, 75
–, einfache, 57
-ssucht, 37
erleben, 32
Erleben, 38f.
-squalität, 15
– u. Verhalten, 132
Erlebnis, unmittelbares, 29
Erneuerungsgeschehen, 52
Erstarrung, trotzige, 136
erzählbar machen, 39, 55
Erzählung, 19, 25
Erzählwerk, 32, 124
Exhibitionismus, 91f.
Existenz, fiktive, 32f.

experimentell, 58, 116
Exploration, 14, 41

Fachbegriffe, psychologische, 45
Fakten, 30, 34, 37ff., 56, 112, 123
–, harte, 14, 32
–, objektive, 29
faktisch, 32f.
Fall, 28, 63, 72, 75, 124f.
–, individueller, 32, 108
Familie, 21, 52, 70, 72, 78
Fehler, 34
Fehlleistung, 69
Fehlverhalten, 70
Feindseligkeit, 22, 72, 79
Fiktion, 30, 32f., 37, 39, 123
–, illustrierte, 33
–, leitende, 33, 72
Formblatt, (Antragsformular), 80, 143
Frage(n), 65
–, psychologische, 28
Fragment, 52ff., 114, 134
fragmentarisch, 32f., 53
Frau, 65, 69, 71f., 78, 87f., 107, 122, 126, 143
Freude, 29

Ganzes, 33, 57
Ganzheit, 52f.
Geborgenheit in der Familie, 70
gedehnt, 121, 129
Gefühl, 113, 122
–, inneres 77
Gegenläufigkeit, 36
Gegenstände, 12, 38, 113
Gegenteil, Verkehrung ins, 22, 69, 135
Gegenwart, 35
geisteswissenschaftlich, 28
Genauigkeit der Diagnose, 24
– der Messung, 15
Genuß u. Versagung, 127
Gesamtbefund, 58
Gesamtbild, 72, 79
Gesamtzusammenhang, 101
Geschichte(n), 19f., 27ff., 32ff., 36ff., 47, 52ff., 57f., 113, 115, 123, 140, 145
– als Geschichte(n), 13, 16, 19, 75
–, dramatische (spannende), 12, 24f., 36, 55

–, erfundene, 19
–, falsche, 33
–, gelebte, 130
–, in die wir verstrickt sind, 29, 34, 75
–, in und aus, 34, 132
-logik, 29, 132
–, Momente an, 29
–, Wahrheitsgehalt von, 14
Geschichtliche, das, 35
geschichtslos, 120, 132
Geschichtswissenschaft, 35
Geschlecht, eigenes, 40
-srolle, 72
Gesetze, seelische, 34
–, des Faktischen 39
Gestalt, 12, 35f., 38, 43, 51, 58, 78, 125, 135
-konstruktion, 49
-logik, 49, 51
– von Einheit, 42
Gestaltungsspielraum d. Literatur, 36
Getriebe, inneres, 59, 61

haftbar, 33
Halt (Worte als), 29
Handeln, 34, 61
–, konkretes 60ff., 69, 87, 94, 104, 119, 126, 143
Handlung(en), 28, 33, 43, 52, 61f., 91, 99, 126, 138
–, destruktive, 81
Handlungsgeschichten, 49
-spielraum, 120
Haß, 29, 40, 52, 54, 136
Haushalt, seelischer, 73
Helden, 45, 60, 81, 84
Heranwachsender, 145
hergestellt, 33
Hexe als Modell, 16
Hexenbild, 129
-werk, 131
Hilfskonstruktion, 12
Hoffnung, 99, 106, 145
Hysterie, 71
hysterisch, 117

Identifikation, 45, 81
illustrieren, 36, 46
imitieren, 34, 36
Individualpsychologie, 33

individuell(es), 26, 41ff., 111
- Bildungsprinzip, 54f.
- Gestaltungsprinzip, 43
Individuum, 38, 43
infantil, 34, 71, 120
Inhalte, 40, 56, 61
- wörtlich nehmen, 40
Inszenierung des Bildes, 121, 128
intellektuell, 38
Intelligenz, 12, 25, 101
-, geheime, 23, 87, 100
-quotient, 22
Intensivberatung, 120f., 134, 137, 139, 141
Interpretation, 22, 27, 40, 44, 52, 58, 101, 114, 121, 137, 140
Intervention, 27, 104
Intuition, 73
Invalidität, 14, 41f., 108f., 123
inzestuöse Sehnsucht, 71
- Verführung, 78
Inzestwunsch, 74
Irrtum, Quelle des, 45
Isolierung, 69, 97, 144

Jugendliche(r), 87, 143, 146
Junge, 21, 40, 82, 107, 135

Kastrationsangst, 134
-drohung, 136
Katamnese, 137, 140
Kategorien aus d. Beschreibung, 45, 108
-schema, 40
Kausaldenken, 16
Keimform, 19, 115, 121
Kind(er), 26, 33, 72ff., 109, 122, 126, 135f., 143, 145f.
-heitserlebnisse, 36
Kippfigur, 121, 126
Klagen, 60ff., 65, 68, 84, 94, 100, 119, 123f., 143
Klassifikation, 11, 55f., 108
Kollektion, 69
Können, 87, 100, 104, 107
Kombination, 123ff.
Komplex, 80
Komplexität d. Wirklichkeit, 30
Konditionierung, 36
Konflikt, 12, 20f., 40, 76, 110, 140, 144
-, innerseelisch (intrapsychisch), 11, 143

Konstruktion, 54, 134
- der Wirklichkeit, 31
-, seelische, 14, 50, 134
Konstruktionseinsicht, 124
-erfahrung, 120
-problem, 60ff., 68, 80, 86, 94, 100, 104, 111, 119, 137, 143
-züge, 122, 126
Kontext, 57
Kontinuität, 34
Kontrolle, 22
-, immanente, 60
Kontrollfrage, 21
Konversion, 71, 144
Krankheit, 89, 111
-sbild, 108
Kreativität, 31
Künstler, 39, 43, 61
Kultur, 111, 144
Kunstfehler, 111
-fertigkeit, 88f., 121, 127
-griff, 41, 61, 68, 72, 78, 81

Längsschnittanalyse, 58, 62
latent, 79, 115f.
Latenzzeit, 71
Leben, definitives, 23, 27, 34, 37
-sgestaltung, 13, 16, 19ff., 27f., 33, 37, 44, 53, 55, 60f., 73, 75f., 81, 94, 108ff., 114f., 120, 123, 129, 141, 144
-skunst, 137, 139
-slauf, 32f., 43
-sproblem, 19, 32, 35f.
-sstil, 33, 71
-s-Werk, 43, 121
Leiden, 36, 46, 60, 75, 121, 131, 139
leiden, 94, 139
Leidenschaft, 47, 50, 88
Leistungspflicht f. Psychotherapie, 80, 143
Leitbilder, gegensätzliche, 52, 54
lernen, 74, 118
Lernen, 78, 104, 107
Lernbedingungen, familiäre, 70
-defizite, 70, 146
-erfahrungen, 70
Liebe, 29, 46, 49, 52, 54, 136, 147
- als Brief, 29, 147
Liebesbeziehungen, 52
-objekt, 136

– –, außerhalb d. Familie, 71
Literatur, 16, 27 ff., 33 ff., 100, 114, 120 f., 137, 147
–, gelebte, 33 f., 114, 120, 132, 137
-Werke, 46
Lösung(en), 36, 52 f., 57, 145
Logik, 16, 40, 49, 144
– der Maßlosigkeit, 52
– im Charakter, 49
–, innere, 39
–, paradoxe, 129
–, unbew. Tendenzen, 16
– von Geschichten, 132
Lücken, 33, 119

Macht, 71, 126
-anspruch, 131
– der Dinge, 130
-streben, 58
Mädchen, 40, 65, 74, 78, 107, 126 f.
Magie, 19, 37, 75 f., 134
magisch, 16, 78, 97, 111
Männer, 54, 71, 74, 116 f., 122, 126 f.
Märchen, 29, 39, 46, 73 ff., 82, 88, 97 ff., 106 f., 114, 124 f., 144 f.
-deutung, 75
Mann, 65, 69, 78, 86, 104, 106, 133 f., 143
Marmelade (Erdkern), 45
Material, 30, 114
Mechanismus, 12, 16, 34, 81
Mehrdeutigkeit (d. TAT-Bildes), 59
Merkmal(e), 11 f., 30, 41, 55 f., 114
messen, 11 f., 15 f., 24, 31, 41, 55, 111
Meßbarkeit, 12, 56
Metaphysik, 30, 44
Methode(n), 15, 19, 28, 49, 89, 94, 120, 122 ff., 138, 144
–, anschmiegsame, 32, 53
– des doppelten Vergleichs, 49, 75 f., 123
–, gelebte, 22, 60 ff., 68, 70, 80, 86, 104, 119, 124, 143, 147
–, qualitative, quantitative, 44
-wechsel, 138
methodisch, 16, 23, 31, 35, 42
Minderwertigkeitsgefühl, 58, 71
Mischfigur, 122
Mitarbeit, 100
Mode(n), 37, 45
Modell, 16, 19, 23, 33, 49

– d. Dinges an sich 56
Morbus Scheuermann, 102
Motiv d. Beobachters (Diagnostikers), 32, 100
Muster, 23, 31, 61, 94, 97, 102, 106, 108, 114 ff., 120, 146
–, familiäres (ödipales), 94, 108, 144, 145
–, organisierendes, 19, 44
–, seelisches, 14
–, verbindendes, 22, 43 f., 62, 75, 81, 114, 123, 125
Mutter, 21, 40, 52, 65, 68, 71 ff., 87 f., 91, 107, 117
Mythen, 29
Mythos, 70

Nachgespräch, 79
nachmachen, 61
nachvollziehbar, 113
Natur, 31, 42, 46 f., 131
Naturgesetze, 23, 30, 34, 48, 102
-wissenschaft, 31, 35
Neid, 46, 65, 68, 71 f., 88
Neugierde, 68, 71, 79
Neuorganisation, 140
Neurose, 111
-nlehre, 13, 34
neurotische Entwicklung (Störung), 36, 71, 143 f.,
Not(lage), 71, 74, 91 f., 97, 99, 101 f., 145

Objekt(e), 68, 81, 111, 127
objektiv, 11, 15, 30 f., 35 ff., 69, 124
Objektivität, 11, 19, 30, 45, 101
Ödipuskomplex, 40
Optimismus, 145
Ordnung, 23, 27, 38, 50, 52 f., 73 f.
–, verständliche, 37
– von Ordnungen, 43
Organisation, 13, 33, 39, 54 f., 60 f., 69, 75, 123

Paradigma, 31
Partner, 51, 54, 107, 136
Persönlichkeit, 11, 33, 41 f., 55 f., 57
–, Einzigartigkeit der, 41 f.
–, Überdauern der, 55
–, Wesen der, 15
-sforschung, 27, 35, 41 f., 49, 57

-sfragebogen, 111
-spsychologie, 42, 55
-theorie, 57, 60
Perversionsfreiheit, 127
Phantasie, 16, 19, 24ff., 31, 34, 37ff., 68, 72, 132
phantastisch, 16, 23, 36, 39, 68, 114, 121, 136, 141, 144
Plastizität des Falles, 88
Praxis, 51f., 58, 82, 109, 124
Prinzip(ien), 12f., 16, 19ff., 52, 58, 120, 126
– der Lebensgestaltung, 13, 19, 51, 75, 120
–, heuristisches, 57
–, methodisches, 114
Problem, inneres, 53
–, psychologisches, 57
Produktion(en), 19, 29f., 30, 40, 43, 54, 61, 100, 111, 120
Prognose, 116, 143, 145
Projektionstest, 11
Prozeßgestalt, 56ff.
Protokoll (TAT), 26
psychiatrisch, 111
psychoanalytisch, 114
Psychodynamik ei. neurot. Erkrankung, 80, 143
Psychologe, klinischer, 39, 60
Psychologie, subjektivistische, 31
Psychologisierung, 35
Psychotherapie, Leistungspflicht, 80

Qualität, 121
Quantifikation, 16, 27f.
Quantität geg. Muster, 115
quer, 19, 45

Rache, 46, 52, 54, 68, 88, 143
Rahmenmotiv, 40
Rationalisierung, 144
Realismus, 20
realistisch, 36, 112
Realität, 19, 22, 34ff., 49, 113, 121, 134
reflektieren, 34, 36
regellos, 38
regressive Funktion, 38
Reihenbildung, 109, 114
rekonstruieren, 49, 55, 75, 89, 108, 124, 146

Rekonstruktion, 12f., 19, 40, 61, 65, 113f., 123
Reportage, 16, 33, 36
Reproduktion, 39
Resignation, 53, 100
Rivalität, 97, 106ff., 143f.
–, ödipale, 70
Rollenverteilung, 78
Roman, 28
Routine, 14, 24, 63, 100

Sachverhalt, 15, 27, 30, 53, 69, 123
–, empirischer, 28, 32, 41
Selbstbehandlung, 80
-obachtung, 38
Sexualität, 34, 51, 78, 91, 134
Sicherungssystem, 68
Sinngefüge, 43
-lichkeit, 38
-horizonte, 35
-zusammenhänge, 33, 37, 61
Skala, 11, 15
Sohn, 88
Spaltung, 52, 54, 69
Spannung, 38
Spekulation, 15, 32, 44
Spiel im Theater, 34
Sprache, 32
subjektiv, 15, 30f., 101
substanziale Bestimmung, 43
substanzialistisch, 56, 102
Substanzielles, 29
Supervision, 24, 60, 100, 139, 147
Symbol, 29, 53
Symptom(atik), 78, 146
-bildung, 19, 97, 143
-träger, 22
Scheitern, 46, 87
Schema, 55f.
Schizophrenie, 111f.
Schlußverfahren, einfaches, 19
Schönheit, innere, 55
schöpferische Kraft, 33
Schriftsteller, 27, 30
Schuldgefühl, 71
Statistik, 44
Stellungnahme, schöpferisch antwortende, 23, 33
Stil, 43

Struktur(en), 34f., 39, 53, 56, 65, 115, 133, 137, 144
-geschehen, 35
-merkmal 109
-problem, 52

Tätigkeit, schöpferische, 38
Tat, 34, 40, 50, 69
TAT-Diagnose, 79f., 100, 115, 118
-Diagnostik, 27, 32, 56
-Diagnostiker, 23, 27, 31f., 38, 43, 80, 101
-Geschichte(n), 13, 16, 19, 22ff., 40, 44ff., 51f., 54, 60ff., 69ff., 88, 92ff., 97ff., 106ff., 123ff., 141ff.
-, Möglichkeiten, des, 41, 114, 147
Testanweisung, 24f.
-, standardisierte, 31
Testkonstruktion, 12f.
-situation, 27
-theorie, 13, 30
Theater, 37, 39
Theorie, 69, 72ff., 82, 91, 124
Therapie, 34, 39, 80f., 116, 118
Tiefenpsychologie, 28, 77, 146
Tochter, 52, 68, 71ff., 126
Toleranzgrenzen, 42
Totstellreflex, 87
Tragödie, 46, 49, 51
Transformation, 13, 53
Trauer, 29
Treffsicherheit, 11, 124
Trost, 145
Trotzanfall, 135

Überlegenheit, 71, 78
Überprüfung (des TAT), 76, 116, 123
Übersetzung, 59f.
-, deskriptive, 40, 62
-, Eins-zu-eins-, 75, 114
Übersicht (Auswertung), 62, 65
übertragen, 129
Übertragung, 136
Umbildung, 52, 97, 108, 116, 120, 134, 141
umerzählen, 34, 39, 111
Umorganisation, 40, 70, 108, 144
Umstrukturierung, 56
Unbehagen, 38
unbelebt, 111
unbewußt, 16, 31, 78, 88

Unbewußtes, 13, 70, 101, 115
undifferenziert, 43
ungeschehen machen, 34
unheimlich, 131, 134
Unmittelbare, das, 29
unreduziert, 116
Unsicherheit des Lebens, 33
Unterhaltung, 27f.
Unterscheidungsmerkmale, 108
Unterschied, 75, 123, 125
-, individueller, 40
-, kategorialer, 111
unverständlich, 90
Urbild (Archetyp), 97, 99
Ursachen, 49, 54
-, körperliche, 37, 76, 90
-, seelische (nervöse), 37
-, wahre, 37
Urzustand, Rückkehr in, 97

Valenz, thematische, 59, 70
Validität (Gültigkeit), 11, 13f., 56, 114f.
Variation(en), 34, 111, 138
Vater, 21, 40, 65, 68, 74, 78, 87f., 107, 117f., 126, 135
Veranschaulichung, 39, 53, 73, 120, 124f., 130, 144f.
Verbildlichung ei. Musters, 23
verdrängen, 34, 36, 62
Vereinheitlichung, 38
Verfahren, messende, 16
-, standardisierte, 14
Verfassung, 37, 106
Vergangenheit, 30, 35
Vergleich, doppelter, 49, 75f., 124
Verhalten, 31, 34, 132, 137
-smodifikation, 139
-spotential, 70
Verhaltensweisen, erwünschte, unerwünschte, 70
Verhältnisse, individuelle, 40
-, paradoxe, 126
-, seelische, 73, 75, 82, 106, 135
Verheimlichung, 32
Verkehrthalten, 21
Verkehrung, 68, 130
verkraften, 45f., 52, 106, 143
Verlangen nach Geschichten, 27, 29, 33, 37
verleugnen, 38

Vermeidungsverhalten, 70
Vernunft, 76, 113
Verschiebung, 68
Verstand, 38
Verstärkerkontingenzen, 70
Verstehen, 31, 55, 59, 73, 134
Versteifung des Körpers, 134
Versuchsleiter, 32
Verurteilung, moralische, 79
verwandelt, 78, 97
Verwandlung, 38, 56, 94, 145
Verweigerung, 91
Verwicklungen, 37, 48 ff., 68, 87, 106, 111 ff., 120, 144
Vexierbild, 121, 126
Vielfalt, 23, 42 f., 58, 73, 81, 116
Vorsehung, 39
Vorurteil, 45, 142

wahr, 19
Wahrheit, 30, 121
 -sgehalt v. Geschichten, 14, 44
 – – ei. Bildes, 59
Wahrnehmungen, 38
Wahrscheinlichkeit, innere, 37, 39, 69, 131
Wandlungsfähigkeit, 106
Weg, 74, 78, 86 f., 97, 99, 143
Weltbild, natwiss. d. 19. Jahrh., 30
Wendekreis, 140
Wendigkeit, 24
Werden, 57 f.
Werke ei. Künstlers, 43
Wesensschau, 15, 57 f., 101
Widerstand, 86
Widerstreit u. Synthese, 40, 52
Wiederholung, 120, 128
Willkür, 15, 23, 37, 51
Wirklichkeit, 30, 38 f., 53 f., 68, 73, 121, 130, 135
Wirksamkeit, 19, 55, 114, 116, 121, 128, 141, 146
Wirkung, 49
 -seinheit, 40, 45, 133
 -sgefüge, 129
 -sverhältnisse, 37
Witz, 21, 46, 49
wörtlich nehmen, 52
Wut, 65, 68, 87, 91, 111

Zauberei, 19, 75, 113, 136
Zauberkräfte, 134
 -welt, 16
Zeitaufwand (TAT), 26
Zeit in der Gestalt, 36
Zerstörung d. Einheit, 40
Zufall, 19, 23, 32, 41, 100, 115
Zufälligkeit(en), 33, 39, 50
Zug, 13, 19, 52 ff.
 –, individueller, 40
Zukunft, 35
Zusammenhang zw. Lit. u. Lebensgest., 29
 -sbildung, 49, 132
Zusammenhänge, 29, 37 f., 43, 45, 65, 69, 90, 113
 –, verkehrte, 32
zusammenhängend, einheitlich, 42, 73
zuverlässig beobachtbar, 15 f., 101
 – messen, 41
 – wissen, 19
Zuverlässigkeit, 11, 26, 55
 – d. Methode, 49
Zwang (Zwänge), 37, 94, 100, 125
zwanghaft, 78, 120
Zwischenform, 125

Fälle (Beispiele) – Bilder

10jähriger Junge, 20 ff., 97
Hin-und-Herschaukeln, 20 ff., 97
Spuk, 20, 22, 144
Wippe, 20 ff.

„Kleopatra", „Rodogune", 46 ff.
Charaktere, geschilderte, 46 f.
Feindschaft, 50
Stolz, 47
Teufel und Furie, 50

18jährige Schülerin 51 ff., 97
Eisberg mit heißer Quelle, 53
Isolation, 53 f.
Neutralisierung, 54, 97

10;9jähriges Mädchen, 63 ff., 97, 108
Autonomie, 78
Fassade, 78 f.
Geheimnis, 65, 68, 71, 79

Frau Holle, 74f., 78, 125
Pechmarie, Goldmarie, 78
Versöhnung, 68f., 71f.
Wünschelrutengänger, 76

16jähriger Jugendlicher, 82ff., 97, 124, 144
abgekapselt, gehemmt, 82
Pflegebedürftigkeit, 86f., 144
provozierendes Wesen, 82
Wasser des Lebens, 87f., 124

13;2jähriger Junge, 89ff., 97, 125, 145
Ausdrucksnot, 91f.
Daumesdick, 98f., 125, 145
nackter Po, 89
sexuelle Handlungen, 89f.
Wiedergeburt, Hoffnung auf, 94, 101, 106, 145

12jähriges Mädchen, 102f., 125
Anlehnung, 104, 106f.
Autonomie, 107
Dornenhecke, 106f.
Dornröschen, 106f., 125

24jähriger Mann, 109f.
im Stich gelassen, 109f.

35jähriger Mann, 110ff.
Stillhalten, 111, 113
wütende Dinge, 113

30jährige Frau, 116ff., 126ff., 144
Bewährungsprobe, 130f.
Fest, 128f.
Gespenster (in der Geisterbahn), 120, 127, 130
Hexenkind 122, 126ff., 144
Hexe/Göttin, 131
Macht–Ohnmacht, 127f.
niedliche Bestie, 122
Puppenmotiv, 131, 135, 137
Satansbraten (HB-Männchen), 122, 126f.
Schönheit, 104, 106, 130
traumhaftes, armes Kind, 122, 126
Wirbel(-Machen), 126f., 137, 141
Zaubermittel, 131

„Nathanael", Puppe „Olimpia", 132ff., 145
böses Prinzip, 135
Fest, 133
Kraftaufwand, 136
Schönheit (als Werk), 131f.
Umgang mit Puppen, 136f.
unheimliche Wirkung, 134

21jährige Frau, 142
ambivalente Einstellung, 142

25jährige Frau, 146
„gemeines Unglück", 145

Abraham, Ada
Der Mensch-Test
auf der Grundlage des Mensch-Zeichentests Karen Machovers
Beiträge zur Psychodiagnostik des Kindes, 3)
1978. 186 Seiten. 23 Abb. (3–497–00862–1) gb DM 42,–

Die Mensch-Zeichnung ist einer der am häufigsten verwendeten Testmethoden in der Erziehungsberatung. Die Autorin des vorliegenden Buches hat auf der Grundlage eines reichen klinischen und experimental-psychologischen Materials einen theoretischen Bezugsrahmen erarbeitet, der den projektiven Charakter des Mensch-Tests besonders berücksichtigt. An einigen Fallbeispielen zeigt sie auf, daß dieses Verfahren sehr aufschlußreiche Informationen liefert, wenn bei der Interpretation die von der Verfasserin erläuterten Aspekte mit einbezogen werden.

Beizmann, Cécile
Leitfaden der Rorschach-Deutungen
Zusammenstellung der Signierungen von H. Rorschach, S. Beck, C. Beizmann, M. Loosli-Usteri
(Beiträge zur Psychodiagnostik des Kindes, 4)
1975. 241 Seiten. 244 Testbilder (3–497–00738–2) gb DM 46,50

Was diesen Band so wertvoll macht, ist die darin niedergelegte Erfahrung eines ganzen Lebens, das dem Rorschach-Test in Praxis und Forschung gewidmet war. Die Einleitung enthält alles, was man für eine intelligente – d. h. nicht-mechanische Signierung der Formantworten wissen muß, und zeigt zugleich alle Probleme auf, die sowohl für den Anfänger wie für den alterfahrenen Forscher ungelöst bleiben. Die Schlußfolgerungen, die man aus dem Rorschach-Test ziehen kann, sind von dem jeweils gewählten Bewertungssystem abhängig. Das Buch zwingt dazu, Nuancen der Antworten und verschiedene Standpunkte der Autoren zu berücksichtigen.

Corman, Louis
Der Schwarzfuß-Test
Grundlagen, Durchführung, Deutung und Auswertung
(Beiträge zur Psychodiagnostik des Kindes, 5)
1977. 177 Seiten. 20 Abb. (3–497–00785–4) gb DM 36,–
Schwarzfuß-Test-**Testmappe**
18 Bildkarten. Format 13 × 18 cm (3–497–00845–1) DM 16,80

Dieser Test basiert auf den Auswertungen von Erfahrungen mit vorangegangenen Testmethoden, wie z. B. dem TAT, dessen Modifizierung durch Bellak, dem Black Pictures Test (Blum), dem CAT. Der vorliegende SF-Test arbeitet mit der bewährten Anregung durch Bilder zur Projektion unbewußter Tendenzen. Die Projektion auf den Helden gelingt hier besonders gut, weil nur ein Wesen, Schweinchen Schwarzfuß, als Identifikationsfigur angeboten wird nach der neu entwickelten Methode der bevorzugten Identifikation. Die Anwendung dieses Testverfahrens verspricht erstaunlich gute Erfolge.

Ernst Reinhardt Verlag München Basel

Knehr, Edeltraud
Konflikt-Gestaltung im Sceno-Test
3., ergänzte Aufl. 1982, 122 Seiten, 76 Abb. (3–497–00941–5) kt DM 23,80

Eine Reihe eindrucksvoller Beispiele führt unmittelbar in das Verständnis der Konfliktlage des Patienten in der szenischen Ausdruckswelt dieses Tests. Auch werden einige Szenen gezeigt, die Urbildhaftes im Sinne der Archetypenlehre von C. G. Jung auf die Bühne bringen; ein Beweis dafür, wie sehr dieser Test bei rechtem Gebrauch nicht nur die bilderschaffende Kraft der Seele weckt, sondern zugleich auch die therapeutischen Mittel bietet, psychische Lebensnöte heilsam zutage zu bringen. Die Untersuchung ist vorwiegend für Psychologen, Ärzte und interessierte Pädagogen geschrieben.

Kos, Marta Biermann, Gerd
Die verzauberte Familie
Ein tiefenpsychologischer Zeichentest
Unter Mitarbeit von Günter Haub
(Beiträge zur Psychodiagnostik des Kindes, 1)
1973. 320 Seiten. 127 Abb. (3–497–00647–5) Ln DM 48,–

Kindliche Verhaltensstörungen werden heute als in engem Zusammenhang mit Familienneurosen stehend aufgefaßt. Im Einklang mit der Forderung der Psychodiagnostik nach einem familienorientierten Test in Form eines Zeichentests schufen die Verfasser „Die verzauberte Familie". – Die „Verzauberung einer Familie" erlaubt dem noch magisch denkenden Kind seine inneren Probleme und Konflikte zu projizieren. Dieser Text beruht auf der Auswertung von über tausend Zeichentests neurotischer und psychosomatisch erkrankter Kinder und Jugendlicher.

Howells, John G. Lickorish, John R.
Familien-Beziehungs-Test FBT
3. Aufl. 1982 in veränderter Ausstattung
Handanweisung mit Auswertungsblättern
und 40 Abb. auf 24 Karten. (3–497–01008–1) gb Mappe DM 38,–

Diese projektive Technik wurde zuerst von *Howells* und *Lickorish* (1936) beschrieben. Sie wurde dazu entworfen, die Beziehungsformen zwischen den Familienmitgliedern zu erhellen; ebenso aber auch, um einen Überblick über die Gefühle und Haltungen der Individuen in der Familie zu gewinnen. Eine derartige Technik wird naturgemäß eine Serie von vieldeutigen Bildern verwenden auf denen Familiensituationen dargestellt sind. Den selben Prinzipien entsprechend wird der Proband die Bilder gemäß seiner eigenen Familiensituation beschreiben. Er wird *seine eigene Anschauung* darstellen und die Familienbeziehung so beschreiben wie er sie wahrnimmt.

Ernst Reinhardt Verlag München Basel